Narratives

Ivan Sergeyevich Turgenev

Повести

И. С. Тургенев

Narratives

ISNB: 978-1-60444-870-2

Повести

ISNB: 978-1-60444-870-2

АСЯ

I

Мне было тогда лет двадцать пять, – начал Н.Н., – дела давно минувших дней, как видите. Я только что вырвался на волю и уехал за границу, не для того, чтобы «кончить мое воспитание», как говаривалось тогда, а просто мне захотелось посмотреть на мир божий. Я был здоров, молод, весел, деньги у меня не переводились, заботы еще не успели завестись – я жил без оглядки, делал, что хотел, процветал, одним словом. Мне тогда и в голову не приходило, что человек не растение и процветать ему долго нельзя. Молодость ест пряники золоченые, да и думает, что это-то и есть хлеб насущный; а придет время – и хлебца напросишься. Но толковать об этом не для чего.

Я путешествовал без всякой цели, без плана; останавливался везде, где мне нравилось, и отправлялся тотчас далее, как только чувствовал желание видеть новые лица – именно лица. Меня занимали исключительно одни люди; я ненавидел любопытные памятники, замечательные собрания, один вид лон-лакея возбуждал во мне ощущение тоски и злобы; я чуть с ума не сошел в дрезденском «Грюне Гевёлбе». Природа действовала на меня чрезвычайно, но я не любил так называемых ее красот, необыкновенных гор, утесов, водопадов; я не любил, чтобы она навязывалась мне, чтобы она мне мешала. Зато лица, живые, человеческие лица – речи людей, их движения, смех – вот без чего я обойтись не мог. В толпе мне было всегда особенно легко и отрадно; мне было весело идти, куда шли другие, кричать, когда другие кричали, и в то же время я любил смотреть, как эти другие кричат. Меня забавляло наблюдать людей… да я даже не наблюдал их – я их рассматривал с каким-то радостным и ненасытным любопытством. Но я опять сбиваюсь в сторону.

Итак, лет двадцать тому назад я проживал в немецком небольшом городке З., на левом берегу Рейна. Я искал уединения: я только что был поражен в сердце одной молодой вдовой, с которой познакомился на водах. Она была очень хороша собой и умна, кокетничала со всеми – и со мною грешным, – сперва даже поощряла меня, а потом жестоко меня уязвила, пожертвовав мною одному краснощекому баварскому лейтенанту. Признаться сказать, рана моего сердца не очень была глубока; но я почел долгом предаться на некоторое время печали и одиночеству – чем молодость не тешится! – и поселился в З.

Городок этот мне понравился своим местоположением у подошвы двух высоких холмов, своими дряхлыми стенами и башнями, вековыми липами, крутым мостом над светлой речкой, впадавшей в Рейн, – а главное, своим хорошим вином. По его узким улицам гуляли вечером, тотчас после захождения солнца (дело было в июне), прехорошенькие белокурые немочки и, встретясь с иностранцем, произносили приятным голоском: «Guten Abend!» – а некоторые из них не уходили даже и тогда, когда луна поднималась из-за острых крыш стареньких домов и мелкие каменья мостовой четко рисовались в ее неподвижных лучах. Я любил бродить тогда по городу; луна, казалось, пристально глядела на него с чистого неба; и город чувствовал этот взгляд и стоял чутко и мирно, весь облитый ее светом, этим безмятежным и в то же время тихо душу волнующим светом. Петух на высокой готической колокольне блестел бледным золотом; таким же золотом переливались струйки по черному глянцу речки; тоненькие свечки (немец бережлив!) скромно теплились в узких окнах под грифельными кровлями; виноградные лозы таинственно высовывали свои завитые усики из-за каменных оград; что-то пробегало в тени около старинного колодца на трехугольной площади, внезапно раздавался сонливый свисток ночного сторожа, добродушная собака ворчала вполголоса, а воздух так и ластился к лицу, и липы пахли так сладко, что грудь поневоле все глубже и глубже дышала, и слово: «Гретхен» – не то восклицание, не то вопрос – так и просилось на уста.

Городок З. лежит в двух верстах от Рейна. Я часто ходил смотреть на величавую реку и, не без некоторого напряжения мечтая о коварной вдове, просиживал долгие часы на каменной скамье под одиноким огромным ясенем. Маленькая статуя мадонны с почти детским лицом и красным сердцем на груди, пронзенным мечами, печально выглядывала из его ветвей. На противоположном берегу находился городок Л., немного побольше того, в котором я поселился. Однажды вечером сидел я на своей любимой скамье и глядел то на реку, то на небо, то на виноградники. Передо мною белоголовые мальчишки карабкались по бокам лодки, вытащенной на берег и опрокинутой насмоленным брюхом кверху. Кораблики тихо бежали на слабо надувшихся парусах; зеленоватые волны скользили мимо, чуть-чуть вспухая и урча. Вдруг донеслись до меня звуки музыки: я прислушался. В городе Л. играли вальс; контрабас гудел отрывисто, скрипка неясно заливалась, флейта свистала бойко.

– Что это? – спросил я у подошедшего ко мне старика в плисовом жилете, синих чулках и башмаках с пряжками.

– Это, – отвечал он мне, предварительно передвинув мундштук своей трубки из одного угла губ в другой, – студенты приехали из Б. на коммерш.

«А посмотрю-ка я на этот коммерш, – подумал я, – кстати же я в Л. не бывал». Я отыскал перевозчика и отправился на другую сторону.

II

Может быть, не всякий знает, что такое коммерш. Это особенного рода торжественный пир, на который сходятся студенты одной земли или братства (Landsmannschaft). Почти все участники в коммерше носят издавна установленный костюм немецких студентов: венгерки, большие сапоги и маленькие шапочки с околышами известных цветов. Собираются студенты обыкновенно к обеду под председательством сениора, то есть старшины, – и пируют до утра, пьют, поют песни, Landesvater, Gaudeamus, курят, бранят филистеров; иногда они нанимают оркестр.

Такой точно коммерш происходил в г. Л. перед небольшой гостиницей под вывескою Солнца, в саду, выходившем на улицу. Над самой гостиницей и над садом веяли флаги; студенты сидели за столами под обстриженными липками; огромный бульдог лежал под одним из столов; в стороне, в беседке из плюща, помещались музыканты и усердно играли, то и дело подкрепляя себя пивом. На улице, перед низкой оградой сада, собралось довольно много народа: добрые граждане городка Л. не хотели пропустить случая поглазеть на заезжих гостей. Я тоже вмешался в толпу зрителей. Мне было весело смотреть на лица студентов; их объятия, восклицания, невинное кокетничанье молодости, горящие взгляды, смех без причины – лучший смех на свете – все это радостное кипение жизни юной, свежей, этот порыв вперед – куда бы то ни было, лишь бы вперед, – это добродушное раздолье меня трогало и поджигало. «Уж не пойти ли к ним?» – спрашивал я себя...

– Ася, довольно тебе? – вдруг произнес за мною мужской голос по-русски.

– Подождем еще, – отвечал другой, женский голос на том же языке.

Я быстро обернулся... Взор мой упал на красивого молодого человека в фуражке и широкой куртке; он держал под руку девушку невысокого роста, в соломенной шляпе, закрывавшей всю верхнюю часть ее лица.

– Вы русские? – сорвалось у меня невольно с языка.

Молодой человек улыбнулся и промолвил:

– Да, русские.

– Я никак не ожидал.... в таком захолустье, – начал было я.

– И мы не ожидали, – перебил он меня, – что ж? тем лучше. Позвольте рекомендоваться: меня зовут Гагиным, а вот это моя... – он запнулся на мгновенье, – моя сестра. А ваше имя позвольте узнать?

Я назвал себя, и мы разговорились. Я узнал, что Гагин, путешествуя, так же как я, для своего удовольствия, неделю тому назад заехал в городок Л. да и застрял в нем. Правду сказать, я неохотно знакомился с русскими за границей. Я их узнавал даже издали по их походке, покрою платья, а

3

главное, по выражению их лица. Самодовольное и презрительное, часто повелительное, оно вдруг сменялось выражением осторожности и робости... Человек внезапно настораживался весь, глаз беспокойно бегал... «Батюшки мои! не соврал ли я, не смеются ли надо мною», — казалось, говорил этот уторопленный взгляд... Проходило мгновенье — и снова восстановлялось величие физиономии, изредка чередуясь с тупым недоуменьем. Да, я избегал русских, но Гагин мне понравился тотчас. Есть на свете такие счастливые лица: глядеть на них всякому любо, точно они греют вас или гладят. У Гагина было именно такое лицо, милое, ласковое, с большими мягкими глазами и мягкими курчавыми волосами. Говорил он так, что, даже не видя его лица, вы по одному звуку его голоса чувствовали, что он улыбается.

Девушка, которую он назвал своей сестрою, с первого взгляда показалась мне очень миловидной. Было что-то свое, особенное, в складе ее смугловатого, круглого лица, с небольшим тонким носом, почти детскими щечками и черными, светлыми глазами. Она была грациозно сложена, но как будто не вполне еще развита. Она нисколько не походила на своего брата.

— Хотите вы зайти к нам? — сказал мне Гагин, — кажется, довольно мы насмотрелись на немцев. Наши бы, правда, стекла разбили и поломали стулья, но эти уж больно скромны. Как ты думаешь, Ася, пойти нам домой?

Девушка утвердительно качнула головой.

— Мы живем за городом, — продолжал Гагин, — в винограднике, в одиноком домишке, высоко. У нас славно, посмотрите. Хозяйка обещала приготовить нам кислого молока. Теперь же скоро стемнеет, и вам лучше будет переезжать Рейн при луне.

Мы отправились. Чрез низкие ворота города (старинная стена из булыжника окружала его со всех сторон, даже бойницы не все еще обрушились) мы вышли в поле и, пройдя шагов сто вдоль каменной ограды, остановились перед узенькой калиткой. Гагин отворил ее и повел нас в гору по крутой тропинке. С обеих сторон, на уступах, рос виноград; солнце только что село, и алый тонкий свет лежал на зеленых лозах, на высоких тычинках, на сухой земле, усеянной сплошь крупным и мелким плитняком, и на белой стене небольшого домика, с косыми черными перекладинами и четырьмя светлыми окошками, стоявшего на самом верху горы, по которой мы взбирались.

— Вот и наше жилище! — воскликнул Гагин, как только мы стали приближаться к домику, — а вот и хозяйка несет молоко. Guten Abend, Madame!.. Мы сейчас примемся за еду; но прежде, — прибавил он, — оглянитесь... каков вид?

Вид был точно чудесный. Рейн лежал перед нами весь серебряный, между зелеными берегами; в одном месте он горел багряным золотом заката. Приютившийся к берегу городок показывал все свои дома и улицы; широко разбегались холмы и поля. Внизу было хорошо, но наверху еще лучше: меня особенно поразила чистота и глубина неба, сияющая прозрачность воздуха. Свежий и легкий, он тихо колыхался и перекатывался волнами, словно и ему было раздольнее на высоте.

– Отличную вы выбрали квартиру, – промолвил я.

– Это Ася ее нашла, – отвечал Гагин, – ну-ка, Ася, – продолжал он, – распоряжайся. Вели все сюда подать. Мы станем ужинать на воздухе. Тут музыка слышнее. Заметили ли вы, – прибавил он, обратясь ко мне, – вблизи иной вальс никуда не годится – пошлые, грубые звуки, – а в отдаленье, чудо! так и шевелит в вас все романтические струны.

Ася (собственное имя ее было Анна, но Гагин называл ее Асей, и уж вы позвольте мне ее так называть) – Ася отправилась в дом и скоро вернулась вместе с хозяйкой. Они вдвоем несли большой поднос с горшком молока, тарелками, ложками, сахаром, ягодами, хлебом. Мы уселись и принялись за ужин. Ася сняла шляпу; ее черные волосы, остриженные и причесанные, как у мальчика, падали крупными завитками на шею и уши. Сначала она дичилась меня; но Гагин сказал ей:

– Ася, полно ежиться! он не кусается.

Она улыбнулась и немного спустя уже сама заговаривала со мной. Я не видал существа более подвижного. Ни одно мгновенье она не сидела смирно; вставала, убегала в дом и прибегала снова, напевала вполголоса, часто смеялась, и престранным образом: казалось, она смеялась не тому, что слышала, а разным мыслям, приходившим ей в голову. Ее большие глаза глядели прямо, светло, смело, но иногда веки ее слегка щурились, и тогда взор ее внезапно становился глубок и нежен.

Мы проболтали часа два. День давно погас, и вечер, сперва весь огнистый, потом ясный и алый, потом бледный и смутный, тихо таял и переливался в ночь, а беседа наша все продолжалась, мирная и кроткая, как воздух, окружавший нас. Гагин велел принести бутылку рейнвейна; мы ее распили не спеша. Музыка по-прежнему долетала до нас, звуки ее казались слаще и нежнее; огни зажглись в городе и над рекою. Ася вдруг опустила голову, так что кудри ей на глаза упали, замолкла и вздохнула, а потом сказала нам, что хочет спать, и ушла в дом; я, однако, видел, как она, не зажигая свечи, долго стояла за нераскрытым окном. Наконец луна встала и заиграла по Рейну; все осветилось, потемнело, изменилось, даже вино в наших граненых стаканах заблестело таинственным блеском. Ветер упал, точно крылья сложил, и замер; ночным, душистым теплом повеяло от земли.

– Пора! – воскликнул я, – а то, пожалуй, перевозчика не сыщешь.

– Пора, – повторил Гагин.

Мы пошли вниз по тропинке. Камни вдруг посыпались за нами: это Ася нас догоняла.

– Ты разве не спишь? – спросил ее брат, но она, не ответив ему ни слова, пробежала мимо.

Последние умиравшие плошки, зажженные студентами в саду гостиницы, освещали снизу листья деревьев, что придавало им праздничный и фантастический вид. Мы нашли Асю у берега: она разговаривала с перевозчиком. Я прыгнул в лодку и простился с новыми моими друзьями. Гагин обещал навестить меня на следующий день; я пожал его руку и протянул свою Асе; но она только посмотрела на меня и покачала головой. Лодка отчалила и понеслась по быстрой реке. Перевозчик, бодрый старик, с напряжением погружал весла в темную воду.

– Вы в лунный столб въехали, вы его разбили, – закричала мне Ася.

Я опустил глаза; вокруг лодки, чернея, колыхались волны.

– Прощайте! – раздался опять ее голос.

– До завтра, – проговорил за нею Гагин.

Лодка причалила. Я вышел и оглянулся. Никого уж не было видно на противоположном берегу. Лунный столб опять тянулся золотым мостом через всю реку. Словно на прощание примчались звуки старинного ланнеровского вальса. Гагин был прав: я почувствовал, что все струны сердца моего задрожали в ответ на те заискивающие напевы. Я отправился домой через потемневшие поля, медленно вдыхая пахучий воздух, и пришел в свою комнатку весь разнеженный сладостным томлением беспредметных и бесконечных ожиданий. Я чувствовал себя счастливым… Но отчего я был счастлив? Я ничего не желал, я ни о чем не думал… Я был счастлив.

Чуть не смеясь от избытка приятных и игривых чувств, я нырнул в постель и уже закрыл было глаза, как вдруг мне пришло на ум, что в течение вечера я ни разу не вспомнил о моей жестокой красавице… «Что же это значит? – спросил я самого себя. – Разве я не влюблен?» Но, задав себе этот вопрос, я, кажется, немедленно заснул, как дитя в колыбели.

III

На другое утро (я уже проснулся, но еще не вставал) стук палки раздался у меня под окном, и голос, который я тотчас признал за голос Гагина, запел:

Ты спишь ли? Гитарой
Тебя разбужу...

Я поспешил ему отворить дверь.

– Здравствуйте, – сказал Гагин, входя, – я вас раненько потревожил, но посмотрите, какое утро. Свежесть, роса, жаворонки поют...

С своими курчавыми блестящими волосами, открытой шеей и розовыми щеками он сам был свеж, как утро.

Я оделся; мы вышли в садик, сели на лавочку, велели подать себе кофе и принялись беседовать. Гагин сообщил мне свои планы на будущее: владея порядочным состоянием и ни от кого не завися, он хотел посвятить себя живописи и только сожалел о том, что поздно хватился за ум и много времени потратил по-пустому; я также упомянул о моих предположениях, да, кстати, поверил ему тайну моей несчастной любви. Он выслушал меня с снисхождением, но, сколько я мог заметить, сильного сочувствия к моей страсти я в нем не возбудил. Вздохнувши вслед за мной раза два из вежливости, Гагин предложил мне пойти к нему посмотреть его этюды. Я тотчас согласился.

Мы не застали Асю. Она, по словам хозяйки, отправилась на «развалину». Верстах в двух от города Л. находились остатки феодального замка. Гагин раскрыл мне все свои картоны. В его этюдах было много жизни и правды, что-то свободное и широкое; но ни один из них не был окончен, и рисунок показался мне небрежен и неверен. Я откровенно высказал ему мое мнение.

– Да, да, – подхватил он со вздохом, – вы правы; все это очень плохо и незрело, что делать! Не учился я как следует, да и проклятая славянская распущенность берет свое. Пока мечтаешь о работе, так и паришь орлом: землю, кажется, сдвинул бы с места – а в исполнении тотчас слабеешь и устаешь.

Я начал было ободрять его, но он махнул рукой и, собравши картоны в охапку, бросил их на диван.

– Коли хватит терпенья, из меня выйдет что-нибудь, – промолвил он сквозь зубы, – не хватит, останусь недорослем из дворян. Пойдемте-ка лучше Асю отыскивать.

Мы пошли.

IV

Дорога к развалине вилась по скату узкой лесистой долины; на дне ее бежал ручей и шумно прядал через камни, как бы торопясь слиться с великой рекой, спокойно сиявшей за темной гранью круто рассеченных горных гребней. Гагин обратил мое внимание на некоторые счастливо освещенные места; в словах его слышался если не живописец, то уж наверное художник. Скоро показалась развалина. На самой вершине голой скалы возвышалась четырехугольная башня, вся черная, еще крепкая, но словно разрубленная продольной трещиной. Мшистые стены примыкали к башне; кой-где лепился плющ; искривленные деревца свешивались с седых бойниц и рухнувших сводов. Каменистая тропинка вела к уцелевшим воротам. Мы уже подходили к ним, как вдруг впереди нас мелькнула женская фигура, быстро перебежала по груде обломков и поместилась на уступе стены, прямо над пропастью.

– А ведь это Ася! – воскликнул Гагин, – экая сумасшедшая!

Мы вошли в ворота и очутились на небольшом дворике, до половины заросшем дикими яблонями и крапивой. На уступе сидела, точно, Ася. Она повернулась к нам лицом и засмеялась, но не тронулась с места. Гагин погрозил ей пальцем, а я громко упрекнул ее в неосторожности.

– Полноте, – сказал мне шепотом Гагин, – не дразните ее; вы ее не знаете: она, пожалуй, еще на башню взберется. А вот вы лучше подивитесь смышлености здешних жителей.

Я оглянулся. В уголке, приютившись в крошечном деревянном балаганчике, старушка вязала чулок и косилась на нас чрез очки. Она продавала туристам пиво, пряники и зельтерскую воду. Мы уместились на лавочке и принялись пить из тяжелых оловянных кружек довольно холодное пиво. Ася продолжала сидеть неподвижно, подобрав под себя ноги и закутав голову кисейным шарфом; стройный облик ее отчетливо и красиво рисовался на ясном небе; но я с неприязненным чувством посматривал на нее. Уже накануне заметил я в ней что-то напряженное, не совсем естественное… «Она хочет удивить нас, – думал я, – к чему это? Что за детская выходка?» Словно угадавши мои мысли, она вдруг бросила на меня быстрый и пронзительный взгляд, засмеялась опять, в два прыжка соскочила со стены и, подойдя к старушке, попросила у ней стакан воды.

– Ты думаешь, я хочу пить? – промолвила она, обратившись к брату, – нет; тут есть цветы на стенах, которые непременно полить надо.

Гагин ничего не отвечал ей; а она, с стаканом в руке, пустилась карабкаться по развалинам, изредка останавливаясь, наклоняясь и с забавной важностью роняя несколько капель воды, ярко блестевших на солнце. Ее движенья были очень милы, но мне по-прежнему было досадно на нее, хотя я невольно любовался ее легкостью и ловкостью. На одном опасном месте она нарочно вскрикнула и потом захохотала… Мне стало еще досаднее.

— Да она как коза лазит, — проборомотала себе под нос старушка, оторвавшись на мгновенье от своего чулка.

Наконец, Ася опорожнила весь свой стакан и, шаловливо покачиваясь, возвратилась к нам. Странная усмешка слегка подергивала ее брови, ноздри и губы; полудерзко, полувесело щурились темные глаза.

«Вы находите мое поведение неприличным, — казалось, говорило ее лицо, — все равно: я знаю, вы мной любуетесь».

— Искусно, Ася, искусно, — промолвил Гагин вполголоса.

Она вдруг как будто застыдилась, опустила свои длинные ресницы и скромно подсела к нам, как виноватая. Я тут в первый раз хорошенько рассмотрел ее лицо, самое изменчивое лицо, какое я только видел. Несколько мгновений спустя оно уже все побледнело и приняло сосредоточенное, почти печальное выражение; самые черты ее мне показались больше, строже, проще. Она вся затихла. Мы обошли развалину кругом (Ася шла за нами следом) и полюбовались видами. Между тем час обеда приближался. Расплачиваясь со старушкой, Гагин спросил еще кружку пива и, обернувшись ко мне, воскликнул с лукавой ужимкой:

— За здоровье дамы вашего сердца!

— А разве у него, — разве у вас есть такая дама? — спросила вдруг Ася.

— Да у кого же ее нет? — возразил Гагин.

Ася задумалась на мгновенье; ее лицо опять изменилось, опять появилась на нем вызывающая, почти дерзкая усмешка.

На возвратном пути она пуще хохотала и шалила. Она сломала длинную ветку, положила ее к себе на плечо, как ружье, повязала себе голову шарфом. Помнится, нам встретилась многочисленная семья белокурых и чопорных англичан; все они, словно по команде, с холодным изумлением проводили Асю своими стеклянными глазами, а она, как бы им назло, громко запела. Воротясь домой, она тотчас ушла к себе в комнату и появилась только к самому обеду, одетая в лучшее свое платье, тщательно причесанная, перетянутая и в перчатках. За столом она держалась очень чинно, почти чопорно, едва отведывала кушанья и пила воду из рюмки. Ей явно хотелось разыграть передо мною новую роль — роль приличной и благовоспитанной барышни. Гагин не мешал ей: заметно было, что он привык потакать ей во всем. Он только по временам добродушно взглядывал на меня и слегка пожимал плечом, как бы желая сказать: «Она ребенок; будьте снисходительны». Как только кончился обед, Ася встала, сделала нам книксен и, надевая шляпу, спросила Гагина: можно ли ей пойти к фрау Луизе?

— Давно ли ты стала спрашиваться? — отвечал он с своей неизменной, на этот раз несколько смущенной улыбкой, — разве тебе скучно с нами?

— Нет, но я вчера еще обещала фрау Луизе побывать у ней; притом же

9

я думала, вам будет лучше вдвоем: господин Н. (она указала на меня) что-нибудь еще тебе расскажет.

Она ушла.

– Фрау Луизе, – начал Гагин, стараясь избегать моего взора, – вдова бывшего здешнего бургомистра, добрая, впрочем пустая старушка. Она очень полюбила Асю. У Аси страсть знакомиться с людьми круга низшего; я заметил: причиною этому всегда бывает гордость. Она у меня порядком избалована, как видите, – прибавил он, помолчав немного, – да что прикажете делать? Взыскивать я ни с кого не умею, а с нее и подавно. Я обязан быть снисходительным с нею.

Я промолчал. Гагин переменил разговор. Чем больше я узнавал его, тем сильнее я к нему привязывался. Я скоро его понял. Это была прямо русская душа, правдивая, честная, простая, но, к сожалению, немного вялая, без цепкости и внутреннего жара. Молодость не кипела в нем ключом; она светилась тихим светом. Он был очень мил и умен, но я не мог себе представить, что с ним станется, как только он возмужает. Быть художником... Без горького, постоянного труда не бывает художников... а трудиться, думал я, глядя на его мягкие черты, слушая его неспешную речь, – нет! трудиться ты не будешь, сжаться ты не сумеешь. Но не полюбить его не было возможности: сердце так и влеклось к нему. Часа четыре провели мы вдвоем, то сидя на диване, то медленно расхаживая перед домом; и в эти четыре часа сошлись окончательно.

Солнце село, и мне уже пора было идти домой. Ася все еще не возвращалась.

– Экая она у меня вольница! – промолвил Гагин. – Хотите, я пойду провожать вас? Мы по пути завернем к фрау Луизе; я спрошу, там ли она? Крюк не велик.

Мы спустились в город и, свернувши в узкий, кривой переулочек, остановились перед домом в два окна шириною и вышиною в четыре этажа. Второй этаж выступал на улицу больше первого, третий и четвертый еще больше второго; весь дом с своей ветхой резьбой, двумя толстыми столбами внизу, острой черепичной кровлей и протянутым в виде клюва воротом на чердаке казался огромной, сгорбленной птицей.

– Ася! – крикнул Гагин, – ты здесь?

Освещенное окошко в третьем этаже стукнуло и отворилось, и мы увидали темную головку Аси. Из-за нее выглядывало беззубое и подслеповатое лицо старой немки.

– Я здесь, – проговорила Ася, кокетливо опершись локтями на оконницу, – мне здесь хорошо. На тебе, возьми, – прибавила она, бросая Гагину ветку гераниума, – вообрази, что я дама твоего сердца.

Фрау Луизе засмеялась.

– Н. уходит, – возразил Гагин, – он хочет с тобой проститься.

10

– Будто? – промолвила Ася, – в таком случае дай ему мою ветку, а я сейчас вернусь.

Она захлопнула окно и, кажется, поцеловала фрау Луизе. Гагин протянул мне молча ветку. Я молча положил ее в карман, дошел до перевоза и перебрался на другую сторону.

Помнится, я шел домой, ни о чем не размышляя, но с странной тяжестью на сердце, как вдруг меня поразил сильный, знакомый, но в Германии редкий запах. Я остановился и увидал возле дороги небольшую грядку конопли. Ее степной запах мгновенно напомнил мне родину и возбудил в душе страстную тоску по ней. Мне захотелось дышать русским воздухом, ходить по русской земле. «Что я здесь делаю, зачем таскаюсь я в чужой стороне, между чужими?» – воскликнул я, и мертвенная тяжесть, которую я ощущал на сердце, разрешилась внезапно в горькое и жгучее волнение. Я пришел домой совсем в другом настроении духа, чем накануне. Я чувствовал себя почти рассерженным и долго не мог успокоиться. Непонятная мне самому досада меня разбирала. Наконец, я сел и, вспомнив о своей коварной вдове (официальным воспоминанием об этой даме заключался каждый мой день), достал одну из ее записок. Но я даже не раскрыл ее; мысли мои тотчас приняли иное направление. Я начал думать… думать об Асе. Мне пришло в голову, что Гагин в течение разговора намекнул мне на какие-то затруднения, препятствующие его возвращению в Россию… «Полно, сестра ли она его?» – произнес я громко.

Я разделся, лег и старался заснуть; но час спустя я опять сидел в постели, облокотившись локтем на подушку, и снова думал об этой «капризной девочке с натянутым смехом…» «Она сложена, как маленькая рафаэлевская Галатея в Фарнезине, – шептал я, – да; и она ему не сестра…»

А записка вдовы преспокойно лежала на полу, белея в лучах луны.

V

На следующее утро я опять пошел в Л. Я уверял себя, что мне хочется повидаться с Гагиным, но втайне меня тянуло посмотреть, что станет делать Ася, так же ли она будет «чудить», как накануне. Я застал обоих в гостиной, и, странное дело! – оттого ли, что я ночью и утром много размышлял о России, – Ася показалась мне совершенно русской девушкой, да, простою девушкой, чуть не горничной. На ней было старенькое платьице, волосы она зачесала за уши и сидела, не шевелясь, у окна да шила в пяльцах, скромно, тихо, точно она век свой ничем другим не занималась. Она почти ничего не говорила, спокойно посматривала на свою работу, и черты ее приняли такое незначительное, будничное выражение, что мне невольно вспомнились наши доморощенные Кати и Маши. Для довершения сходства она принялась напевать вполголоса «Матушку, голубушку». Я глядел на ее желтоватое, угасшее личико, вспоминал о вчерашних мечтаниях, и жаль мне было чего-то. Погода была чудесная. Гагин объявил нам, что пойдет сегодня рисовать этюд с натуры; я спросил его, позволит ли он мне провожать его, не помешаю ли я ему?

— Напротив, — возразил он, — вы мне можете хороший совет дать.

Он надел круглую шляпу a la Van Dyck, блузу, взял картон под мышку и отправился; я поплелся вслед за ним. Ася осталась дома. Гагин, уходя, просил ее позаботиться о том, чтобы суп был не слишком жидок. Ася обещалась побывать на кухне. Гагин добрался до знакомой уже мне долины, присел на камень и начал срисовывать старый дуплистый дуб с раскидистыми сучьями. Я лег на траву и достал книжку; но я и двух страниц не прочел, а он только бумагу измарал; мы все больше рассуждали и, сколько я могу судить, довольно умно и тонко рассуждали о том, как именно должно работать, чего следует избегать, чего придерживаться и какое собственно значение художника в наш век. Гагин, наконец, решил, что он «сегодня не в ударе», лег рядом со мною, и уж тут свободно потекли молодые наши речи, то горячие, то задумчивые, то восторженные, но почти всегда неясные речи, в которых так охотно разливается русский человек. Наболтавшись досыта и наполнившись чувством удовлетворения, словно мы что-то сделали, успели в чем-то, вернулись мы домой. Я нашел Асю точно такою же, какою я ее оставил; как я ни старался наблюдать за нею — ни тени кокетства, ни признака намеренно принятой роли я в ней не заметил; на этот раз не было возможности упрекнуть ее в неестественности.

— А-га! — говорил Гагин, — пост и покаяние на себя наложила.

К вечеру она несколько раз непритворно зевнула и рано ушла к себе. Я сам скоро простился с Гагиным и, возвратившись домой, не мечтал уже ни о чем: этот день прошел в трезвых ощущениях. Помнится, однако, ложась спать, я невольно промолвил вслух:

— Что за хамелеон эта девушка! — и, подумав немного, прибавил: — А все-таки она ему не сестра.

VI

Прошли целые две недели. Я каждый день посещал Гагиных. Ася словно избегала меня, но уже не позволяла себе ни одной из тех шалостей, которые так удивили меня в первые два дня нашего знакомства. Она казалась втайне огорченной или смущенной; она и смеялась меньше. Я с любопытством наблюдал за ней.

Она довольно хорошо говорила по-французски и по-немецки; но по всему было заметно, что она с детства не была в женских руках и воспитание получила странное, необычное, не имевшее ничего общего с воспитанием самого Гагина. От него, несмотря на его шляпу a la Van Dyck и блузу, так и веяло мягким, полуизнеженным, великорусским дворянином, а она не походила на барышню; во всех ее движениях было что-то неспокойное: этот дичок недавно был привит, это вино еще бродило. По природе стыдливая и робкая, она досадовала на свою застенчивость и с досады насильственно старалась быть развязной и смелой, что ей не всегда удавалось. Я несколько раз заговаривал с ней об ее жизни в России, об ее прошедшем: она неохотно отвечала на мои расспросы; я узнал, однако, что до отъезда за границу она долго жила в деревне. Я застал ее раз за книгой, одну. Опершись головой на обе руки и запустив пальцы глубоко в волосы, она пожирала глазами строки.

– Браво! – сказал я, подойдя к ней, – как вы прилежны!

Она приподняла голову, важно и строго посмотрела на меня.

– Вы думаете, я только смеяться умею, – промолвила она и хотела удалиться…

Я взглянул на заглавие книги: это был какой-то французский роман.

– Однако я ваш выбор похвалить не могу, – заметил я.

– Что же читать! – воскликнула она и, бросив книгу на стол, прибавила: – Так лучше пойду дурачиться, – и побежала в сад.

В тот же день, вечером, я читал Гагину «Германа и Доротею». Ася сперва все только шныряла мимо нас, потом вдруг остановилась, приникла ухом, тихонько подсела ко мне и прослушала чтение до конца. На следующий день я опять не узнал ее, пока не догадался, что ей вдруг вошло в голову: быть домовитой и степенной, как Доротея. Словом, она являлась мне полузагадочным существом. Самолюбивая до крайности, она привлекала меня, даже когда я сердился на нее. В одном только я более и более убеждался, а именно в том, что она не сестра Гагина. Он обходился с нею не по-братски: слишком ласково, слишком снисходительно и в то же время несколько принужденно.

Странный случай, по-видимому, подтвердил мои подозрения.

Однажды вечером, подходя к винограднику, где жили Гагины, я нашел калитку запертою. Недолго думавши добрался я до одного обрушенного места в ограде, уже прежде замеченного мною, и перескочил через нее. Недалеко от этого места, в стороне от дорожки, находилась небольшая беседка из акаций; я поравнялся с нею и уже прошел было мимо… вдруг меня поразил голос Аси, с жаром и сквозь слезы произносивший следующие слова:

– Нет, я никого не хочу любить, кроме тебя, нет, нет, одного тебя я хочу любить – и навсегда.

– Полно, Ася, успокойся, – говорил Гагин, – ты знаешь, я тебе верю.

Голоса их раздавались в беседке. Я увидал их обоих сквозь негустой переплет ветвей. Они меня не заметили.

– Тебя, тебя одного, – повторила она, бросилась ему на шею и с судорожными рыданиями начала целовать его и прижиматься к его груди.

– Полно, полно, – твердил он, слегка проводя рукой по ее волосам.

Несколько мгновений остался я неподвижным… Вдруг я встрепенулся. «Подойти к ним?.. Ни за что!» – сверкнуло у меня в голове. Быстрыми шагами вернулся я к ограде, перескочил через нее на дорогу и чуть не бегом пустился домой. Я улыбался, потирал руки, удивлялся случаю, внезапно подтвердившему мои догадки (я ни на одно мгновенье не усомнился в их справедливости), а между тем на сердце у меня было очень горько. «Однако, – думал я, – умеют же они притворяться! Но к чему? Что за охота меня морочить? Не ожидал я этого от него… И что за чувствительное объяснение?»

VII

Я спал дурно и на другое утро встал рано, привязал походную котомочку за спину и, объявив своей хозяйке, чтобы она не ждала меня к ночи, отправился пешком в горы, вверх по течению реки, на которой лежит городок З. Эти горы, отрасли хребта, называемого Собачьей спиной (Hundsrück), очень любопытны в геологическом отношении; в особенности замечательны они правильностью и чистотой базальтовых слоев; но мне было не до геологических наблюдений. Я не отдавал себе отчета в том, что во мне происходило; одно чувство было мне ясно: нежелание видеться с Гагиными. Я уверял себя, что единственной причиной моего внезапного нерасположения к ним была досада на их лукавство. Кто их принуждал выдавать себя за родственников? Впрочем, я старался о них не думать; бродил не спеша по горам и долинам, засиживался в деревенских харчевнях, мирно беседуя с хозяевами и гостями, или ложился на плоский согретый камень и смотрел, как плыли облака, благо погода стояла удивительная. В таких занятиях я провел три дня, и не без удовольствия, – хотя на сердце у меня щемило по временам.

Настроение моих мыслей приходилось как раз под стать спокойной природе того края.

Я отдал себя всего тихой игре случайности, набегавшим впечатлениям: неторопливо сменяясь, протекали они по душе и оставили в ней, наконец, одно общее чувство, в котором слилось все, что я видел, ощутил, слышал в эти три дня, – все: тонкий запах смолы по лесам, крик и стук дятлов, немолчная болтовня светлых ручейков с пестрыми форелями на песчаном дне, не слишком смелые очертания гор, хмурые скалы, чистенькие деревеньки с почтенными старыми церквами и деревьями, аисты в лугах, уютные мельницы с проворно вертящимися колесами, радушные лица поселян, их синие камзолы и серые чулки, скрипучие, медлительные возы, запряженные жирными лошадьми, а иногда коровами, молодые длинноволосые странники по чистым дорогам, обсаженным яблонями и грушами…

Даже и теперь мне приятно вспоминать мои тогдашние впечатления. Привет тебе, скромный уголок германской земли, с твоим незатейливым довольством, с повсеместными следами прилежных рук, терпеливой, хотя неспешной работы… Привет тебе и мир!

Я пришел домой к самому концу третьего дня. Я забыл сказать, что с досады на Гагиных я попытался воскресить в себе образ жестокосердой вдовы; но мои усилия остались тщетны. Помнится, когда я принялся мечтать о ней, я увидел перед собою крестьянскую девочку лет пяти, с круглым личиком, с невинно выпученными глазенками. Она так детски-простодушно смотрела на меня… Мне стало стыдно ее чистого взора, я не хотел лгать в ее присутствии и тотчас же окончательно и навсегда раскланялся с моим прежним предметом.

Дома я нашел записку от Гагина. Он удивлялся неожиданности моего решения, пенял мне, зачем я не взял его с собою, и просил прийти к ним, как только я вернусь. Я с неудовольствием прочел эту записку, но на другой же день отправился в Л.

VIII

Гагин встретил меня по-приятельски, осыпал меня ласковыми упреками; но Ася, точно нарочно, как только увидала меня, расхохоталась без всякого повода и, по своей привычке, тотчас убежала. Гагин смутился, пробормотал ей вслед, что она сумасшедшая, попросил меня извинить ее. Признаюсь, мне стало очень досадно на Асю; уж и без того мне было не по себе, а тут опять этот неестественный смех, эти странные ужимки. Я, однако, показал вид, будто ничего не заметил, и сообщил Гагину подробности моего небольшого путешествия. Он рассказал мне, что делал в мое отсутствие. Но речи наши не клеились; Ася входила в комнатку и убегала снова; я объявил, наконец, что у меня есть спешная работа и что мне пора вернуться домой. Гагин сперва меня удерживал, потом, посмотрев на меня пристально, вызвался провожать меня. В передней Ася вдруг подошла ко мне и протянула мне руку; я слегка пожал ее пальцы и едва поклонился ей. Мы вместе с Гагиным переправились через Рейн и, проходя мимо любимого моего ясеня с статуйкой мадонны, присели на скамью, чтобы полюбоваться видом. Замечательный разговор произошел тут между нами.

Сперва мы перекинулись немногими словами, потом замолкли, глядя на светлую реку.

– Скажите, – начал вдруг Гагин, с своей обычной улыбкой, – какого вы мнения об Асе? Не правда ли, она должна казаться вам немного странной?

– Да, – ответил я не без некоторого недоумения. Я не ожидал, что он заговорит о ней.

– Ее надо хорошенько узнать, чтобы о ней судить, – промолвил он, – у ней сердце очень доброе, но голова бедовая. Трудно с нею ладить. Впрочем, ее нельзя винить, и если б вы знали ее историю...

– Ее историю?.. – перебил я, – разве она не ваша...

Гагин взглянул на меня.

– Уж не думаете ли вы, что она не сестра мне?.. Нет, – продолжал он, не обращая внимания на мое замешательство, – она точно мне сестра, она дочь моего отца. Выслушайте меня. Я чувствую к вам доверие и расскажу вам все.

Отец мой был человек весьма добрый, умный, образованный – и несчастливый. Судьба обошлась с ним не хуже, чем со многими другими; но он и первого удара ее не вынес. Он женился рано, по любви; жена его, моя мать, умерла очень скоро; я остался после нее шести месяцев. Отец увез меня в деревню и целые двенадцать лет не выезжал никуда. Он сам занимался моим воспитанием и никогда бы со мной не расстался, если б брат его, мой родной дядя, не заехал к нам в деревню. Дядя этот жил постоянно в Петербурге и занимал довольно важное место. Он уговорил отца отдать меня к нему на руки, так как отец ни за что не соглашался покинуть деревню. Дядя представил ему, что мальчику моих лет вредно жить в совершенном уединении, что с таким вечно унылым и молчаливым наставником, каков был мой отец, я непременно отстану от моих сверстников, да и самый нрав мой легко может испортиться. Отец долго противился увещаниям своего брата, однако уступил, наконец. Я плакал, расставаясь с отцом; я любил его, хотя никогда не видал улыбки

16

на лице его... но, попавши в Петербург, скоро позабыл наше темное и невеселое гнездо. Я поступил в юнкерскую школу, а из школы перешел в гвардейский полк. Каждый год приезжал я в деревню на несколько недель и с каждым годом находил отца моего все более и более грустным, в себя углубленным, задумчивым до робости. Он каждый день ходил в церковь и почти разучился говорить. В одно из моих посещений (мне уже было лет двадцать с лишком) я в первый раз увидал у нас в доме худенькую черноглазую девочку лет десяти – Асю. Отец сказал, что она сирота и взята им на прокормление – он именно так выразился. Я не обратил особенного внимания на нее; она была дика, проворна и молчалива, как зверек, и как только я входил в любимую комнату моего отца, огромную и мрачную комнату, где скончалась моя мать и где даже днем зажигались свечки, она тотчас пряталась за вольтеровское кресло его или за шкаф с книгами. Случилось так, что в последовавшие за тем три, четыре года обязанности службы помешали мне побывать в деревне. Я получал от отца ежемесячно по короткому письму; об Асе он упоминал редко, и то вскользь. Ему было уже за пятьдесят лет, но он казался еще молодым человеком. Представьте же мой ужас: вдруг я, ничего не подозревавший, получаю от приказчика письмо, в котором он извещает меня о смертельной болезни моего отца и умоляет приехать как можно скорее, если хочу проститься с ним. Я поскакал сломя голову и застал отца в живых, но уже при последнем издыхании. Он обрадовался мне чрезвычайно, обнял меня своими исхудалыми руками, долго поглядел мне в глаза каким-то не то испытующим, не то умоляющим взором и, взяв с меня слово, что я исполню его последнюю просьбу, велел своему старому камердинеру привести Асю. Старик привел ее: она едва держалась на ногах и дрожала всем телом.

– Вот, – сказал мне с усилием отец, – завещаю тебе мою дочь – твою сестру. Ты все узнаешь от Якова, – прибавил он, указав на камердинера.

Ася зарыдала и упала лицом на кровать... Полчаса спустя мой отец скончался.

Вот что я узнал. Ася была дочь моего отца и бывшей горничной моей матери, Татьяны. Живо помню я эту Татьяну, помню ее высокую стройную фигуру, ее благообразное, строгое, умное лицо, с большими темными глазами. Она слыла девушкой гордой и неприступной. Сколько я мог понять из почтительных недомолвок Якова, отец мой сошелся с нею несколько лет спустя после смерти матушки. Татьяна уже не жила тогда в господском доме, а в избе у замужней сестры своей, скотницы. Отец мой сильно к ней привязался и после моего отъезда из деревни хотел даже жениться на ней, но она сама не согласилась быть его женой, несмотря на его просьбы.

– Покойница Татьяна Васильевна, – так докладывал мне Яков, стоя у двери с закинутыми назад руками, – во всем были рассудительны и не захотели батюшку вашего обидеть. Что, мол, я вам за жена? какая я барыня? так они говорить изволили, при мне говорили-с.

Татьяна даже не хотела переселиться к нам в дом и продолжала жить у своей сестры, вместе с Асей. В детстве я видывал Татьяну только по праздникам, в церкви. Повязанная темным платком, с желтой шалью на плечах, она становилась в толпе, возле окна, – ее строгий профиль четко вырезывался на прозрачном стекле, – и смиренно и важно молилась, кланяясь низко, по-старинному. Когда дядя увез меня, Асе было всего два года, а на девятом году она лишилась матери.

Как только Татьяна умерла, отец взял Асю к себе в дом. Он и прежде изъявил желание иметь ее при себе, но Татьяна ему и в этом отказала. Представьте же себе, что должно было произойти в Асе, когда ее взяли к барину. Она до сих пор не может забыть ту минуту, когда ей в первый раз надели шелковое платье и поцеловали у ней ручку. Мать, пока была жива, держала ее очень строго; у отца она пользовалась совершенной свободой. Он был ее учителем; кроме его, она никого не видала. Он не баловал ее, то есть не нянчился с нею; но он любил ее страстно и никогда ничего ей не запрещал: он в душе считал себя перед ней виноватым. Ася скоро поняла, что она главное лицо в доме, она знала, что барин ее отец; но она так же скоро поняла свое ложное положение; самолюбие развилось в ней сильно, недоверчивость тоже; дурные привычки укоренялись, простота исчезла. Она хотела (она сама мне раз призналась в этом) заставить целый мир забыть ее происхождение; она и стыдилась своей матери, и стыдилась своего стыда, и гордилась ею. Вы видите, что она многое знала и знает, чего не должно бы знать в ее годы… Но разве она виновата? Молодые силы разыгрывались в ней, кровь кипела, а вблизи ни одной руки, которая бы ее направила. Полная независимость во всем! да разве легко ее вынести? Она хотела быть не хуже других барышень; она бросилась на книги. Что тут могло выйти путного? Неправильно начатая жизнь слагалась неправильно, но сердце в ней не испортилось, ум уцелел.

И вот я, двадцатилетний малый, очутился с тринадцатилетней девочкой на руках! В первые дни после смерти отца, при одном звуке моего голоса, ее била лихорадка, ласки мои повергали ее в тоску, и только понемногу, исподволь, привыкла она ко мне. Правда, потом, когда она убедилась, что я точно признаю ее за сестру и полюбил ее, как сестру, она страстно ко мне привязалась: у ней ни одно чувство не бывает вполовину.

Я привез ее в Петербург. Как мне ни больно было с ней расстаться, – жить с ней вместе я никак не мог; я поместил ее в один из лучших пансионов. Ася поняла необходимость нашей разлуки, но начала с того, что заболела и чуть не умерла. Потом она обтерпелась и выжила в пансионе четыре года; но, против моих ожиданий, осталась почти такою же, какою была прежде. Начальница пансиона часто жаловалась мне на нее. «И наказать ее нельзя, – говаривала она мне, – и на ласку она не поддается». Ася была чрезвычайно понятлива, училась прекрасно, лучше всех; но никак не хотела подойти под общий уровень, упрямилась, глядела букой... Я не мог слишком винить ее: в ее положении ей надо было либо прислуживаться, либо дичиться. Из всех своих подруг она сошлась только с одной, некрасивой, загнанной и бедной девушкой. Остальные барышни, с которыми она воспитывалась, большей частью из хороших фамилий, не любили ее, язвили ее и кололи, как только могли; Ася им на волос не уступала. Однажды на уроке из закона божия преподаватель заговорил о пороках. «Лесть и трусость – самые дурные пороки», – громко промолвила Ася. Словом, она продолжала идти своей дорогой; только манеры ее стали лучше, хотя и в этом отношении она, кажется, не много успела.

Наконец, ей минуло семнадцать лет; оставаться ей далее в пансионе было невозможно. Я находился в довольно большом затруднении. Вдруг мне пришла благая мысль: выйти в отставку, поехать за границу на год или на два и взять Асю с собою. Задумано – сделано; и вот мы с ней на берегах Рейна, где я стараюсь заниматься живописью, а она... шалит и чудит по-прежнему. Но теперь я надеюсь, что вы не станете судить ее слишком строго; а она хоть и притворяется, что ей все нипочем, – мнением каждого дорожит, вашим же в особенности.

И Гагин опять улыбнулся своей тихой улыбкой. Я крепко стиснул ему руку.

– Все так, – заговорил опять Гагин, – но с нею мне беда. Порох она настоящий. До сих пор ей никто не нравился, но беда, если она кого полюбит! Я иногда не знаю, как с ней быть. На днях она что вздумала: начала вдруг уверять меня, что я к ней стал холоднее прежнего и что она одного меня любит и век будет меня одного любить... И при этом так расплакалась...

– Так вот что... – промолвил было я и прикусил язык. – А скажите-ка мне, – спросил я Гагина: дело между нами пошло на откровенность, – неужели в самом деле ей до сих пор никто не нравился? В Петербурге видала же она молодых людей?

– Они-то ей и не нравились вовсе. Нет, Асе нужен герой, необыкновенный человек – или живописный пастух в горном ущелье. А впрочем, я заболтался с вами, задержал вас, – прибавил он, вставая.

– Послушайте, – начал я, – пойдемте к вам, мне домой не хочется.

– А работа ваша?

Я ничего не отвечал; Гагин добродушно усмехнулся, и мы вернулись в Л. Увидев знакомый виноградник и белый домик на верху горы, я почувствовал какую-то сладость – именно сладость на сердце: точно мне втихомолку меду туда налили. Мне стало легко после гагинского рассказа.

IX

Ася встретила нас на самом пороге дома; я снова ожидал смеха; но она вышла к нам вся бледная, молчаливая, с потупленными глазами.

– Вот он опять, – заговорил Гагин, – и, заметь, сам захотел вернуться.

Ася вопросительно посмотрела на меня. Я, в свою очередь, протянул ей руку и на этот раз крепко пожал ее холодные пальчики. Мне стало очень жаль ее; теперь я многое понимал в ней, что прежде сбивало меня с толку: ее внутреннее беспокойство, неуменье держать себя, желание порисоваться – все мне стало ясно. Я заглянул в эту душу: тайный гнет давил ее постоянно, тревожно путалось и билось неопытное самолюбие, но все существо ее стремилось к правде. Я понял, почему эта странная девочка меня привлекала: не одной только полудикой прелестью, разлитой по всему ее тонкому телу, привлекала она меня: ее душа мне нравилась.

Гагин начал копаться в своих рисунках; я предложил Асе погулять со мною по винограднику. Она тотчас согласилась, с веселой и почти покорной готовностью. Мы спустились до половины горы и присели на широкую плиту.

– И вам не скучно было без нас? – начала Ася.

– А вам без меня было скучно? – спросил я. Ася взглянула на меня сбоку.

– Да, – отвечала она. – Хорошо в горах? – продолжала она тотчас, – они высоки? Выше облаков? Расскажите мне, что вы видели. Вы рассказывали брату, но я ничего не слыхала.

– Вольно ж вам было уходить, – заметил я.

– Я уходила… потому что… Я теперь вот не уйду, – прибавила она с доверчивой лаской в голосе, – вы сегодня были сердиты.

– Я?

– Вы.

– Отчего же, помилуйте…

– Не знаю, но вы были сердиты и ушли сердитыми. Мне было очень досадно, что вы так ушли, и я рада, что вы вернулись.

– И я рад, что вернулся, – промолвил я. Ася повела плечами, как это часто делают дети, когда им хорошо.

– О, я умею отгадывать! – продолжала она, – бывало, я по одному папашину кашлю из другой комнаты узнавала, доволен ли он мной или нет.

До того дня Ася ни разу не говорила мне о своем отце. Меня это поразило.

— Вы любили вашего батюшку? — проговорил я и вдруг, к великой моей досаде, почувствовал, что краснею.

Она ничего не отвечала и покраснела тоже. Мы оба замолкли. Вдали по Рейну бежал и дымился пароход. Мы принялись глядеть на него.

— Что же вы не рассказываете? — прошептала Ася.

— Отчего вы сегодня рассмеялись, как только увидели меня? — спросил я.

— Сама не знаю. Иногда мне хочется плакать, а я смеюсь. Вы не должны судить меня... по тому, что я делаю. Ах, кстати, что это за сказка о Лорелее? Ведь это ее скала виднеется? Говорят, она прежде всех топила, а как полюбила, сама бросилась в воду. Мне нравится эта сказка. Фрау Луизе мне всякие сказки сказывает. У фрау Луизе есть черный кот с желтыми глазами...

Ася подняла голову и встряхнула кудрями.

— Ах, мне хорошо, — проговорила она.

В это мгновенье долетели до нас отрывочные, однообразные звуки. Сотни голосов разом и с мерными расстановками повторяли молитвенный напев: толпа богомольцев тянулась внизу по дороге с крестами и хоругвями...

— Вот бы пойти с ними, — сказала Ася, прислушиваясь к постепенно ослабевавшим взрывам голосов.

— Разве вы так набожны?

— Пойти куда-нибудь далеко, на молитву, на трудный подвиг, — продолжала она. — А то дни уходят, жизнь уйдет, а что мы сделали?

— Вы честолюбивы, — заметил я, — вы хотите прожить не даром, след за собой оставить...

— А разве это невозможно?

«Невозможно», — чуть было не повторил я... Но я взглянул в ее светлые глаза и только промолвил:

— Попытайтесь.

— Скажите, — заговорила Ася после небольшого молчания, в течение которого какие-то тени пробежали у ней по лицу, уже успевшему побледнеть, — вам очень нравилась та дама... Вы помните, брат пил ее здоровье в развалине, на второй день нашего знакомства?

Я засмеялся.

— Ваш брат шутил; мне ни одна дама не нравилась; по крайней мере теперь ни одна не нравится.

– А что вам нравится в женщинах? – спросила Ася, закинув голову, с невинным любопытством.

– Какой странный вопрос! – воскликнул я.

Ася слегка смутилась.

– Я не должна была сделать вам такой вопрос, не правда ли? Извините меня, я привыкла болтать все, что мне в голову входит. Оттого-то я и боюсь говорить.

– Говорите ради бога, не бойтесь, – подхватил я, – я так рад, что вы, наконец, перестаете дичиться.

Ася потупилась и засмеялась тихим и легким смехом; я не знал за ней такого смеха.

– Ну, рассказывайте же, – продолжала она, разглаживая полы своего платья и укладывая их себе на ноги, точно она усаживалась надолго, – рассказывайте или прочтите что-нибудь, как, помните, вы нам читали из «Онегина»...

Она вдруг задумалась...

Где нынче крест и тень ветвей
Над бедной матерью моей! –

проговорила она вполголоса.

– У Пушкина не так, – заметил я.

– А я хотела бы быть Татьяной, – продолжала она все так же задумчиво. – Рассказывайте, – подхватила она с живостью.

Но мне было не до рассказов. Я глядел на нее, всю облитую ясным солнечным лучом, всю успокоенную и кроткую. Все радостно сияло вокруг нас, внизу, над нами – небо, земля и воды; самый воздух, казалось, был насыщен блеском.

– Посмотрите, как хорошо! – сказал я, невольно понизив голос.

– Да, хорошо! – так же тихо отвечала она, не смотря на меня. – Если б мы с вами были птицы, – как бы мы взвились, как бы полетели... Так бы и утонули в этой синеве... Но мы не птицы.

– А крылья могут у нас вырасти, – возразил я.

– Как так?

– Поживите – узнаете. Есть чувства, которые поднимают нас от земли. Не беспокойтесь, у вас будут крылья.

– А у вас были?

– Как вам сказать... Кажется, до сих пор я еще не летал.

Ася опять задумалась. Я слегка наклонился к ней.

– Умеете вы вальсировать? – спросила она вдруг.

– Умею, – отвечал я, несколько озадаченный.

– Так пойдемте, пойдемте... Я попрошу брата сыграть нам вальс... Мы вообразим, что мы летаем, что у нас выросли крылья.

Она побежала к дому. Я побежал вслед за нею – и несколько

мгновений спустя мы кружились в тесной комнате, под сладкие звуки Ланнера. Ася вальсировала прекрасно, с увлечением. Что-то мягкое, женское проступило вдруг сквозь ее девически-строгий облик. Долго потом рука моя чувствовала прикосновение ее нежного стана, долго слышалось мне ее ускоренное, близкое дыханье, долго мерещились мне темные, неподвижные, почти закрытые глаза на бледном, но оживленном лице, резво обвеянном кудрями.

X

Весь этот день прошел как нельзя лучше. Мы веселились, как дети. Ася была очень мила и проста. Гагин радовался, глядя на нее. Я ушел поздно. Въехавши на средину Рейна, я попросил перевозчика пустить лодку вниз по течению. Старик поднял весла – и царственная река понесла нас. Глядя кругом, слушая, вспоминая, я вдруг почувствовал тайное беспокойство на сердце... поднял глаза к небу – но и в небе не было покоя: испещренное звездами, оно все шевелилось, двигалось, содрогалось; я склонился к реке... но и там, и в этой темной, холодной глубине, тоже колыхались, дрожали звезды; тревожное оживление мне чудилось повсюду – и тревога росла во мне самом. Я облокотился на край лодки... Шепот ветра в моих ушах, тихое журчанье воды за кормою меня раздражали, и свежее дыханье волны не охлаждало меня; соловей запел на берегу и заразил меня сладким ядом своих звуков. Слезы закипали у меня на глазах, но то не были слезы беспредметного восторга. Что я чувствовал, было не то смутное, еще недавно испытанное ощущение всеобъемлющих желаний, когда душа ширится, звучит, когда ей кажется, что она все понимает и все любит... Нет! во мне зажглась жажда счастия. Я еще не смел назвать его по имени, – но счастья, счастья до пресыщения – вот чего хотел я, вот о чем томился... А лодка все неслась, и старик перевозчик сидел и дремал, наклонясь над веслами.

XI

Отправляясь на следующий день к Гагиным, я не спрашивал себя, влюблен ли я в Асю, но я много размышлял о ней, ее судьба меня занимала, я радовался неожиданному нашему сближению. Я чувствовал, что только с вчерашнего дня я узнал ее; до тех пор она отворачивалась от меня. И вот, когда она раскрылась, наконец, передо мною, каким пленительным светом озарился ее образ, как он был нов для меня, какие тайные обаяния стыдливо в нем сквозили…

Бодро шел я по знакомой дороге, беспрестанно посматривая на издали белевший домик; я не только о будущем – я о завтрашнем дне не думал; мне было очень хорошо.

Ася покраснела, когда я вошел в комнату; я заметил, что она опять принарядилась, но выражение ее лица не шло к ее наряду: оно было печально. А я пришел таким веселым! Мне показалось даже, что она, по обыкновению своему, собралась было бежать, но сделала усилие над собою – и осталась. Гагин находился в том особенном состоянии художнического жара и ярости, которое, в виде припадка, внезапно овладевает дилетантами, когда они вообразят, что им удалось, как они выражаются, «поймать природу за хвост». Он стоял, весь взъерошенный и выпачканный красками, перед натянутым холстом и, широко размахивая по нем кистью, почти свирепо кивнул мне головой, отодвинулся, прищурил глаза и снова накинулся на свою картину. Я не стал мешать ему и подсел к Асе. Медленно обратились ко мне ее темные глаза.

– Вы сегодня не такая, как вчера, – заметил я после тщетных усилий вызвать улыбку на ее губы.

– Нет, не такая, – возразила она неторопливым и глухим голосом. – Но это ничего. Я нехорошо спала, всю ночь думала.

– О чем?

– Ах, я о многом думала. Это у меня привычка с детства: еще с того времени, когда я жила с матушкой…

Она с усилием выговорила это слово и потом еще раз повторила:

– Когда я жила с матушкой… я думала, отчего это никто не может знать, что с ним будет; а иногда и видишь беду – да спастись нельзя; и отчего никогда нельзя сказать всей правды?.. Потом я думала, что я ничего не знаю, что мне надобно учиться. Меня перевоспитать надо, я очень дурно воспитана. Я не умею играть на фортепьяно, не умею рисовать, я даже шью плохо. У меня нет никаких способностей, со мной, должно быть, очень скучно.

– Вы несправедливы к себе, – возразил я. – Вы много читали, вы образованны, и с вашим умом…

– А я умна? – спросила она с такой наивной любознательностью, что я невольно засмеялся; но она даже не улыбнулась. – Брат, я умна? – спросила она Гагина.

Он ничего не отвечал ей и продолжал трудиться, беспрестанно меняя кисти и высоко поднимая руку.

– Я сама не знаю иногда, что у меня в голове, – продолжала Ася с тем же задумчивым видом. – Я иногда самой себя боюсь, ей-богу. Ах, я хотела бы… Правда ли, что женщинам не следует читать много?

– Много не нужно, но…

– Скажите мне, что я должна читать? скажите, что я должна делать? Я все буду делать, что вы мне скажете, – прибавила она, с невинной доверчивостью обратясь ко мне.

Я не тотчас нашелся, что сказать ей.

– Ведь вам не будет скучно со мною?

– Помилуйте, – начал я.

– Ну, спасибо! – возразила Ася, – а я думала, что вам скучно будет.

И ее маленькая горячая ручка крепко стиснула мою.

– Н.! – вскрикнул в это мгновенье Гагин, – не темен этот фон?

Я подошел к нему. Ася встала и удалилась.

XII

Она вернулась через час, остановилась в дверях и подозвала меня рукою.

– Послушайте, – сказала она, – если б я умерла, вам было бы жаль меня?

– Что у вас за мысли сегодня! – воскликнул я.

– Я воображаю, что я скоро умру; мне иногда кажется, что все вокруг меня со мною прощается. Умереть лучше, чем жить так… Ах! не глядите так на меня; я, право, не притворяюсь. А то я вас опять бояться буду.

– Разве вы меня боялись?

– Если я такая странная, я, право, не виновата, – возразила она. – Видите, я уж и смеяться не могу…

Она осталась печальной и озабоченной до самого вечера. Что-то происходило в ней, чего я не понимал. Ее взор часто останавливался на мне; сердце мое тихо сжималось под этим загадочным взором. Она казалась спокойною – а мне, глядя на нее, все хотелось сказать ей, чтобы она не волновалась. Я любовался ею, я находил трогательную прелесть в ее побледневших чертах, в ее нерешительных, замедленных движениях – а ей почему-то воображалось, что я не в духе.

– Послушайте, – сказала она мне незадолго до прощанья, – меня мучит мысль, что вы меня считаете легкомысленной… Вы вперед всегда верьте тому, что я вам говорить буду, только и вы будьте со мной откровенны: а я вам всегда буду говорить правду, даю вам честное слово…

Это «честное слово» опять заставило меня засмеяться.

– Ах, не смейтесь, – проговорила она с живостью, – а то я вам скажу сегодня то, что вы мне сказали вчера: «Зачем вы смеетесь?» – и, помолчав немного, она прибавила: – Помните, вы вчера говорили о крыльях?.. Крылья у меня выросли – да лететь некуда.

– Помилуйте, – промолвил я, – перед вами все пути открыты…

Ася посмотрела мне прямо и пристально в глаза.

– Вы сегодня дурного мнения обо мне, – сказала она, нахмурив брови.

– Я? дурного мнения? о вас!..

– Что это вы точно в воду опущенные, – перебил меня Гагин, – хотите, я, по-вчерашнему, сыграю вам вальс?

– Нет, нет, – возразила Ася и стиснула руки, – сегодня ни за что!

– Я тебя не принуждаю, успокойся…

– Ни за что, – повторила она бледнея.

....

«Неужели она меня любит?» – думал я, подходя к Рейну, быстро катившему темные волны.

XIII

«Неужели она меня любит?» – спрашивал я себя на другой день, только что проснувшись. Я не хотел заглядывать в самого себя. Я чувствовал, что ее образ, образ «девушки с натянутым смехом», втеснился мне в душу и что мне от него не скоро отделаться. Я пошел в Л. и остался там целый день, но Асю видел только мельком. Ей нездоровилось; у ней голова болела. Она сошла вниз, на минутку, с повязанным лбом, бледная, худенькая, с почти закрытыми глазами; слабо улыбнулась, сказала: «Это пройдет, это ничего, все пройдет, не правда ли?» – и ушла. Мне стало скучно и как-то грустно-пусто; я, однако, долго не хотел уходить и вернулся поздно, не увидав ее более.

Следующее утро прошло в каком-то полусне сознания. Я хотел приняться за работу – не мог; хотел ничего не делать и не думать… и это не удалось. Я бродил по городу; возвращался домой, выходил снова.

– Вы ли господин Н.? – раздался вдруг за мною детский голос. Я оглянулся; передо мною стоял мальчик. – Это вам от фрейлейн Annette, – прибавил он, подавая мне записку.

Я развернул ее – и узнал неправильный и быстрый почерк Аси. «Я непременно должна вас видеть, – писала мне она, – приходите сегодня в четыре часа к каменной часовне на дороге возле развалины. Я сделала сегодня большую неосторожность... Придите ради бога, вы все узнаете... Скажите посланному: „да“.

– Будет ответ? – спросил меня мальчик.

– Скажи, что да, – отвечал я.

Мальчик убежал.

XIV

Я пришел к себе в комнату, сел и задумался. Сердце во мне сильно билось. Несколько раз перечел я записку Аси. Я посмотрел на часы: и двенадцати еще не было.

Дверь отворилась – вошел Гагин.

Лицо его было пасмурно. Он схватил меня за руку и крепко пожал ее. Он казался очень взволнованным.

– Что с вами? – спросил я. Гагин взял стул и сел против меня.

– Четвертого дня, – начал он с принужденной улыбкой и запинаясь, – я удивил вас своим рассказом; сегодня удивлю еще более. С другим я, вероятно, не решился бы... так прямо... Но вы благородный человек, вы мне друг, не так ли? Послушайте: моя сестра, Ася, в вас влюблена.

Я весь вздрогнул и приподнялся...

– Ваша сестра, говорите вы...

– Да, да, – перебил меня Гагин. – Я вам говорю, она сумасшедшая и меня с ума сведет. Но, к счастью, она не умеет лгать – и доверяет мне. Ах, что за душа у этой девочки... но она себя погубит, непременно.

– Да вы ошибаетесь, – начал я.

– Нет, не ошибаюсь. Вчера, вы знаете, она почти целый день пролежала, ничего не ела, впрочем не жаловалась... Она никогда не жалуется. Я не беспокоился, хотя к вечеру у ней сделался небольшой жар. Сегодня, в два часа ночи, меня разбудила наша хозяйка: «Ступайте, говорит, к вашей сестре: с ней что-то худо». Я побежал к Асе и нашел ее нераздетою, в лихорадке, в слезах; голова у ней горела, зубы стучали. «Что с тобой? – спросил я, – ты больна?» Она бросилась мне на шею и начала умолять меня увезти ее как можно скорее, если я хочу, чтобы она осталась в живых... Я ничего не понимаю, стараюсь ее успокоить... Рыдания ее усиливаются... и вдруг сквозь эти рыдания услышал я... Ну, словом, я услышал, что она вас любит. Уверяю вас, мы с вами, благоразумные люди, и представить себе не можем, как она глубоко чувствует и с какой невероятной силой высказываются в ней эти чувства; это находит на нее так же неожиданно и так же неотразимо, как гроза. Вы очень милый

27

человек, – продолжал Гагин, – но почему она вас так полюбила – этого я, признаюсь, не понимаю. Она говорит, что привязалась к вам с первого взгляда. Оттого она и плакала на днях, когда уверяла меня, что, кроме меня, никого любить не хочет. Она воображает, что вы ее презираете, что вы, вероятно, знаете, кто она; она спрашивала меня, не рассказал ли я вам ее историю, – я, разумеется, сказал, что нет; но чуткость ее – просто страшна. Она желает одного: уехать, уехать тотчас. Я просидел с ней до утра; она взяла с меня слово, что нас завтра же здесь не будет, – и тогда только она заснула. Я подумал, подумал и решился – поговорить с вами. По-моему, Ася права: самое лучшее– уехать нам обоим отсюда. И я сегодня же бы увез ее, если б не пришла мне в голову мысль, которая меня остановила. Может быть… как знать? – вам сестра моя нравится? Если так, с какой стати я увезу ее? Я вот и решился, отбросив в сторону всякий стыд… Притом же я сам кое-что заметил. Я решился… узнать от вас… – Бедный Гагин смутился. – Извините меня, пожалуйста, – прибавил он, – я не привык к таким передрягам.

Я взял его за руку.

– Вы хотите знать, – произнес я твердым голосом, – нравится ли мне ваша сестра? Да, она мне нравится…

Гагин взглянул на меня.

– Но, – проговорил он запинаясь, – ведь вы не женитесь на ней?

– Как вы хотите, чтобы я отвечал на такой вопрос? Посудите сами, могу ли я теперь…

– Знаю, знаю, – перебил меня Гагин. – Я не имею никакого права требовать от вас ответа, и вопрос мой – верх неприличия… Но что прикажете делать? С огнем шутить нельзя. Вы не знаете Асю; она в состоянии занемочь, убежать, свиданье вам назначить… Другая умела бы все скрыть и выждать – но не она. С нею это в первый раз, – вот что беда! Если б вы видели, как она сегодня рыдала у ног моих, вы бы поняли мои опасения.

Я задумался. Слова Гагина «свиданье вам назначить» кольнули меня в сердце. Мне показалось постыдным не отвечать откровенностью на его честную откровенность.

– Да, – сказал я наконец, – вы правы. Час тому назад я получил от вашей сестры записку. Вот она.

Гагин взял записку, быстро пробежал ее и уронил руки на колени. Выражение изумления на его лице было очень забавно, но мне было не до смеху.

– Вы, повторяю, благородный человек, – проговорил он, – но что же теперь делать? Как? она сама хочет уехать, и пишет к вам, и упрекает себя в неосторожности… и когда это она успела написать? Чего ж она хочет от вас?

Я успокоил его, и мы принялись толковать хладнокровно по мере возможности о том, что нам следовало предпринять.

Вот на чем мы остановились, наконец: во избежание беды я должен был идти на свиданье и честно объясниться с Асей; Гагин обязался сидеть дома и не подать вида, что ему известна ее записка; а вечером мы положили сойтись опять.

— Я твердо надеюсь на вас, — сказал Гагин и стиснул мне руку, — пощадите и ее и меня. А уезжаем мы все-таки завтра, — прибавил он, вставая, — потому что ведь вы на Асе не женитесь.

— Дайте мне сроку до вечера, — возразил я.

— Пожалуй, но вы не женитесь.

Он ушел, а я бросился на диван и закрыл глаза. Голова у меня ходила кругом: слишком много впечатлений в нее нахлынуло разом. Я досадовал на откровенность Гагина, я досадовал на Асю, ее любовь меня и радовала и смущала. Я не мог понять, что заставило ее все высказать брату; неизбежность скорого, почти мгновенного решения терзала меня…

«Жениться на семнадцатилетней девочке, с ее нравом, как это можно!» — сказал я, вставая.

XV

В условленный час переправился я через Рейн, и первое лицо, встретившее меня на противоположном берегу, был самый тот мальчик, который приходил ко мне поутру. Он, по-видимому, ждал меня.

— От фрейлейн Annette, — сказал он шепотом и подал мне другую записку.

Ася извещала меня о перемене места нашего свидания. Я должен был прийти через полтора часа не к часовне, а в дом фрау Луизе, постучаться внизу и войти в третий этаж.

— Опять: да? — спросил меня мальчик.

— Да, — повторил я и пошел по берегу Рейна.

Вернуться домой было некогда, я не хотел бродить по улицам. За городской стеною находился маленький сад с навесом для кеглей и столами для любителей пива. Я вошел туда. Несколько уже пожилых немцев играли в кегли; со стуком катились деревянные шары, изредка раздавались одобрительные восклицания. Хорошенькая служанка с заплаканными глазами принесла мне кружку пива; я взглянул в ее лицо. Она быстро отворотилась и отошла прочь.

– Да, да, – промолвил тут же сидевший толстый и краснощекий гражданин, – Ганхен наша сегодня очень огорчена: жених ее пошел в солдаты.

Я посмотрел на нее: она прижалась в уголок и подперла рукою щеку; слезы капали одна за другой по ее пальцам. Кто-то спросил пива; она принесла ему кружку и опять вернулась на свое место. Ее горе подействовало на меня; я начал думать об ожидавшем меня свидании, но мои думы были заботливые, невеселые думы. Не с легким сердцем шел я на это свидание, не предаваться радостям взаимной любви предстояло мне; мне предстояло сдержать данное слово, исполнить трудную обязанность. «С ней шутить нельзя» – эти слова Гагина, как стрелы, впились в мою душу. А еще четвертого дня в этой лодке, уносимой волнами, не томился ли я жаждой счастья? Оно стало возможным – и я колебался, я отталкивал, я должен был оттолкнуть его прочь... Его внезапность меня смущала. Сама Ася, с ее огненной головой, с ее прошедшим, с ее воспитанием, это привлекательное, но странное существо – признаюсь, она меня пугала. Долго боролись во мне чувства. Назначенный срок приближался. «Я не могу на ней жениться, – решил я, наконец, – она не узнает, что и я полюбил ее».

Я встал – и, положив талер в руку бедной Ганхен (она даже не поблагодарила меня), направился к дому фрау Луизе. Вечерние тени уже разливались в воздухе, и узкая полоса неба, над темной улицей, алела отблеском зари. Я слабо стукнул в дверь; она тотчас отворилась. Я переступил порог и очутился в совершенной темноте.

– Сюда! – послышался старушечий голос. – Вас ждут.

Я шагнул раза два ощупью, чья-то костлявая рука взяла мою руку.

– Вы это, фрау Луизе? – спросил я.

– Я, – отвечал мне тот же голос, – я, мой прекрасный молодой человек.

Старуха повела меня опять вверх, по крутой лестнице, и остановилась на площадке третьего этажа. При слабом свете, падавшем из крошечного окошка, я увидал морщинистое лицо вдовы бургомистра. Приторно-лукавая улыбка растягивала ее ввалившиеся губы, ежила тусклые глазки. Она указала мне на маленькую дверь. Судорожным движением руки отворил я ее и захлопнул за собою.

XVI

В небольшой комнатке, куда я вошел, было довольно темно, и я не тотчас увидел Асю. Закутанная в длинную шаль, она сидела на стуле возле окна, отвернув и почти спрятав голову, как испуганная птичка. Она дышала быстро и вся дрожала. Мне стало несказанно жалко ее. Я подошел к ней. Она еще больше отвернула голову...

– Анна Николаевна, – сказал я.

Она вдруг вся выпрямилась, хотела взглянуть на меня – и не могла. Я схватил ее руку, она была холодна и лежала как мертвая на моей ладони.

– Я желала... – начала Ася, стараясь улыбнуться, но ее бледные губы не слушались ее, – я хотела... Нет, не могу, – проговорила она и умолкла. Действительно, голос ее прерывался на каждом слове.

Я сел подле нее.

– Анна Николаевна, – повторил я и тоже не мог ничего прибавить.

Настало молчание. Я продолжал держать ее руку и глядел на нее. Она по-прежнему вся сжималась, дышала с трудом и тихонько покусывала нижнюю губу, чтобы не заплакать, чтобы удержать накипавшие слезы... Я глядел на нее: было что-то трогательно-беспомощное в ее робкой неподвижности: точно она от усталости едва добралась до стула и так и упала на него. Сердце во мне растаяло...

– Ася, – сказал я едва слышно...

Она медленно подняла на меня свои глаза... О, взгляд женщины, которая полюбила, – кто тебя опишет? Они молили, эти глаза, они доверялись, вопрошали, отдавались... Я не мог противиться их обаянию. Тонкий огонь пробежал по мне жгучими иглами; я нагнулся и приник к ее руке...

Послышался трепетный звук, похожий на прерывистый вздох, и я почувствовал на моих волосах прикосновение слабой, как лист дрожавшей руки. Я поднял голову и увидал ее лицо. Как оно вдруг преобразилось! Выражение страха исчезло с него, взор ушел куда-то далеко и увлекал меня за собою, губы слегка раскрылись, лоб побледнел как мрамор, и кудри отодвинулись назад, как будто ветер их откинул. Я забыл все, я потянул ее к себе – покорно повиновалась ее рука, все ее тело повлеклось вслед за рукою, шаль покатилась с плеч, и голова ее тихо легла на мою грудь, легла под мои загоревшиеся губы...

– Ваша... – прошептала она едва слышно.

Уже руки мои скользили вокруг ее стана... Но вдруг воспоминание о Гагине, как молния, меня озарило.

– Что мы делаем!.. – воскликнул я и судорожно отодвинулся назад. – Ваш брат... ведь он все знает... Он знает, что я вижусь с вами.

Ася опустилась на стул.

– Да, – продолжал я, вставая и отходя на другой угол комнаты. – Ваш брат все знает... Я должен был ему все сказать.

– Должны? – проговорила она невнятно. Она, видимо, не могла еще прийти в себя и плохо меня понимала.

– Да, да, – повторил я с каким-то ожесточением, – и в этом вы одни виноваты, вы одни. Зачем вы сами выдали вашу тайну? Кто заставлял вас все высказать вашему брату? Он сегодня был сам у меня и передал мне ваш разговор с ним. – Я старался не глядеть на Асю и ходил большими шагами по комнате. – Теперь все пропало, все, все.

Ася поднялась было со стула.

– Останьтесь, – воскликнул я, – останьтесь, прошу вас. Вы имеете дело с честным человеком – да, с честным человеком. Но, ради бога, что взволновало вас? Разве вы заметили во мне какую перемену? А я не мог скрываться перед вашим братом, когда он пришел сегодня ко мне.

«Что я такое говорю?» – думал я про себя, и мысль, что я безнравственный обманщик, что Гагин знает о нашем свидании, что все искажено, обнаружено, – так и звенела у меня в голове.

– Я не звала брата, – послышался испуганный шепот Аси, – он пришел сам.

– Посмотрите же, что вы наделали, – продолжал я. – Теперь вы хотите уехать…

– Да, я должна уехать, – так же тихо проговорила она, – я и попросила вас сюда для того только, чтобы проститься с вами.

– И вы думаете, – возразил я, – мне будет легко с вами расстаться?

– Но зачем же вы сказали брату? – с недоумением повторила Ася.

– Я вам говорю – я не мог поступить иначе. Если б вы сами не выдали себя…

– Я заперлась в моей комнате, – возразила она простодушно, – я не знала, что у моей хозяйки был другой ключ…

Это невинное извинение, в ее устах, в такую минуту – меня тогда чуть не рассердило… а теперь я без умиления не могу его вспомнить. Бедное, честное, искреннее дитя!

– И вот теперь все кончено! – начал я снова. – Все. Теперь нам должно расстаться. – Я украдкой взглянул на Асю… лицо ее быстро краснело. Ей, я это чувствовал, и стыдно становилось и страшно. Я сам ходил и говорил, как в лихорадке. – Вы не дали развиться чувству, которое начинало созревать, вы сами разорвали нашу связь, вы не имели ко мне доверия, вы усомнились во мне…

Пока я говорил, Ася все больше и больше наклонялась вперед – и вдруг упала на колени, уронила голову на руки и зарыдала. Я подбежал к ней, пытался поднять ее, но она мне не давалась. Я не выношу женских слез: при виде их я теряюсь тотчас.

– Анна Николаевна, Ася, – твердил я, – пожалуйста, умоляю вас, ради бога, перестаньте… – Я снова взял ее за руку…

Но, к величайшему моему изумлению, она вдруг вскочила – с быстротою молнии бросилась к двери и исчезла…

Когда несколько минут спустя фрау Луизе вошла в комнату – я все еще стоял на самой середине ее, уж точно как громом пораженный. Я не понимал, как могло это свидание так быстро, так глупо кончиться – кончиться, когда я и сотой доли не сказал того, что хотел, что должен был сказать, когда я еще сам не знал, чем оно могло разрешиться…

– Фрейлейн ушла? – спросила меня фрау Луизе, приподняв свои желтые брови до самой накладки.

Я посмотрел на нее как дурак – и вышел вон.

XVII

Я выбрался из города и пустился прямо в поле. Досада, досада бешеная меня грызла. Я осыпал себя укоризнами. Как я мог не понять причину, заставившую Асю переменить место нашего свидания, как не оценить, чего ей стоило прийти к этой старухе, как я не удержал ее! Наедине с ней в той глухой, едва освещенной комнате у меня достало силы, достало духа – оттолкнуть ее от себя, даже упрекать ее… А теперь ее образ меня преследовал, я просил у ней прощения; воспоминания об этом бледном лице, об этих влажных и робких глазах, о развитых волосах на наклоненной шее, о легком прикосновении ее головы к моей груди – жгли меня. «Ваша…» – слышался мне ее шепот. «Я поступил по совести», – уверял я себя… Неправда! Разве я точно хотел такой развязки? Разве я в состоянии с ней расстаться? Разве я могу лишиться ее? «Безумец! безумец!» – повторял я с озлоблением…

Между тем ночь наступала. Большими шагами направился я к дому, где жила Ася.

XVIII

Гагин вышел ко мне навстречу.

– Видели вы сестру? – закричал он мне еще издали.

– Разве ее нет дома? – спросил я.

– Нет.

– Она не возвращалась?

– Нет. Я виноват, – продолжал Гагин, – не мог утерпеть: против нашего уговора, ходил к часовне; там ее не было; стало быть, она не приходила?

– Она не была у часовни.

– И вы ее не видели?

Я должен был сознаться, что я ее видел.

– Где?

– У фрау Луизе. Я расстался с ней час тому назад, – прибавил я, – я был уверен, что она домой вернулась.

– Подождем, – сказал Гагин.

Мы вошли в дом и сели друг подле друга. Мы молчали. Нам очень неловко было обоим. Мы беспрестанно оглядывались, посматривали на дверь, прислушивались. Наконец Гагин встал.

– Это ни на что не похоже! – воскликнул он, – у меня сердце не на месте. Она меня уморит, ей-богу… пойдемте искать ее.

Мы вышли. На дворе уже совсем стемнело.

– О чем же вы с ней говорили? – спросил меня Гагин, надвигая шляпу на глаза.

– Я виделся с ней всего минут пять, – отвечал я, – я говорил с ней, как было условлено.

– Знаете ли что? – возразил он, – лучше нам разойтись; этак мы скорее на нее наткнуться можем. Во всяком случае, приходите сюда через час.

XIX

Я проворно спустился с виноградника и бросился в город. Быстро обошел я все улицы, заглянул всюду, даже в окна фрау Луизе, вернулся к Рейну и побежал по берегу… Изредка попадались мне женские фигуры, но Аси нигде не было видно. Уже не досада меня грызла, – тайный страх терзал меня, и не один страх я чувствовал… нет, я чувствовал раскаяние, сожаление самое жгучее, любовь – да! самую нежную любовь. Я ломал руки, я звал Асю посреди надвигавшейся ночной тьмы, сперва вполголоса, потом все громче и громче; я повторял сто раз, что я ее люблю, я клялся никогда с ней не расставаться; я бы дал все на свете, чтобы опять держать ее холодную руку, опять слышать ее тихий голос, опять видеть ее перед собою… Она была так близка, она пришла ко мне с полной решимостью, в

34

полной невинности сердца и чувств, она принесла мне свою нетронутую молодость... и я не прижал ее к своей груди, я лишил себя блаженства увидать, как ее милое лицо расцвело бы радостью и тишиною восторга... Эта мысль меня с ума сводила.

«Куда могла она пойти, что она с собою сделала?» – восклицал я в тоске бессильного отчаяния... Что-то белое мелькнуло вдруг на самом берегу реки. Я знал это место; там, над могилой человека, утонувшего лет семьдесят тому назад, стоял до половины вросший в землю каменный крест с старинной надписью. Сердце во мне замерло... Я подбежал к кресту: белая фигура исчезла. Я крикнул: «Ася!» Дикий голос мой испугал меня самого – но никто не отозвался...

Я решился пойти узнать, не нашел ли ее Гагин.

XX

Быстро взбираясь по тропинке виноградника, я увидел свет в комнате Аси... Это меня несколько успокоило.

Я подошел к дому; дверь внизу была заперта, я постучался. Неосвещенное окошко в нижнем этаже осторожно отворилось, и показалась голова Гагина.

– Нашли? – спросил я его.

– Она вернулась, – отвечал он мне шепотом, – она в своей комнате и раздевается. Все в порядке.

– Слава богу! – воскликнул я с несказанным порывом радости, – слава богу! Теперь все прекрасно. Но вы знаете, мы должны еще переговорить.

– В другое время, – возразил он, тихо потянув к себе раму, – в другое время, а теперь прощайте.

– До завтра, – промолвил я, – завтра все будет решено.

– Прощайте, – повторил Гагин. Окно затворилось.

Я чуть было не постучал в окно. Я хотел тогда же сказать Гагину, что я прошу руки его сестры. Но такое сватанье в такую пору... «До завтра, – подумал я, – завтра я буду счастлив...»

Завтра я буду счастлив! У счастья нет завтрашнего дня; у него нет и вчерашнего; оно не помнит прошедшего, не думает о будущем; у него есть настоящее – и то не день – а мгновенье.

Я не помню, как дошел я до З. Не ноги меня несли, не лодка меня везла: меня поднимали какие-то широкие, сильные крылья. Я прошел мимо куста, где пел соловей, я остановился и долго слушал: мне казалось, он пел мою любовь и мое счастье.

XXI

Когда, на другой день утром, я стал подходить к знакомому домику, меня поразило одно обстоятельство: все окна в нем были растворены, и дверь тоже была раскрыта; какие-то бумажки валялись перед порогом; служанка с метлой показалась за дверью.

Я приблизился к ней...

– Уехали! – брякнула она, прежде чем я успел спросить ее: дома ли Гагин?

– Уехали?.. – повторил я. – Как уехали? Куда?

– Уехали сегодня утром, в шесть часов, и не сказали куда. Постойте, ведь вы, кажется, господин Н.?

– Я господин Н.

– К вам есть письмо у хозяйки. – Служанка пошла наверх и вернулась с письмом. – Вот-с, извольте.

– Да не может быть... Как же это так?.. – начал было я.

Служанка тупо посмотрела на меня и принялась мести.

Я развернул письмо. Ко мне писал Гагин; от Аси не было ни строчки. Он начал с того, что просил не сердиться на него за внезапный отъезд; он был уверен, что, по зрелом соображении, я одобрю его решение. Он не находил другого выхода из положения, которое могло сделаться затруднительным и опасным. «Вчера вечером, – писал он, – пока мы оба молча ожидали Асю, я убедился окончательно в необходимости разлуки. Есть предрассудки, которые я уважаю; я понимаю, что вам нельзя жениться на Асе. Она мне все сказала; для ее спокойствия я должен был уступить ее повторенным, усиленным просьбам». В конце письма он изъявлял сожаление о том, что наше знакомство так скоро прекратилось, желал мне счастья, дружески жал мне руку и умолял меня не стараться их отыскивать.

«Какие предрассудки? – вскричал я, как будто он мог меня слышать, – что за вздор! Кто дал право похитить ее у меня...» Я схватил себя за голову...

Служанка начала громко кликать хозяйку: ее испуг заставил меня прийти в себя. Одна мысль во мне загорелась: сыскать их, сыскать во что бы то ни стало. Принять этот удар, примириться с такою развязкой было невозможно. Я узнал от хозяйки, что они в шесть часов утра сели на пароход и поплыли вниз по Рейну. Я отправился в контору: там мне сказали, что они взяли билеты до Кёльна. Я пошел домой с тем, чтобы тотчас уложиться и поплыть вслед за ними. Мне пришлось идти мимо дома фрау Луизе... Вдруг я слышу: меня кличет кто-то. Я поднял голову и увидал в окне той самой комнаты, где я накануне виделся с Асей, вдову

36

бургомистра. Она улыбалась своей противной улыбкой и звала меня. Я отвернулся и прошел было мимо; но она мне крикнула вслед, что у ней есть что-то для меня. Эти слова меня остановили, и я вошел в ее дом. Как передать мои чувства, когда я увидал опять эту комнатку…

– По-настоящему, – начала старуха, показывая мне маленькую записку, – я бы должна была дать вам это только в случае, если б вы зашли ко мне сами, но вы такой прекрасный молодой человек. Возьмите.

Я взял записку.

На крошечном клочке бумаги стояли следующие слова, торопливо начерченные карандашом:

«Прощайте, мы не увидимся более. Не из гордости я уезжаю – нет, мне нельзя иначе. Вчера, когда я плакала перед вами, если б вы мне сказали одно слово, одно только слово – я бы осталась. Вы его не сказали. Видно, так лучше… Прощайте навсегда!»

Одно слово… О, я безумец! Это слово… я со слезами повторял его накануне, я расточал его на ветер, я твердил его среди пустых полей… но я не сказал его ей, я не сказал ей, что я люблю ее… Да я и не мог произнести тогда это слово. Когда я встретился с ней в той роковой комнате, во мне еще не было ясного сознания моей любви; оно не проснулось даже тогда, когда я сидел с ее братом в бессмысленном и тягостном молчании… оно вспыхнуло с неудержимой силой лишь несколько мгновений спустя, когда, испуганный возможностью несчастья, я стал искать и звать ее… но уж тогда было поздно. «Да это невозможно!» – скажут мне; не знаю, возможно ли это, – знаю, что это правда. Ася бы не уехала, если б в ней была хоть тень кокетства и если б ее положение не было ложно. Она не могла вынести того, что всякая другая снесла бы: я этого не понял. Недобрый мой гений остановил признание на устах моих при последнем свидании с Гагиным перед потемневшим окном, и последняя нить, за которую я еще мог ухватиться, – выскользнула из рук моих.

В тот же день вернулся я с уложенным чемоданом в город Л. и поплыл в Кёльн. Помню, пароход уже отчаливал, и я мысленно прощался с этими улицами, со всеми этими местами, которые я уже никогда не должен был позабыть, – я увидел Ганхен. Она сидела возле берега на скамье. Лицо ее было бледно, но не грустно; молодой красивый парень стоял с ней рядом и, смеясь, рассказывал ей что-то; а на другой стороне Рейна маленькая моя мадонна все так же печально выглядывала из темной зелени старого ясеня.

XXII

В Кёльне я напал на след Гагиных; я узнал, что они поехали в Лондон; я пустился вслед за ними; но в Лондоне все мои розыски остались тщетными. Я долго не хотел смириться, долго упорствовал, но я должен был отказаться, наконец, от надежды настигнуть их.

И я не увидел их более – я не увидел Аси. Темные слухи доходили до меня о нем, но она навсегда для меня исчезла. Я даже не знаю, жива ли она. Однажды, несколько лет спустя, я мельком увидал за границей, в вагоне железной дороги, женщину, лицо которой живо напомнило мне незабвенные черты... но я, вероятно, был обманут случайным сходством. Ася осталась в моей памяти той самой девочкой, какою я знавал ее в лучшую пору моей жизни, какою я ее видел в последний раз, наклоненной на спинку низкого деревянного стула.

Впрочем, я должен сознаться, что я не слишком долго грустил по ней: я даже нашел, что судьба хорошо распорядилась, не соединив меня с Асей; я утешался мыслию, что я, вероятно, не был бы счастлив с такой женой. Я был тогда молод – и будущее, это короткое, быстрое будущее, казалось мне беспредельным. Разве не может повториться то, что было, думал я, и еще лучше, еще прекраснее?.. Я знавал других женщин, – но чувство, возбужденное во мне Асей, то жгучее, нежное, глубокое чувство, уже не повторилось. Нет! ни одни глаза не заменили мне тех, когда-то с любовию устремленных на меня глаз, ни на чье сердце, припавшее к моей груди, не отвечало мое сердце таким радостным и сладким замиранием! Осужденный на одиночество бессемейного бобыля, доживаю я скучные годы, но я храню, как святыню, ее записочки и высохший цветок гераниума, тот самый цветок, который она некогда бросила мне из окна. Он до сих пор издает слабый запах, а рука, мне давшая его, та рука, которую мне только раз пришлось прижать к губам моим, быть может, давно уже тлеет в могиле... И я сам – что сталось со мною? Что осталось от меня, от тех блаженных и тревожных дней, от тех крылатых надежд и стремлений? Так легкое испарение ничтожной травки переживает все радости и все горести человека – переживает самого человека.

ПЕРВАЯ ЛЮБОВЬ

Посвящено П. В. Анненкову

Гости давно разъехались. Часы пробили половину первого. В комнате остались только хозяин, да Сергей Николаевич, да Владимир Петрович.

Хозяин позвонил и велел принять остатки ужина.

— Итак, это дело решенное, — промолвил он, глубже усаживаясь в кресло и закурив сигару, — каждый из нас обязан рассказать историю своей первой любви. За вами очередь, Сергей Николаевич.

Сергей Николаевич, кругленький человек с пухленьким белокурым лицом, посмотрел сперва на хозяина, потом поднял глаза к потолку.

— У меня не было первой любви, — сказал он, наконец, — я прямо начал со второй.

— Это каким образом?

— Очень просто. Мне было восемнадцать лет, когда я первый раз приволокнулся за одной весьма миленькой барышней; но я ухаживал за ней так, как будто дело это было мне не внове: точно так, как я ухаживал потом за другими. Собственно говоря, в первый и последний раз я влюбился лет шести в свою няню; но этому очень давно. Подробности наших отношений изгладились из моей памяти, да если б я их и помнил, кого это может интересовать?

— Так как же быть? — начал хозяин. — В моей первой любви тоже не много занимательного: я ни в кого не влюблялся до знакомства с Анной Ивановной, моей теперешней женой, — и все у нас шло как по маслу: отцы нас сосватали, мы очень скоро полюбились друг другу и вступили в брак не мешкая. Моя сказка двумя словами сказывается. Я, господа, признаюсь, поднимая вопрос о первой любви, — надеялся на вас, не скажу старых, но и не молодых холостяков. Разве вы нас чем-нибудь потешите, Владимир Петрович?

— Моя первая любовь принадлежит действительно к числу не совсем обыкновенных, — ответил с небольшой запинкой Владимир Петрович, человек лет сорока, черноволосый, с проседью.

— А! — промолвили хозяин и Сергей Николаевич в один голос. — Тем лучше... Рассказывайте.

— Извольте... или нет: рассказывать я не стану; я не мастер рассказывать: выходит сухо и коротко или пространно и фальшиво; а если позволите, я запишу все, что вспомню, в тетрадку — и прочту вам.

Приятели сперва не согласились, но Владимир Петрович настоял на своем. Через две недели они опять сошлись, и Владимир Петрович сдержал свое обещание.

Вот что стояло в его тетрадке:

I

Мне было тогда шестнадцать лет. Дело происходило летом 1833 года.

Я жил в Москве у моих родителей. Они нанимали дачу около Калужской заставы, против Нескучного. Я готовился в университет, но работал очень мало и не торопясь.

Никто не стеснял моей свободы. Я делал, что хотел, особенно с тех пор, как я расстался с последним моим гувернером-французом, который никак не мог привыкнуть к мысли, что он упал «как бомба» (comme une bombe) в Россию, и с ожесточенным выражением на лице по целым дням валялся на постели. Отец обходился со мной равнодушно-ласково; матушка почти не обращала на меня внимания, хотя у ней, кроме меня, не было детей: другие заботы ее поглощали. Мой отец, человек еще молодой и очень красивый, женился на ней по расчету; она была старше его десятью годами. Матушка моя вела печальную жизнь: беспрестанно волновалась, ревновала, сердилась – но не в присутствии отца; она очень его боялась, а он держался строго, холодно, отдаленно... Я не видал человека более изысканно спокойного, самоуверенного и самовластного.

Я никогда не забуду первых недель, проведенных мною на даче. Погода стояла чудесная; мы переехали из города девятого мая, в самый Николин день. Я гулял – то в саду нашей дачи, то по Нескучному, то за заставой; брал с собою какую-нибудь книгу – курс Кайданова, например, – но редко ее развертывал, а больше вслух читал стихи, которых знал очень много на память; кровь бродила во мне, и сердце ныло – так сладко и смешно: я все ждал, робел чего-то и всему дивился и весь был наготове; фантазия играла и носилась быстро вокруг одних и тех же представлений, как на заре стрижи вокруг колокольни; я задумывался, грустил и даже плакал; но и сквозь слезы и сквозь грусть, навеянную то певучим стихом, то красотою вечера, проступало, как весенняя травка, радостное чувство молодой, закипающей жизни.

У меня была верховая лошадка, я сам ее седлал и уезжал один куда-нибудь подальше, пускался вскачь и воображал себя рыцарем на турнире – как весело дул мне в уши ветер! – или, обратив лицо к небу, принимал его сияющий свет и лазурь в разверстую душу.

Помнится, в то время образ женщины, призрак женской любви почти никогда не возникал определенными очертаниями в моем уме; но во всем, что я думал, во всем, что я ощущал, таилось полусознанное, стыдливое предчувствие чего-то нового, несказанно сладкого, женского...

Это предчувствие, это ожидание проникло весь мой состав: я дышал им, оно катилось по моим жилам в каждой капле крови... ему было суждено скоро сбыться.

Дача наша состояла из деревянного барского дома с колоннами и двух низеньких флигельков; во флигеле налево помещалась крохотная фабрика дешевых обоев... Я не раз хаживал туда смотреть, как десяток худых и взъерошенных мальчишек в засаленных халатах и с испитыми лицами то и дело вскакивали на деревянные рычаги, нажимавшие четырехугольные обрубки пресса, и таким образом тяжестью своих тщедушных тел вытискивали пестрые узоры обоев. Флигелек направо стоял пустой и отдавался внаймы. В один день — недели три спустя после девятого мая — ставни в окнах этого флигелька открылись, показались в них женские лица — какое-то семейство в нем поселилось. Помнится, в тот же день за обедом матушка осведомилась у дворецкого о том, кто были наши новые соседи, и, услыхав фамилию княгини Засекиной, сперва промолвила не без некоторого уважения: «А! княгиня... — а потом прибавила: — Должно быть, бедная какая-нибудь».

— На трех извозчиках приехали-с, — заметил, почтительно подавая блюдо, дворецкий, — своего экипажа не имеют-с, и мебель самая пустая.

— Да, — возразила матушка, — а все-таки лучше.

Отец холодно взглянул на нее: она умолкла.

Действительно, княгиня Засекина не могла быть богатой женщиной: нанятый ею флигелек был так ветх, и мал, и низок, что люди, хотя несколько зажиточные, не согласились бы поселиться в нем. Впрочем, я тогда пропустил это все мимо ушей. Княжеский титул на меня мало действовал: я недавно прочел «Разбойников» Шиллера.

II

У меня была привычка бродить каждый вечер с ружьем по нашему саду и караулить ворон. К этим осторожным, хищным и лукавым птицам я издавна чувствовал ненависть. В день, о котором зашла речь, я также отправился в сад — и, напрасно исходив все аллеи (вороны меня признали и только издали отрывисто каркали), случайно приблизился к низкому забору, отделявшему собственно наши владения от узенькой полосы сада, простиравшейся за флигельком направо и принадлежавшей к нему. Я шел потупя голову. Вдруг мне послышались голоса; я взглянул через забор – и окаменел… Мне представилось странное зрелище.

В нескольких шагах от меня – на поляне, между кустами зеленой малины, стояла высокая стройная девушка в полосатом розовом платье и с белым платочком на голове; вокруг нее теснились четыре молодые человека, и она поочередно хлопала их по лбу теми небольшими серыми цветками, которых имени я не знаю, но которые хорошо знакомы детям: эти цветки образуют небольшие мешочки и разрываются с треском, когда хлопнешь ими по чему-нибудь твердому. Молодые люди так охотно подставляли свои лбы – а в движениях девушки (я ее видел сбоку) было что-то такое очаровательное, повелительное, ласкающее, насмешливое и милое, что я чуть не вскрикнул от удивления и удовольствия и, кажется, тут же бы отдал все на свете, чтобы только и меня эти прелестные пальчики хлопнули по лбу. Ружье мое соскользнуло на траву, я все забыл, я пожирал взором этот стройный стан, и шейку, и красивые руки, и слегка растрепанные белокурые волосы под белым платочком, и этот полузакрытый, умный глаз, и эти ресницы, и нежную щеку под ними…

– Молодой человек, а молодой человек, – проговорил вдруг подле меня чей-то голос, – разве позволительно глядеть так на чужих барышень?

Я вздрогнул весь, я обомлел… Возле меня за забором стоял какой-то человек с коротко остриженными черными волосами и иронически посматривал на меня. В это самое мгновение и девушка обернулась ко мне… Я увидал огромные серые глаза на подвижном, оживленном лице – и все это лицо вдруг задрожало, засмеялось, белые зубы сверкнули на нем, брови как-то забавно поднялись… Я вспыхнул, схватил с земли ружье и, преследуемый звонким, но не злым хохотаньем, убежал к себе в комнату, бросился на постель и закрыл лицо руками. Сердце во мне так и прыгало; мне было очень стыдно и весело: я чувствовал небывалое волнение.

Отдохнув, я причесался, почистился и сошел вниз к чаю. Образ молодой девушки носился передо мною, сердце перестало прыгать, но как-то приятно сжималось.

– Что с тобой? – внезапно спросил меня отец, – убил ворону?

Я хотел было все рассказать ему, но удержался и только улыбнулся про себя. Ложась спать, я, сам не знаю зачем, раза три повернулся на одной ноге, напомадился, лег и всю ночь спал как убитый. Перед утром я проснулся на мгновенье, приподнял голову, посмотрел вокруг себя с восторгом – и опять заснул.

III

«Как бы с ними познакомиться?» – было первою моею мыслью, как только я проснулся поутру. Я перед чаем отправился в сад, но не подходил слишком близко к забору и никого не видел. После чаю я прошелся несколько раз по улице перед дачей – и издали заглядывал в окна… Мне почудилось за занавеской ее лицо, и я с испугом поскорее удалился. «Однако надо же познакомиться, – думал я, беспорядочно расхаживая по песчаной равнине, расстилавшейся перед Нескучным, – но как? Вот в чем вопрос». Я припоминал малейшие подробности вчерашней встречи: мне почему-то особенно ясно представлялось, как это она посмеялась надо мною… Но, пока я волновался и строил различные планы, судьба уже порадела обо мне.

В мое отсутствие матушка получила от новой своей соседки письмо на серой бумаге, запечатанной бурым сургучом, какой употребляется только на почтовых повестках да на пробках дешевого вина.

В этом письме, написанном безграмотным языком и неопрятным почерком, княгиня просила матушку оказать ей покровительство: матушка моя, по словам княгини, была хорошо знакома с значительными людьми, от которых зависела ее участь и участь ее детей, так как у ней были очень важные процессы. «Я квам обращаюсь, – писала она, – как благородная дама хблагородной даме, и при том мне преятно воспользоватца сим случаем». Кончая, она просила у матушки позволения явиться к ней. Я застал матушку в неприятном расположении духа: отца не было дома, и ей не с кем было посоветоваться. Не отвечать «благородной даме», да еще княгине, было невозможно, а как отвечать – матушка недоумевала. Написать записку по-французски казалось ей неуместным, а в русской орфографии сама матушка не была сильна – и знала это – и не хотела компрометироваться. Она обрадовалась моему приходу и тотчас приказала мне сходить к княгине и на словах объяснить ей, что матушка, мол, моя всегда готова оказать ее сиятельству, по мере сил, услугу и просит ее пожаловать к ней часу в первом. Неожиданно быстрое исполнение моих тайных желаний меня и обрадовало и испугало; однако я не выказал овладевшего мною смущения – и предварительно отправился к себе в комнату, чтобы надеть новенький галстук и сюртучок: дома я еще ходил в куртке и в отложных воротничках, хотя очень ими тяготился.

IV

В тесной и неопрятной передней флигелька, куда я вступил с невольной дрожью во всем теле, встретил меня старый седой слуга с темным, медного цвета, лицом, свиными угрюмыми глазками и такими глубокими морщинами на лбу и на висках, каких я в жизни не видывал. Он нес на тарелке обглоданный хребет селедки и, притворяя ногою дверь, ведущую в другую комнату, отрывисто проговорил:

– Чего вам?

– Княгиня Засекина дома? – спросил я.

– Вонифатий! – закричал из-за двери дребезжащий женский голос.

Слуга молча повернулся ко мне спиною, причем обнаружилась сильно истертая спинка его ливреи, с одинокой порыжелой гербовой пуговицей, и ушел, поставив тарелку на пол.

– В квартал ходил? – повторил тот же женский голос. Слуга пробормотал что-то. – А?.. Пришел кто-то?.. – послышалось опять. – Барчук соседний? Ну, проси.

– Пожалуйте-с в гостиную, – проговорил слуга, появившись снова передо мною и подымая тарелку с полу.

Я оправился и вошел в «гостиную».

Я очутился в небольшой и не совсем опрятной комнате с бедной, словно наскоро расставленной мебелью. У окна, на кресле с отломанной ручкой, сидела женщина лет пятидесяти, простоволосая и некрасивая, в зеленом старом платье и с пестрой гарусной косынкой вокруг шеи. Ее небольшие черные глазки так и впились в меня.

Я подошел к ней и раскланялся.

– Я имею честь говорить с княгиней Засекиной?

– Я княгиня Засекина; а вы сын господина В.?

– Точно так-с. Я пришел к вам с поручением от матушки.

– Садитесь, пожалуйста. Вонифатий! где мои ключи, не видал?

Я сообщил г-же Засекиной ответ моей матушки на ее записку. Она выслушала меня, постукивая толстыми красными пальцами по оконнице, а когда я кончил, еще раз уставилась на меня.

– Очень хорошо; непременно буду, – промолвила она, наконец. – А как вы еще молоды! Сколько вам лет, позвольте спросить?

– Шестнадцать лет, – отвечал я с невольной запинкой.

Княгиня достала из кармана какие-то исписанные, засаленные бумаги, поднесла их к самому носу и принялась перебирать их.

– Годы хорошие, – произнесла она внезапно, поворачиваясь и ерзая на стуле. – А вы, пожалуйста, будьте без церемонии. У меня просто.

«Слишком просто», – подумал я, с невольной гадливостью окидывая взором всю ее неблагообразную фигуру.

В это мгновенье другая дверь гостиной быстро распахнулась, и на пороге появилась девушка, которую я видел накануне в саду. Она подняла руку, и на лице ее мелькнула усмешка.

– А вот и дочь моя, – промолвила княгиня, указав на нее локтем. – Зиночка, сын нашего соседа, господина В. Как вас зовут, позвольте узнать?

– Владимиром, – отвечал я, вставая и пришепетывая от волнения.

– А по батюшке?

– Петровичем.

– Да! У меня был полицеймейстер знакомый, тоже Владимиром Петровичем звали. Вонифатий! не ищи ключей, ключи у меня в кармане.

Молодая девушка продолжала глядеть на меня с прежней усмешкой, слегка щурясь и склонив головку немного набок.

– Я уже видела мсьё Вольдемара, – начала она. (Серебристый звук ее голоса пробежал по мне каким-то сладким холодком.) – Вы мне позволите так называть вас?

– Помилуйте-с, – пролепетал я.

– Где это? – спросила княгиня. Княжна не отвечала своей матери.

– Вы теперь заняты? – промолвила она, не спуская с меня глаз.

– Никак нет-с.

– Хотите вы мне помочь шерсть распутать? Подите сюда, ко мне.

Она кивнула мне головой и пошла вон из гостиной. Я отправился вслед за ней.

В комнате, куда мы вошли, мебель была немного получше и расставлена с большим вкусом. Впрочем, в это мгновенье я почти ничего заметить не мог: я двигался как во сне и ощущал во всем составе своем какое-то до глупости напряженное благополучие.

Княжна села, достала связку красной шерсти и, указав мне на стул против нее, старательно развязала связку и положила мне ее на руки. Все это она делала молча, с какой-то забавной медлительностью и с той же светлой и лукавой усмешкой на чуть-чуть раскрытых губах. Она начала наматывать шерсть на перегнутую карту и вдруг озарила меня таким ясным и быстрым взглядом, что я невольно потупился. Когда ее глаза, большею частью полуприщуренные, открывались во всю величину свою, – ее лицо изменялось совершенно: точно свет проливался по нем.

– Что вы подумали обо мне вчера, мсьё Вольдемар? – спросила она погодя немного. – Вы, наверно, осудили меня?

– Я... княжна... я ничего не думал... как я могу... – отвечал я с смущением.

– Послушайте, – возразила она. – Вы меня еще не знаете: я

престранная; я хочу, чтоб мне всегда правду говорили. Вам, я слышала, шестнадцать лет, а мне двадцать один: вы видите, я гораздо старше вас, и потому вы всегда должны мне говорить правду... и слушаться меня, – прибавила она. – Глядите на меня – отчего вы на меня не глядите?

Я смутился еще более, однако поднял на нее глаза. Она улыбнулась, только не прежней, а другой, одобрительной улыбкой.

– Глядите на меня, – промолвила она, ласково понижая голос, – мне это не неприятно... Мне ваше лицо нравится; я предчувствую, что мы будем друзьями. А я вам нравлюсь? – прибавила она лукаво.

– Княжна... – начал было я.

– Во-первых, называйте меня Зинаидой Александровной, а во-вторых, – что это за привычка у детей (она поправилась) – у молодых людей – не говорить прямо то, что они чувствуют? Это хорошо для взрослых. Ведь я вам нравлюсь?

Хотя мне очень было приятно, что она так откровенно со мной говорила, однако я немного обиделся.

Я хотел показать ей, что она имеет дело не с мальчиком, и, приняв по возможности развязный и серьезный вид, промолвил:

– Конечно, вы очень мне нравитесь, Зинаида Александровна; я не хочу это скрывать.

Она с расстановкой покачала головой.

– У вас есть гувернер? – спросила она вдруг.

– Нет, у меня уже давно нет гувернера.

Я лгал; еще месяца не прошло с тех пор, как я расстался с моим французом.

– О! да я вижу – вы совсем большой.

Она легонько ударила меня по пальцам.

– Держите прямо руки! – И она прилежно занялась наматыванием клубка.

Я воспользовался тем, что она не поднимала глаз, и принялся ее рассматривать, сперва украдкой, потом все смелее и смелее. Лицо ее показалось мне еще прелестнее, чем накануне; так все в нем было тонко, умно и мило. Она сидела спиной к окну, завешенному белой шторой; солнечный луч, пробиваясь сквозь эту штору, обливал мягким светом ее пушистые, золотистые волосы, ее невинную шею, покатые плечи и нежную, спокойную грудь. Я глядел на нее – и как дорога и близка становилась она мне! Мне сдавалось, что и давно-то я ее знаю и ничего не знал и не жил до нее. На ней было темненькое, уже поношенное платье с передником; я, кажется, охотно поласкал бы каждую складку этого платья и этого передника. Кончики ее ботинок выглядывали из-под ее платья: я бы с обожанием преклонился к этим ботинкам... «И вот я сижу перед ней, – подумал я, – я с ней познакомился... какое счастие, боже мой!» Я чуть не соскочил со стула от восторга, но только ногами немного поболтал, как ребенок, который лакомится.

Мне было хорошо, как рыбе в воде, и я бы век не ушел из этой комнаты, не покинул бы этого места.

Ее веки тихо поднялись, и опять ласково засияли передо мною ее светлые глаза – и опять она усмехнулась.

– Как вы на меня смотрите, – медленно проговорила она и погрозила мне пальцем.

Я покраснел... «Она все понимает, она все видит, – мелькнуло у меня в голове. – И как ей всего не понимать и не видеть!»

Вдруг что-то застучало в соседней комнате – зазвенела сабля.

– Зина! – закричала в гостиной княгиня, – Беловзоров принес тебе котенка.

– Котенка! – воскликнула Зинаида и, стремительно поднявшись со стула, бросила клубок мне на колени и выбежала вон.

Я тоже встал и, положив связку шерсти и клубок на оконницу, вышел в гостиную и остановился в недоумении. Посредине комнаты лежал, растопыря лапки, полосатый котенок; Зинаида стояла перед ним на коленях и осторожно поднимала ему мордочку. Возле княгини, заслонив почти весь простенок между окнами, виднелся белокурый и курчавый молодец, гусар с румяным лицом и глазами навыкате.

– Какой смешной! – твердила Зинаида, – и глаза у него не серые, а зеленые, и уши какие большие! Спасибо вам, Виктор Егорыч! Вы очень милы.

Гусар, в котором я узнал одного из виденных мною накануне молодых людей, улыбнулся и поклонился, причем щелкнул шпорами и брякнул колечками сабли.

– Вам угодно было вчера сказать, что вы желаете иметь полосатого котенка с большими ушами... вот я и достал-с. Слово – закон. – И он опять поклонился.

Котенок слабо пискнул и начал нюхать пол.

– Он голоден! – воскликнула Зинаида. – Вонифатий! Соня! принесите молока.

Горничная, в старом желтом платье с полинялым платочком на шее, вошла с блюдечком молока в руке и поставила его перед котенком. Котенок дрогнул, зажмурился и принялся лакать.

– Какой у него розовый язычок, – заметила Зинаида, пригнув голову почти к полу и заглядывая ему сбоку под самый нос.

Котенок насытился и замурлыкал, жеманно перебирая лапками. Зинаида встала и, обернувшись к горничной, равнодушно промолвила:

– Унеси его.

— За котенка — ручку, — проговорил гусар, осклабясь и передернув всем своим могучим телом, туго затянутым в новый мундир.

— Обе, — возразила Зинаида и протянула к нему руки. Пока он целовал их, она смотрела на меня через плечо.

Я стоял неподвижно на одном месте и не знал — засмеяться ли мне, сказать ли что-нибудь, или так промолчать. Вдруг, сквозь раскрытую дверь передней, мне бросилась в глаза фигура нашего лакея Федора. Он делал мне знаки. Я машинально вышел к нему.

— Что ты? — спросил я.

— Маменька прислала за вами, — проговорил он шепотом. — Оне гневаются, что вы с ответом не ворочаетесь.

— Да разве я давно здесь?

— Час с лишком.

— Час с лишком! — повторил я невольно и, вернувшись в гостиную, начал раскланиваться и шаркать ногами.

— Куда вы? — спросила меня княжна, взглянув из-за гусара.

— Мне нужно домой-с. Так я скажу, — прибавил я, обращаясь к старухе, — что вы пожалуете к нам во втором часу.

— Так и скажите, батюшка.

Княгиня торопливо достала табакерку и так шумно понюхала, что я даже вздрогнул.

— Так и скажите, — повторила она, слезливо моргая и кряхтя.

Я еще раз поклонился, повернулся и вышел из комнаты с тем чувством неловкости в спине, которое ощущает очень молодой человек, когда он знает, что ему глядят вслед.

— Смотрите же, мсьё Вольдемар, заходите к нам, — крикнула Зинаида и опять рассмеялась.

«Что это она все смеется?» — думал я, возвращаясь домой в сопровождении Федора, который ничего мне не говорил, но двигался за мной неодобрительно. Матушка меня побранила и удивилась: что я мог так долго делать у этой княгини? Я ничего не отвечал ей и отправился к себе в комнату. Мне вдруг стало очень грустно… Я силился не плакать… Я ревновал к гусару.

V

Княгиня, по обещанию, навестила матушку и не понравилась ей. Я не присутствовал при их свидании, но за столом матушка рассказывала отцу,

48

что эта княгиня Засекина ей кажется une femme très vulgaire[1], что она очень ей надоела своими просьбами ходатайствовать за нее у князя Сергия, что у ней все какие-то тяжбы и дела – des vilaines affaires d'argent[2] – и что она должна быть великая кляузница. Матушка, однако же, прибавила, что она позвала ее с дочерью на завтрашний день обедать (услыхав слово «с дочерью», я ткнул нос в тарелку), – потому что она все-таки соседка, и с именем. На это отец объявил матушке, что он теперь припоминает, какая это госпожа; что он в молодости знал покойного князя Засекина, отлично воспитанного, но пустого и вздорного человека; что его в обществе звали «le Parisien»[3], по причине его долгого житья в Париже; что он был очень богат, но проиграл все свое состояние – и неизвестно почему, чуть ли не из-за денег, – впрочем, он бы мог лучше выбрать, – прибавил отец и холодно улыбнулся, – женился на дочери какого-то приказного, а женившись, пустился в спекуляции и разорился окончательно.

– Как бы она денег взаймы не попросила, – заметила матушка.

– Это весьма возможно, – спокойно промолвил отец. – Говорит она по-французски?

– Очень плохо.

– Гм. Впрочем, это все равно. Ты мне, кажется, сказала, что ты и дочь ее позвала; меня кто-то уверял, что она очень милая и образованная девушка.

– А! Стало быть, она не в мать.

– И не в отца, – возразил отец. – Тот был тоже образован, да глуп.

Матушка вздохнула и задумалась. Отец умолк. Мне было очень неловко в течение этого разговора.

После обеда я отправился в сад, но без ружья. Я дал было себе слово не подходить к «засекинскому саду», но неотразимая сила влекла меня туда – и недаром. Не успел я приблизиться к забору, как увидел Зинаиду. На этот раз она была одна. Она держала в руках книжку и медленно шла по дорожке. Она меня не замечала.

Я чуть-чуть не пропустил ее; но вдруг спохватился и кашлянул.

Она обернулась, но не остановилась, отвела рукою широкую голубую ленту своей круглой соломенной шляпы, посмотрела на меня, тихонько улыбнулась и опять устремила глаза в книжку.

Я снял фуражку и, помявшись немного на месте, пошел прочь с

---

[1] женщиной весьма вульгарной - фр.

[2] гадкие денежные дела - фр.

[3] "Парижанин" - фр.

тяжелым сердцем. «Que suis-je pour elle?»[4] – подумал я (бог знает почему) по-французски.

Знакомые шаги раздались за мною: я оглянулся – ко мне своей быстрой и легкой походкой шел отец.

– Это княжна? – спросил он меня.

– Княжна.

– Разве ты ее знаешь?

– Я ее видел сегодня утром у княгини.

Отец остановился и, круто повернувшись на каблуках, пошел назад. Поравнявшись с Зинаидой, он вежливо ей поклонился. Она также ему поклонилась, не без некоторого изумления на лице, и опустила книгу. Я видел, как она провожала его глазами. Мой отец всегда одевался очень изящно, своеобразно и просто; но никогда его фигура не показалась мне более стройной, никогда его серая шляпа не сидела красивее на его едва поредевших кудрях.

Я направился было к Зинаиде, но она даже не взглянула на меня, снова приподняла книгу и удалилась.

VI

Целый вечер и следующее утро я провел в каком-то унылом онемении. Помнится, я попытался работать и взялся за Кайданова – но напрасно мелькали передо мною разгонистые строчки и страницы знаменитого учебника. Десять раз сряду прочел я слова: «Юлий Цезарь отличался воинской отвагой» – не понял ничего и бросил книгу. Перед обедом я опять напомадился и опять надел сюртучок и галстук.

– Это зачем? – спросила матушка. – Ты еще не студент, и бог знает, выдержишь ли ты экзамен. Да и давно ли тебе сшили куртку? Не бросать же ее!

– Гости будут, – прошептал я почти с отчаянием.

– Вот вздор! Какие это гости!

Надо было покориться. Я заменил сюртучок курткой, но галстука не снял. Княгиня с дочерью явилась за полчаса до обеда; старуха сверх зеленого, уже знакомого мне платья накинула желтую шаль и надела старомодный чепец с лентами огненного цвета. Она тотчас заговорила о своих векселях, вздыхала, жаловалась на свою бедность, «канючила», но нисколько не чинилась: так же шумно нюхала табак, так же свободно

---

[4] "Что я для нее?" - фр.

поворачивалась и ерзала на стуле. Ей как будто и в голову не входило, что она княгиня. Зато Зинаида держала себя очень строго, почти надменно, настоящей княжной. На лице ее появилась холодная неподвижность и важность – и я не узнавал ее, не узнавал ее взглядов, ее улыбки, хотя и в этом новом виде она мне казалась прекрасной. На ней было легкое барежевое платье с бледно-синими разводами; волосы ее падали длинными локонами вдоль щек – на английский манер; эта прическа шла к холодному выражению ее лица. Отец мой сидел возле нее во время обеда и со свойственной ему изящной и спокойной вежливостью занимал свою соседку. Он изредка взглядывал на нее – и она изредка на него взглядывала, да так странно, почти враждебно. Разговор у них шел по-французски; меня, помнится, удивила чистота Зинаидина произношения. Княгиня, во время стола, по-прежнему ничем не стеснялась, много ела и хвалила кушанья. Матушка видимо ею тяготилась и отвечала ей с каким-то грустным пренебрежением; отец изредка чуть-чуть морщил брови. Зинаида также не понравилась матушке.

– Это какая-то гордячка, – говорила она на следующий день. – И подумаешь – чего гордиться – avec sa mine de grisette![5]

– Ты, видно, не видала гризеток, – заметил ей отец.

– И слава богу!

– Разумеется, слава богу… только как же ты можешь судить о них?

На меня Зинаида не обращала решительно никакого внимания. Скоро после обеда княгиня стала прощаться.

– Буду надеяться на ваше покровительство, Марья Николаевна и Петр Васильич, – сказала она нараспев матушке и отцу. – Что делать! Были времена, да прошли. Вот и я – сиятельная, – прибавила она с неприятным смехом, – да что за честь, коли нечего есть.

Отец почтительно ей поклонился и проводил ее до двери передней. Я стоял тут же в своей куцей куртке и глядел на пол, словно к смерти приговоренный. Обращение Зинаиды со мной меня окончательно убило. Каково же было мое удивление, когда, проходя мимо меня, она скороговоркой и с прежним ласковым выражением в глазах шепнула мне:

– Приходите к нам в восемь часов, слышите, непременно…

Я только развел руками – но она уже удалилась, накинув на голову белый шарф.

---

[5] с ее внешностью гризетки! - фр.

VII

Ровно в восемь часов я в сюртуке и с приподнятым на голове коком входил в переднюю флигелька, где жила княгиня. Старик слуга угрюмо посмотрел на меня и неохотно поднялся с лавки. В гостиной раздавались веселые голоса. Я отворил дверь и отступил в изумлении. Посреди комнаты, на стуле, стояла княжна и держала перед собой мужскую шляпу; вокруг стула толпилось пятеро мужчин. Они старались запустить руки в шляпу, а она поднимала ее кверху и сильно встряхивала ею. Увидевши меня, она вскрикнула:

– Постойте, постойте! новый гость, надо и ему дать билет, – и, легко соскочив со стула, взяла меня за обшлаг сюртука. – Пойдемте же, – сказала она, – что вы стоите? Messieurs[6], позвольте вас познакомить: это мсьё Вольдемар, сын нашего соседа. А это, – прибавила она, обращаясь ко мне и указывая поочередно на гостей, – граф Малевский, доктор Лушин, поэт Майданов, отставной капитан Нирмацкий и Беловзоров, гусар, которого вы уже видели. Прошу любить да жаловать.

Я до того сконфузился, что даже не поклонился никому; в докторе Лушине я узнал того самого черномазого господина, который так безжалостно меня пристыдил в саду; остальные были мне незнакомы.

– Граф! – продолжала Зинаида, – напишите мсьё Вольдемару билет.

– Это несправедливо, – возразил с легким польским акцентом граф, очень красивый и щегольски одетый брюнет, с выразительными карими глазами, узким белым носиком и тонкими усиками над крошечным ртом. – Они не играли с нами в фанты.

– Несправедливо, – повторили Беловзоров и господин, названный отставным капитаном, человек лет сорока, рябой до безобразия, курчавый как арап, сутуловатый, кривоногий и одетый в военный сюртук без эполет, нараспашку.

– Пишите билет, говорят вам, – повторила княжна. – Это что за бунт? Мсьё Вольдемар с нами в первый раз, и сегодня для него закон не писан. Нечего ворчать, пишите, я так хочу.

Граф пожал плечами, но наклонил покорно голову, взял перо в белую, перстнями украшенную руку, оторвал клочок бумаги и стал писать на нем.

– По крайней мере позвольте объяснить господину Вольдемару, в чем дело, – начал насмешливым голосом Лушин, – а то он совсем растерялся. Видите ли, молодой человек, мы играем в фанты; княжна подверглась

---

[6] Господа - фр.

штрафу, и тот, кому вынется счастливый билет, будет иметь право поцеловать у ней ручку. Поняли ли вы, что я вам сказал?

Я только взглянул на него и продолжал стоять как отуманенный, а княжна снова вскочила на стул и снова принялась встряхивать шляпой. Все к ней потянулись – и я за другими.

– Майданов, – сказала княжна высокому молодому человеку с худощавым лицом, маленькими слепыми глазками и чрезвычайно длинными черными волосами, – вы, как поэт, должны быть великодушны и уступить ваш билет мсьё Вольдемару, так, чтобы у него было два шанса вместо одного.

Но Майданов отрицательно покачал головой и взмахнул волосами. Я после всех опустил руку в шляпу, взял и развернул билет… Господи! что сталось со мною, когда я увидал на нем слово: поцелуй!

– Поцелуй! – вскрикнул я невольно.

– Браво! он выиграл, – подхватила княжна. – Как я рада! – Она сошла со стула и так ясно и сладко заглянула мне в глаза, что у меня сердце покатилось. – А вы рады? – спросила она меня.

– Я?.. – пролепетал я.

– Продайте мне свой билет, – брякнул вдруг над самым моим ухом Беловзоров. – Я вам сто рублей дам.

Я отвечал гусару таким негодующим взором, что Зинаида захлопала в ладоши, а Лушин воскликнул: молодец!

– Но, – продолжал он, – я, как церемониймейстер, обязан наблюдать за исполнением всех правил. Мсьё Вольдемар, опуститесь на одно колено. Так у нас заведено.

Зинаида стала передо мной, наклонила немного голову набок, как бы для того, чтобы лучше рассмотреть меня, и с важностью протянула мне руку. У меня помутилось в глазах; я хотел было опуститься на одно колено, упал на оба – и так неловко прикоснулся губами к пальцам Зинаиды, что слегка оцарапал себе конец носа ее ногтем.

– Добре! – закричал Лушин и помог мне встать.

Игра в фанты продолжалась. Зинаида посадила меня возле себя. Каких ни придумывала она штрафов! Ей пришлось, между прочим, представлять «статую» – и она в пьедестал себе выбрала безобразного Нирмацкого, велела ему лечь ничком, да еще уткнуть лицо в грудь. Хохот не умолкал ни на мгновение. Мне, уединенно и трезво воспитанному мальчику, выросшему в барском степенном доме, весь этот шум и гам, эта бесцеремонная, почти буйная веселость, эти небывалые сношения с незнакомыми людьми так и бросились в голову. Я просто опьянел, как от вина. Я стал хохотать и болтать громче других, так что даже старая княгиня, сидевшая в соседней комнате с каким-то приказным от Иверских ворот, позванным для совещания, вышла посмотреть на меня. Но я чувствовал себя до такой степени счастливым, что, как говорится, в ус не дул и в грош не ставил ничьих насмешек и ничьих косых взглядов. Зинаида продолжала оказывать мне предпочтение и не отпускала меня от себя. В одном штрафе мне довелось сидеть с ней рядом, накрывшись одним и тем же шелковым платком: я должен был сказать ей свой секрет. Помню я, как наши обе головы вдруг очутились в душной, полупрозрачной, пахучей мгле, как в этой мгле близко и мягко светились ее глаза и горячо дышали раскрытые губы, и зубы виднелись, и концы ее волос меня щекотали и жгли. Я молчал. Она улыбалась таинственно и лукаво и, наконец, шепнула мне: «Ну, что же?», а я только краснел и смеялся, и отворачивался, и едва переводил дух. Фанты наскучили нам, – мы стали играть в веревочку. Боже мой! какой я почувствовал восторг, когда, зазевавшись, получил от ней сильный и резкий удар по пальцам, и как потом я нарочно старался показывать вид, что зазёвываюсь, а она дразнила меня и не трогала подставляемых рук!

Да то ли мы еще проделывали в течение этого вечера! Мы и на фортепьяно играли, и пели, и танцевали, и представляли цыганский табор. Нирмацкого одели медведем и напоили водою с солью. Граф Малевский показывал нам разные карточные фокусы и кончил тем, что, перетасовавши карты, сдал себе в вист все козыри, с чем Лушин «имел честь его поздравить». Майданов декламировал нам отрывки из поэмы своей «Убийца» (дело происходило в самом разгаре романтизма), которую он намеревался издать в черной обертке с заглавными буквами кровавого цвета; у приказного от Иверских ворот украли с колен шапку и заставили его, в виде выкупа, проплясать казачка; старика Вонифатия нарядили в чепец, а княжна надела мужскую шляпу… Всего не перечислишь. Один Беловзоров все больше держался в углу, нахмуренный и сердитый… Иногда глаза его наливались кровью, он весь краснел, и казалось, что вот-вот он сейчас ринется на всех нас и расшвыряет нас, как щепки, во все стороны; но княжна взглядывала на него, грозила ему пальцем, и он снова забивался в свой угол.

Мы, наконец, выбились из сил. Княгиня уж на что была, как сама выражалась, ходка – никакие крики ее не смущали, – однако и она почувствовала усталость и пожелала отдохнуть. В двенадцатом часу ночи подали ужин, состоявший из куска старого, сухого сыру и каких-то холодных пирожков с рубленой ветчиной, которые мне показались вкуснее всяких паштетов; вина была всего одна бутылка, и та какая-то странная: темная, с раздутым горлышком, и вино в ней отдавало розовой краской: впрочем, его никто не пил. Усталый и счастливый до изнеможения, я вышел из флигеля; на прощанье Зинаида мне крепко пожала руку и опять загадочно улыбнулась.

Ночь тяжело и сыро пахнула мне в разгоряченное лицо; казалось, готовилась гроза; черные тучи росли и ползли по небу, видимо меняя свои дымные очертания. Ветерок беспокойно содрогался в темных деревьях, и где-то далеко за небосклоном, словно про себя, ворчал гром сердито и глухо.

Через заднее крыльцо пробрался я в свою комнату. Дядька мой спал на полу, и мне пришлось перешагнуть через него; он проснулся, увидал меня и доложил, что матушка опять на меня рассердилась и опять хотела послать за мною, но что отец ее удержал. (Я никогда не ложился спать, не простившись с матушкой и не испросивши ее благословения.) Нечего было делать!

Я сказал дядьке, что разденусь и лягу сам, – и погасил свечку. Но я не разделся и не лег.

Я присел на стул и долго сидел как очарованный. То, что я ощущал, было так ново и так сладко... Я сидел, чуть-чуть озираясь и не шевелясь, медленно дышал и только по временам то молча смеялся, вспоминая, то внутренне холодел при мысли, что я влюблен, что вот она, вот эта любовь. Лицо Зинаиды тихо плыло передо мною во мраке – плыло и не проплывало; губы ее все так же загадочно улыбались, глаза глядели на меня немного сбоку, вопросительно, задумчиво и нежно... как в то мгновение, когда я расстался с ней. Наконец, я встал, на цыпочках подошел к своей постели и осторожно, не раздеваясь, положил голову на подушку, как бы страшась резким движением потревожить то, чем я был переполнен...

Я лег, но даже глаз не закрыл. Скоро я заметил, что ко мне в комнату беспрестанно западали какие-то слабые отсветы. Я приподнялся и глянул в окно. Переплет его четко отделялся от таинственно и смутно белевших стекол. «Гроза», – подумал я, – и точно была гроза, но она проходила очень далеко, так что и грома не было слышно; только на небе непрерывно вспыхивали неяркие, длинные, словно разветвленные молнии: они не столько вспыхивали, сколько трепетали и подергивались, как крыло умирающей птицы. Я встал, подошел к окну и простоял там до утра... Молнии не прекращались ни на мгновение; была, что называется в народе, воробьиная ночь. Я глядел на немое песчаное поле, на темную массу Нескучного сада, на желтоватые фасады далеких зданий, тоже как будто вздрагивавших при каждой слабой вспышке... Я глядел – и не мог оторваться; эти немые молнии, эти сдержанные блистания, казалось, отвечали тем немым и тайным порывам, которые вспыхивали также во мне. Утро стало заниматься; алыми пятнами выступила заря. С приближением солнца все бледнели и сокращались молнии: они вздрагивали все реже и реже и исчезли, наконец, затопленные отрезвляющим и несомнительным светом возникавшего дня...

И во мне исчезли мои молнии. Я почувствовал большую усталость и тишину... но образ Зинаиды продолжал носиться, торжествуя, над моею душой. Только он сам, этот образ, казался успокоенным: как полетевший лебедь – от болотных трав, отделился он от окружавших его других неблаговидных фигур, и я, засыпая, в последний раз припал к нему с прощальным и доверчивым обожанием...

О, кроткие чувства, мягкие звуки, доброта и утихание тронутой души, тающая радость первых умилений любви, – где вы, где вы?

VIII

На следующее утро, когда я сошел к чаю, матушка побранила меня – меньше, однако, чем я ожидал – и заставила меня рассказать, как я провел накануне вечер. Я отвечал ей в немногих словах, выпуская многие подробности и стараясь придать всему вид самый невинный.

– Все-таки они люди не comme il faut[7], – заметила матушка, – и тебе нечего к ним таскаться, вместо того чтоб готовиться к экзамену да заниматься.

Так как я знал, что заботы матушки о моих занятиях ограничатся этими немногими словами, то я и не почел нужным возражать ей; но после чаю отец меня взял под руку и, отправившись вместе со мною в сад, заставил меня рассказать все, что я видел у Засекиных.

Странное влияние имел на меня отец – и странные были наши отношения. Он почти не занимался моим воспитанием, но никогда не оскорблял меня; он уважал мою свободу – он даже был, если можно так выразиться, вежлив со мною... только он не допускал меня до себя. Я любил его, я любовался им, он казался мне образцом мужчины – и, боже мой, как бы я страстно к нему привязался, если б я постоянно не чувствовал его отклоняющей руки! Зато когда он хотел, он умел почти мгновенно, одним словом, одним движением возбудить во мне неограниченное доверие к себе. Душа моя раскрывалась – я болтал с ним, как с разумным другом, как с снисходительным наставником... потом он так же внезапно покидал меня – и рука его опять отклоняла меня – ласково и мягко, но отклоняла.

На него находила иногда веселость, и тогда он готов был резвиться и шалить со мной, как мальчик (он любил всякое сильное телесное движение); раз – всего только раз! – он приласкал меня с такою

---

[7] Воспитанные (фр.).

нежностью, что я чуть не заплакал... Но и веселость его и нежность исчезали без следа – и то, что происходило между нами, не давало мне никаких надежд на будущее – точно я все это во сне видел. Бывало, стану я рассматривать его умное, красивое, светлое лицо... сердце мое задрожит, и все существо мое устремится к нему... он словно почувствует, что во мне происходит, мимоходом потреплет меня по щеке – и либо уйдет, либо займется чем-нибудь, либо вдруг весь застынет, как он один умел застывать, и я тотчас же сожмусь и тоже похолодею. Редкие припадки его расположения ко мне никогда не были вызваны моими безмолвными, но понятными мольбами: они приходили всегда неожиданно. Размышляя впоследствии о характере моего отца, я пришел к тому заключению, что ему было не до меня и не до семейной жизни; он любил другое и насладился этим другим вполне. «Сам бери, что можешь, а в руки не давайся; самому себе принадлежать – в этом вся штука жизни», – сказал он мне однажды. В другой раз я в качестве молодого демократа пустился в его присутствии рассуждать о свободе (он в тот день был, как я это называл, «добрый»; тогда с ним можно было говорить о чем угодно).

– Свобода, – повторил он, – а знаешь ли ты, что может человеку дать свободу?

– Что?

– Воля, собственная воля, и власть она даст, которая лучше свободы. Умей хотеть – и будешь свободным, и командовать будешь.

Отец мой прежде всего и больше всего хотел жить – и жил... Быть может, он предчувствовал, что ему не придется долго пользоваться «штукой» жизни: он умер сорока двух лет.

Я подробно рассказал отцу мое посещение у Засекиных. Он полувнимательно, полурассеянно слушал меня, сидя на скамье и рисуя концом хлыстика на песке. Он изредка посмеивался, как-то светло и забавно поглядывал на меня и подзадоривал меня короткими вопросами и возражениями. Я сперва не решался даже выговорить имя Зинаиды, но не удержался и начал превозносить ее. Отец все продолжал посмеиваться. Потом он задумался, потянулся и встал.

Я вспомнил, что, выходя из дома, он велел оседлать себе лошадь. Он был отличный ездок – и умел, гораздо раньше г. Рери, укрощать самых диких лошадей.

– Я с тобой поеду, папаша? – спросил я его.

– Нет, – ответил он, и лицо его приняло обычное равнодушно-ласковое выражение. – Ступай один, коли хочешь; а кучеру скажи, что я не поеду.

Он повернулся ко мне спиной и быстро удалился. Я следил за ним глазами – он скрылся за воротами. Я видел, как его шляпа двигалась вдоль забора: он вошел к Засекиным.

Он остался у них не более часа, но тотчас же отправился в город и вернулся домой только к вечеру.

После обеда я сам пошел к Засекиным. В гостиной я застал одну старуху княгиню. Увидев меня, она почесала себе в голове под чепцом концом спицы и вдруг спросила меня, могу ли я переписать ей одну просьбу.

— С удовольствием, — отвечал я и присел на кончик стула.

— Только смотрите покрупнее буквы ставьте, — промолвила княгиня, подавая мне измаранный лист, — да нельзя ли сегодня, батюшка?

— Сегодня же перепишу-с.

Дверь из соседней комнаты чуть-чуть отворилась — и в отверстии показалось лицо Зинаиды — бледное, задумчивое, с небрежно откинутыми назад волосами: она посмотрела на меня большими холодными глазами и тихо закрыла дверь.

— Зина, а Зина! — проговорила старуха. Зинаида не откликнулась. Я унес просьбу старухи и целый вечер просидел над ней.

IX

Моя «страсть» началась с того дня. Я, помнится, почувствовал тогда нечто подобное тому, что должен почувствовать человек, поступивший на службу: я уже перестал быть просто молодым мальчиком; я был влюбленный. Я сказал, что с того дня началась моя страсть; я бы мог прибавить, что и страдания мои начались с того же самого дня. Я изнывал в отсутствии Зинаиды: ничего мне на ум не шло, все из рук валилось, я по целым дням напряженно думал о ней... Я изнывал... но в ее присутствии мне становилось не легче. Я ревновал, я сознавал свое ничтожество, я глупо дулся и глупо раболепствовал — и все-таки непреодолимая сила влекла меня к ней — и я всякий раз с невольной дрожью счастья переступал порог ее комнаты. Зинаида тотчас же догадалась, что я в нее влюбился, да я и не думал скрываться; она потешалась моей страстью, дурачила, баловала и мучила меня. Сладко быть единственным источником, самовластной и безответной причиной величайших радостей и глубочайшего горя для другого — а я в руках Зинаиды был как мягкий воск. Впрочем, не я один влюбился в нее: все мужчины, посещавшие ее дом, были от нее без ума — и она их всех держала на привязи — у своих ног. Ее забавляло возбуждать в них то надежды, то опасения, вертеть ими по своей прихоти (это она называла: стукать людей друг о друга) — а они и не думали сопротивляться и охотно покорялись ей. Во всем ее существе, живучем и красивом, была какая-то особенно обаятельная смесь хитрости и беспечности, искусственности и простоты, тишины и резвости; над всем, что она делала, говорила, над каждым ее движением носилась тонкая, легкая прелесть, во всем сказывалась своеобразная, играющая сила. И лицо ее беспрестанно менялось, играло тоже: оно выражало, почти в одно и то же время, – насмешливость, задумчивость и страстность. Разнообразнейшие чувства, легкие, быстрые, как тени облаков в солнечный ветреный день, перебегали то и дело по ее глазам и губам.

Каждый из ее поклонников был ей нужен. Беловзоров, которого она иногда называла «мой зверь», а иногда просто «мой», – охотно кинулся бы за нее в огонь; не надеясь на свои умственные способности и прочие достоинства, он все предлагал ей жениться на ней, намекая на то, что другие только болтают. Майданов отвечал поэтическим струнам ее души: человек довольно холодный, как почти все сочинители, он напряженно уверял ее, а может быть, и себя, что он ее обожает, воспевал ее в нескончаемых стихах и читал их ей с каким-то и неестественным и искренним восторгом. Она и сочувствовала ему и чуть-чуть трунила над ним; она плохо ему верила и, наслушавшись его излияний, заставляла его читать Пушкина, чтобы, как она говорила, очистить воздух. Лушин, насмешливый, цинический на словах доктор, знал ее лучше всех – и любил ее больше всех, хотя бранил ее за глаза и в глаза. Она его уважала, но не спускала ему – и подчас с особенным, злорадным удовольствием давала ему чувствовать, что и он у ней в руках. «Я кокетка, я без сердца, я актерская натура, – сказала она ему однажды в моем присутствии, – а, хорошо! так подайте ж вашу руку, я воткну в нее булавку, вам будет стыдно этого молодого человека, вам будет больно, а все-таки вы, господин правдивый человек, извольте смеяться». Лушин покраснел, отворотился, закусил губы, но кончил тем, что подставил руку. Она его уколола, и он точно начал смеяться… и она смеялась, запуская довольно глубоко булавку и заглядывая ему в глаза, которыми он напрасно бегал по сторонам…

Хуже всего я понимал отношения, существовавшие между Зинаидой и графом Малевским. Он был хорош собою, ловок и умен, но что-то сомнительное, что-то фальшивое чудилось в нем даже мне, шестнадцатилетнему мальчику, и я дивился тому, что Зинаида этого не замечает. А может быть, она и замечала эту фальшь и не гнушалась ею. Неправильное воспитание, странные знакомства и привычки, постоянное присутствие матери, бедность и беспорядок в доме, все, начиная с самой свободы, которою пользовалась молодая девушка, с сознания ее превосходства над окружавшими ее людьми, развило в ней какую-то полупрезрительную небрежность и невзыскательность. Бывало, что ни случится – придет ли Вонифатий доложить, что сахару нет, выйдет ли

59

наружу какая-нибудь дрянная сплетня, поссорятся ли гости, – она только кудрями встряхнет, скажет: пустяки! – и горя ей мало.

Зато у меня, бывало, вся кровь загоралась, когда Малевский подойдет к ней, хитро покачиваясь, как лиса, изящно обопрется на спинку ее стула и начнет шептать ей на ухо с самодовольной и заискивающей улыбочкой, – а она скрестит руки на груди, внимательно глядит на него, и сама улыбается, и качает головой.

– Что вам за охота принимать господина Малевского? – спросил я ее однажды.

– А у него такие прекрасные усики, – отвечала она. – Да это не по вашей части.

– Вы не думаете ли, что я его люблю, – сказала она мне в другой раз. – Нет; я таких любить не могу, на которых мне приходится глядеть сверху вниз. Мне надобно такого, который сам бы меня сломил... Да я на такого не наткнусь, бог милостив! Не попадусь никому в лапы, ни-ни!

– Стало быть, вы никогда не полюбите?

– А вас-то? Разве я вас не люблю? – сказала она и ударила меня по носу концом перчатки.

Да, Зинаида очень потешалась надо мною. В течение трех недель я ее видел каждый день – и чего, чего она со мной не выделывала! К нам она ходила редко, и я об этом не сожалел: в нашем доме она превращалась в барышню, в княжну, – и я ее дичился. Я боялся выдать себя перед матушкой; она очень не благоволила к Зинаиде и неприязненно наблюдала за нами. Отца я не так боялся: он словно не замечал меня, а с ней говорил мало, но как-то особенно умно и значительно. Я перестал работать, читать – я даже перестал гулять по окрестностям, ездить верхом. Как привязанный за ножку жук, я кружился постоянно вокруг любимого флигелька: казалось, остался бы там навсегда... но это было невозможно; матушка ворчала на меня, иногда сама Зинаида меня прогоняла. Тогда я запирался у себя в комнате или уходил на самый конец сада, взбирался на уцелевшую развалину высокой каменной оранжереи и, свесив ноги со стены, выходившей на дорогу, сидел по часам и глядел, глядел, ничего не видя. Возле меня, по запыленной крапиве, лениво перепархивали белые бабочки; бойкий воробей садился недалеко на полусломанном красном кирпиче и раздражительно чирикал, беспрестанно поворачиваясь всем телом и распустив хвостик; все еще недоверчивые вороны изредка каркали, сидя высоко, высоко на обнаженной макушке березы; солнце и ветер тихо играли в ее жидких ветках; звон колоколов Донского монастыря прилетал по временам, спокойный и унылый – а я сидел, глядел, слушал – и наполнялся весь каким-то безымянным ощущением, в котором было все: и грусть, и радость, и предчувствие будущего, и желание, и страх жизни. Но я тогда ничего этого не понимал и ничего бы не сумел назвать изо всего того, что во мне бродило, – или бы назвал это все одним именем – именем Зинаиды.

А Зинаида все играла со мной, как кошка с мышью. Она то кокетничала со мной – и я волновался и таял, – то она вдруг меня отталкивала – и я не смел приблизиться к ней, не смел взглянуть на нее.

Помнится, она несколько дней сряду была очень холодна со мною, я совсем заробел и, трусливо забегая к ним во флигель, старался держаться около старухи княгини, несмотря на то, что она очень бранилась и кричала именно в это время: ее вексельные дела шли плохо, и она уже имела два объяснения с квартальным.

Однажды я проходил в саду мимо известного забора – и увидел Зинаиду: подпершись обеими руками, она сидела на траве и не шевелилась. Я хотел было осторожно удалиться, но она внезапно подняла голову и сделала мне повелительный знак. Я замер на месте: я не понял ее с первого раза. Она повторила свой знак. Я немедленно перескочил через забор и радостно подбежал к ней; но она остановила меня взглядом и указала мне на дорожку в двух шагах от нее. В смущении, не зная, что делать, я стал на колени на краю дорожки. Она до того была бледна, такая горькая печаль, такая глубокая усталость сказывалась в каждой ее черте, что сердце у меня сжалось, и я невольно пробормотал:

– Что с вами?

Зинаида протянула руку, сорвала какую-то травку, укусила ее и бросила ее прочь, подальше.

– Вы меня очень любите? – спросила она наконец. – Да?

Я ничего не отвечал – да и зачем мне было отвечать?

– Да, – повторила она, по-прежнему глядя на меня. – Это так. Такие же глаза, – прибавила она, задумалась и закрыла лицо руками. – Все мне опротивело, – прошептала она, – ушла бы я на край света, не могу я это вынести, не могу сладить… И что ждет меня впереди!.. Ах, мне тяжело… боже мой, как тяжело!

– Отчего? – спросил я робко.

Зинаида мне не отвечала и только пожала плечами. Я продолжал стоять на коленях и с глубоким унынием глядел на нее. Каждое ее слово так и врезалось мне в сердце. В это мгновенье я, кажется, охотно бы отдал жизнь свою, лишь бы она не горевала. Я глядел на нее – и, все-таки не понимая, отчего ей было тяжело, живо воображал себе, как она вдруг, в припадке неудержимой печали, ушла в сад – и упала на землю, как подкошенная. Кругом было и светло и зелено; ветер шелестел в листьях деревьев, изредка качая длинную ветку малины над головой Зинаиды. Где-то ворковали голуби – и пчелы жужжали, низко перелетывая по редкой траве. Сверху ласково синело небо – а мне было так грустно…

– Прочтите мне какие-нибудь стихи, – промолвила вполголоса

Зинаида и оперлась на локоть. – Я люблю, когда вы стихи читаете. Вы поете, но это ничего, это молодо. Прочтите мне «На холмах Грузии». Только сядьте сперва.

Я сел и прочел «На холмах Грузии».

– «Что не любить оно не может», – повторила Зинаида. – Вот чем поэзия хороша: она говорит нам то, чего нет и что не только лучше того, что есть, но даже больше похоже на правду… Что не любить оно не может – и хотело бы, да не может! – Она опять умолкла и вдруг встрепенулась и встала. – Пойдемте. У мамаши сидит Майданов; он мне принес свою поэму, а я его оставила. Он также огорчен теперь… что делать! вы когда-нибудь узнаете… только не сердитесь на меня!

Зинаида торопливо пожала мне руку и побежала вперед. Мы вернулись во флигель. Майданов принялся читать нам своего только что отпечатанного «Убийцу», но я не слушал его. Он выкрикивал нараспев свои четырехстопные ямбы, рифмы чередовались и звенели, как бубенчики, пусто и громко, а я все глядел на Зинаиду и все старался понять значение ее последних слов.

Иль, может быть, соперник тайный

Тебя нежданно покорил? – воскликнул вдруг в нос Майданов – и мои глаза и глаза Зинаиды встретились. Она опустила их и слегка покраснела. Я увидал, что она покраснела, и похолодел от испуга. Я уже прежде ревновал к ней, но только в это мгновение мысль о том, что она полюбила, сверкнула у меня в голове: «Боже мой! она полюбила!»

X

Настоящие мои терзания начались с того мгновения. Я ломал себе голову, раздумывал, передумывал – и неотступно, хотя по мере возможности скрытно, наблюдал за Зинаидой. В ней произошла перемена – это было очевидно. Она уходила гулять одна и гуляла долго. Иногда она гостям не показывалась; по целым часам сидела у себя в комнате. Прежде этого за ней не водилось. Я вдруг сделался – или мне показалось, что я сделался – чрезвычайно проницателен. «Не он ли? или уж не он ли?» – спрашивал я самого себя, тревожно перебегая мыслью от одного ее поклонника к другому. Граф Малевский (хоть я и стыдился за Зинаиду в этом сознаться) втайне казался мне опаснее других.

Моя наблюдательность не видала дальше своего носа, и моя скрытность, вероятно, никого не обманула; по крайней мере доктор Лушин скоро меня раскусил. Впрочем, и он изменился в последнее время:

он похудел, смеялся так же часто, но как-то глуше, злее и короче — невольная, нервическая раздражительность сменила в нем прежнюю легкую иронию и напущенный цинизм.

— Что вы это беспрестанно таскаетесь сюда, молодой человек, — сказал он мне однажды, оставшись со мною в гостиной Засекиных. (Княжна еще не возвращалась с прогулки, а крикливый голос княгини раздавался в мезонине: она бранилась со своей горничной.) — Вам бы надобно учиться, работать — пока вы молоды, — а вы что делаете?

— Вы не можете знать, работаю ли я дома, — возразил я ему не без надменности, но и не без замешательства.

— Какая уж тут работа! у вас не то на уме. Ну, я не спорю... в ваши годы это в порядке вещей. Да выбор-то ваш больно неудачен. Разве вы не видите, что это за дом?

— Я вас не понимаю, — заметил я.

— Не понимаете? тем хуже для вас. Я считаю долгом предостеречь вас. Нашему брату, старому холостяку, можно сюда ходить: что нам делается? мы народ прокаленный, нас ничем не проберешь; а у вас кожица еще нежная; здесь для вас воздух вредный — поверьте мне, заразиться можете.

— Как так?

— Да так же. Разве вы здоровы теперь? Разве вы в нормальном положении? Разве то, что вы чувствуете, — полезно вам, хорошо?

— Да что же я чувствую? — сказал я, а сам в душе сознавал, что доктор прав.

— Эх, молодой человек, молодой человек, — продолжал доктор с таким выражением, как будто в этих двух словах заключалось что-то для меня весьма обидное, — где вам хитрить, ведь у вас еще, слава богу, что на душе, то и на лице. А впрочем, что толковать? я бы и сам сюда не ходил, если б (доктор стиснул зубы)... если б я не был такой же чудак. Только вот чему я удивляюсь: как вы, с вашим умом, не видите, что делается вокруг вас?

— А что же такое делается? — подхватил я и весь насторожился.

Доктор посмотрел на меня с каким-то насмешливым сожалением.

— Хорош же и я, — промолвил он, словно про себя, — очень нужно это ему говорить. Одним словом, — прибавил он, возвысив голос, — повторяю вам: здешняя атмосфера вам не годится. Вам здесь приятно, да мало чего нет! и в оранжерее тоже приятно пахнет — да жить в ней нельзя. Эй! послушайтесь, возьмитесь опять за Кайданова!

Княгиня вошла и начала жаловаться доктору на зубную боль. Потом явилась Зинаида.

— Вот, — прибавила княгиня, — господин доктор, побраните-ка ее. Целый день пьет воду со льдом; разве ей это здорово, при ее слабой груди?

– Зачем вы это делаете? – спросил Лушин.

– А что из этого может выйти?

– Что? вы можете простудиться и умереть.

– В самом деде? Неужели? Ну что ж – туда и дорога!

– Вот как! – проворчал доктор. Княгиня ушла.

– Вот как, – повторила Зинаида. – Разве жить так весело? оглянитесь-ка кругом… Что – хорошо? Или вы думаете, что я этого не понимаю, не чувствую? Мне доставляет удовольствие – пить воду со льдом, и вы серьезно можете уверять меня, что такая жизнь стоит того, чтоб не рискнуть ею за миг удовольствия, – я уже о счастии не говорю.

– Ну да, – заметил Лушин, – каприз и независимость… Эти два слова вас исчерпывают: вся ваша натура в этих двух словах.

Зинаида нервически засмеялась.

– Опоздали почтой, любезный доктор. Наблюдаете плохо; отстаете. Наденьте очки. Не до капризов мне теперь; вас дурачить, себя дурачить… куда как весело! – а что до независимости… Мсьё Вольдемар, – прибавила вдруг Зинаида и топнула ножкой, – не делайте меланхолической физиономии. Я терпеть не могу, когда обо мне сожалеют. – Она быстро удалилась.

– Вредна, вредна вам здешняя атмосфера, молодой человек, – еще раз сказал мне Лушин.

XI

Вечером того же дня собрались у Засекиных обычные гости; я был в их числе.

Разговор зашел о поэме Майданова; Зинаида чистосердечно ее хвалила.

– Но знаете ли что? – сказала она ему, – если б я была поэтом, – я бы другие брала сюжеты. Может быть, все это вздор, – но мне иногда приходят в голову странные мысли, особенно когда я не сплю, перед утром, когда небо начинает становиться и розовым и серым. Я бы, например… Вы не будете надо мной смеяться?

– Нет! нет! – воскликнули мы все в один голос.

– Я бы представила, – продолжала она, скрестив руки на груди и устремив глаза в сторону, – целое общество молодых девушек, ночью, в большой лодке – на тихой реке. Луна светит, а они все в белом и в венках из белых цветов, и поют, знаете, что-нибудь вроде гимна.

— Понимаю, понимаю, продолжайте, — значительно и мечтательно промолвил Майданов.

— Вдруг — шум, хохот, факелы, бубны на берегу… Это толпа вакханок бежит с песнями, с криком. Уж тут ваше дело нарисовать картину, господин поэт… только я бы хотела, чтобы факелы были красны и очень бы дымились и чтобы глаза у вакханок блестели под венками, а венки должны быть темные. Не забудьте также тигровых кож и чаш — и золота, много золота.

— Где же должно быть золото? — спросил Майданов, откидывая назад свои плоские волосы и расширяя ноздри.

— Где? на плечах, на руках, на ногах, везде. Говорят, в древности женщины золотые кольца носили на щиколотках. Вакханки зовут к себе девушек в лодке. Девушки перестали петь свой гимн — они не могут его продолжать, — но они не шевелятся: река подносит их к берегу. И вот вдруг одна из них тихо поднимается… Это надо хорошо описать: как она тихо встает при лунном свете и как ее подруги пугаются… Она перешагнула край лодки, вакханки ее окружили, умчали в ночь, в темноту… Представьте тут дым клубами, и все смешалось. Только слышится их визг, да венок ее остался на берегу.

Зинаида умолкла. («О! она полюбила!» — подумал я опять.)

— И только? — спросил Майданов.

— Только, — отвечала она.

— Это не может быть сюжетом для целой поэмы, — важно заметил он, — но для лирического стихотворения я вашей мыслию воспользуюсь.

— В романтическом роде? — спросил Малевский.

— Конечно, в романтическом роде, байроновском.

— А по-моему, Гюго лучше Байрона, — небрежно промолвил молодой граф, — интереснее.

— Гюго — писатель первоклассный, — возразил Майданов, — и мой приятель Тонкошеев, в своем испанском романе «Эль-Тровадор»…

— Ах, это та книга с опрокинутыми вопросительными знаками? — перебила Зинаида.

— Да. Это так принято у испанцев. Я хотел сказать, что Тонкошеев…

— Ну! вы опять заспорите о классицизме и романтизме, — вторично перебила его Зинаида. — Давайте лучше играть…

— В фанты? — подхватил Лушин.

— Нет, в фанты скучно; а в сравненья. (Эту игру придумала сама Зинаида: назывался какой-нибудь предмет, всякий старался сравнить его с чем-нибудь, и тот, кто подбирал лучшее сравнение, получал приз.)

Она подошла к окну. Солнце только что село: на небе высоко стояли длинные красные облака.

– На что похожи эти облака? – спросила Зинаида и, не дожидаясь нашего ответа, сказала: – Я нахожу, что они похожи на те пурпуровые паруса, которые были на золотом корабле у Клеопатры, когда она ехала навстречу Антонию. Помните, Майданов, вы недавно мне об этом рассказывали?

Все мы, как Полоний в «Гамлете», решили, что облака напоминали именно эти паруса и что лучшего сравнения никто из нас не приищет.

– А сколько лет было тогда Антонию? – спросила Зинаида.

– Уж, наверное, был молодой человек, – заметил Малевский.

– Да, молодой, – уверительно подтвердил Майданов.

– Извините, – воскликнул Лушин, – ему было за сорок лет.

– За сорок лет, – повторила Зинаида, взглянув на него быстрым взглядом.

Я скоро ушел домой. «Она полюбила, – невольно шептали мои губы. – Но кого?»

XII

Дни проходили. Зинаида становилась все странней, все непонятней. Однажды я вошел к ней и увидел ее сидящей на соломенном стуле, с головой, прижатой к острому краю стола. Она выпрямилась… все лицо ее было облито слезами.

– А! вы! – сказала она с жестокой усмешкой. – Подите-ка сюда.

Я подошел к ней: она положила мне руку на голову и, внезапно ухватив меня за волосы, начала крутить их.

– Больно… – проговорил я, наконец.

– А! больно! а мне не больно? не больно? – повторила она.

– Ай! – вскрикнула она вдруг, увидав, что выдернула у меня маленькую прядь волос. – Что это я сделала? Бедный мсьё Вольдемар!

Она осторожно расправила вырванные волосы, обмотала их вокруг пальца и свернула их в колечко.

– Я ваши волосы к себе в медальон положу и носить их буду, – сказала она, а у самой на глазах все блестели слезы. – Это вас, быть может, утешит немного… а теперь прощайте.

Я вернулся домой и застал там неприятность. У матушки происходило объяснение с отцом: она в чем-то упрекала его, а он, по своему обыкновению, холодно и вежливо отмалчивался – и скоро уехал. Я не мог слышать, о чем говорила матушка, да и мне было не до того; помню только, что по окончании объяснения она велела позвать меня к себе в кабинет и с большим неудовольствием отозвалась о моих частых посещениях у княгини, которая, по ее словам, была une femme capable de tout[8]. Я подошел к ней к ручке (это я делал всегда, когда хотел прекратить разговор) и ушел к себе. Слезы Зинаиды меня совершенно сбили с толку: я решительно не знал, на какой мысли остановиться, и сам готов был плакать: я все-таки был ребенком, несмотря на мои шестнадцать лет. Уже я не думал более о Малевском, хотя Беловзоров с каждым днем становился все грознее и грознее и глядел на увертливого графа, как волк на барана; да я ни о чем и ни о ком не думал. Я терялся в соображениях и все искал уединенных мест. Особенно полюбил я развалины оранжереи. Взберусь, бывало, на высокую стену, сяду и сижу там таким несчастным, одиноким и грустным юношей, что мне самому становится себя жалко, – и так мне были отрадны эти горестные ощущения, так упивался я ими!..

Вот однажды сижу я на стене, гляжу вдаль и слушаю колокольный звон... вдруг что-то пробежало по мне – ветерок не ветерок и не дрожь, а словно дуновение, словно ощущение чьей-то близости... Я опустил глаза. Внизу, по дороге, в легком сереньком платье, с розовым зонтиком на плече, поспешно шла Зинаида. Она увидела меня, остановилась и, откинув край соломенной шляпы, подняла на меня свои бархатные глаза.

– Что это вы делаете там, на такой вышине? – спросила она меня с какой-то странной улыбкой. – Вот, – продолжала она, – вы все уверяете, что вы меня любите, – спрыгните ко мне на дорогу, если вы действительно любите меня.

Не успела Зинаида произнести эти слова, как я уже летел вниз, точно кто подтолкнул меня сзади. В стене было около двух сажен вышины. Я пришелся о землю ногами, но толчок был так силен, что я не мог удержаться: я упал и на мгновенье лишился сознанья. Когда я пришел в себя, я, не раскрывая глаз, почувствовал возле себя Зинаиду.

– Милый мой мальчик, – говорила она, наклонясь надо мною – и в голосе ее звучала встревоженная нежность, – как мог ты это сделать, как мог ты послушаться... ведь я люблю тебя... встань.

Ее грудь дышала возле моей, ее руки прикасались моей головы, и вдруг – что сталось со мной тогда! – ее мягкие, свежие губы начали покрывать все мое лицо поцелуями... они коснулись моих губ... Но тут Зинаида, вероятно, догадалась, по выражению моего лица, что я уже пришел в себя, хотя я все глаз не раскрывал, – и, быстро приподнявшись, промолвила:

– Ну вставайте, шалун, безумный; что это вы лежите в пыли?

Я поднялся.

– Подайте мне мой зонтик, – сказала Зинаида, – вишь, я его куда

---

[8] женщиной, способной на что угодно (фр).

бросила; да не смотрите на меня так... что за глупости? вы не ушиблись? чай, обожглись в крапиве? Говорят вам, не смотрите на меня... Да он ничего не понимает, не отвечает, – прибавила она, словно про себя. – Ступайте домой, мсьё Вольдемар, почиститесь, да не смейте идти за мной – а то я рассержусь, и уже больше никогда... Она не договорила своей речи и проворно удалилась, а я присел на дорогу... ноги меня не держали. Крапива обожгла мне руки, спина ныла, и голова кружилась; но чувство блаженства, которое я испытал тогда, уже не повторилось в моей жизни. Оно стояло сладкой болью во всех моих членах и разрешилось, наконец, восторженными прыжками и восклицаниями. Точно: я был еще ребенок.

XIII

Я так был весел и горд весь этот день, я так живо сохранял на моем лице ощущение Зинаидиных поцелуев, я с таким содроганием восторга вспоминал каждое ее слово, я так лелеял свое неожиданное счастие, что мне становилось даже страшно, не хотелось даже увидеть ее, виновницу этих новых ощущений. Мне казалось, что уже больше ничего нельзя требовать от судьбы, что теперь бы следовало «взять, вздохнуть хорошенько в последний раз, да и умереть». Зато на следующий день, отправляясь во флигель, я чувствовал большое смущение, которое напрасно старался скрыть под личиною скромной развязности, приличной человеку, желающему дать знать, что он умеет сохранить тайну. Зинаида приняла меня очень просто, без всякого волнения, только погрозила мне пальцем и спросила: нет ли у меня синих пятен? Вся моя скромная развязность и таинственность исчезли мгновенно, а вместе с ними и смущение мое. Конечно, я ничего не ожидал особенного, но спокойствие Зинаиды меня точно холодной водой окатило. Я понял, что я дитя в ее глазах, – и мне стало очень тяжело! Зинаида ходила взад и вперед по комнате, всякий раз быстро улыбалась, как только взглядывала на меня; но мысли ее были далеко, я это ясно видел... «Заговорить самому о вчерашнем деле, – подумал я, – спросить ее, куда она так спешила, чтобы узнать окончательно...», но я только махнул рукой и присел в уголок.

Беловзоров вошел; я ему обрадовался.

– Не нашел я вам верховой лошади, смирной, – заговорил он суровым голосом, – Фрейтаг мне ручается за одну – да я не уверен. Боюсь.

– Чего же вы боитесь, – спросила Зинаида, – позвольте спросить?

— Чего? Ведь вы не умеете ездить. Сохрани бог, что случится! И что за фантазия пришла вам вдруг в голову?

— Ну, это мое дело, мсьё мой зверь. В таком случае я попрошу Петра Васильевича... (Моего отца звали Петром Васильевичем. Я удивился тому, что она так легко и свободно упомянула его имя, точно она была уверена в его готовности услужить ей.)

— Вот как, — возразил Беловзоров. — Вы это с ним хотите ездить?

— С ним или с другим — это для вас все равно. Только не с вами.

— Не со мной, — повторил Беловзоров. — Как хотите. Что ж? Я вам лошадь доставлю.

— Да только смотрите, не корову какую-нибудь. Я вас предуведомляю, что я хочу скакать.

— Скачите, пожалуй... С кем же это, с Малевским, что ли, вы поедете?

— А почему бы и не с ним, воин? Ну, успокойтесь, — прибавила она, — и не сверкайте глазами. Я и вас возьму. Вы знаете, что для меня теперь Малевский — фи! — Она тряхнула головой.

— Вы это говорите, чтобы меня утешить, — проворчал Беловзоров.

Зинаида прищурилась.

— Это вас утешает?.. О... о... о... воин! — сказала она наконец, как бы не найдя другого слова. — А вы, мсьё Вольдемар, поехали ли бы вы с нами?

— Я не люблю... в большом обществе... — проборомотал я, не поднимая глаз.

— Вы предпочитаете tête-à-tête?..[9] Ну, вольному воля, спасенному... рай, — промолвила она вздохнувши. — Ступайте же, Беловзоров, хлопочите. Мне лошадь нужна к завтрашнему дню.

— Да; а деньги откуда взять? — вмешалась княгиня.

Зинаида наморщила брови.

— Я у вас их не прошу; Беловзоров мне поверит.

— Поверит, поверит... — проворчала княгиня — и вдруг во все горло закричала: — Дуняшка!

— Maman, я вам подарила колокольчик, — заметила княжна.

— Дуняшка! — повторила старуха. Беловзоров откланялся; я ушел вместе с ним. Зинаида меня не удерживала.

XIV

На следующее утро я встал рано, вырезал себе палку и отправился за

---

[9] с глазу на глаз - фр.

заставу. Пойду, мол, размыкаю свое горе. День был прекрасный, светлый и не слишком жаркий; веселый, свежий ветер гулял над землею и в меру шумел и играл, все шевеля и ничего не тревожа. Я долго бродил по горам, по лесам; я не чувствовал себя счастливым, я вышел из дому с намерением предаться унынию – но молодость, прекрасная погода, свежий воздух, потеха быстрой ходьбы, нега уединенного лежания на густой траве – взяли свое: воспоминание о тех незабвенных словах, о тех поцелуях опять втеснилось мне в душу. Мне приятно было думать, что Зинаида не может, однако, не отдать справедливости моей решимости, моему героизму... «Другие для нее лучше меня, – думал я, – пускай! Зато другие только скажут, что сделают, а я сделал! И то ли я в состоянии еще сделать для нее!..» Воображение мое заиграло. Я начал представлять себе, как я буду спасать ее из рук неприятелей, как я, весь облитый кровью, исторгну ее из темницы, как умру у ее ног. Я вспомнил картину, висевшую у нас в гостиной: Малек-Аделя, уносящего Матильду, – и тут же занялся появлением большого пестрого дятла, который хлопотливо поднимался по тонкому стволу березы и с беспокойством выглядывал из-за нее, то направо, то налево, точно музыкант из-за шейки контрабаса.

Потом я запел: «Не белы снеги» и свел на известный в то время романс: «Я жду тебя, когда зефир игривый»; потом я начал громко читать обращение Ермака к звездам из трагедии Хомякова; попытался было сочинить что-нибудь в чувствительном роде, придумал даже строчку, которой должно было заканчиваться все стихотворение: «О, Зинаида! Зинаида!», но ничего не вышло. Между тем наступало время обеда. Я спустился в долину; узкая песчаная дорожка вилась по ней и вела в город. Я пошел по этой дорожке... Глухой стук лошадиных копыт раздался за мною. Я оглянулся, невольно остановился и сиял фуражку: я увидел моего отца и Зинаиду. Они ехали рядом. Отец говорил ей что-то, перегнувшись к ней всем станом и опершись рукою на шею лошади; он улыбался. Зинаида слушала его молча, строго опустив глаза и сжавши губы. Я сперва увидал их одних; только через несколько мгновений, из-за поворота долины, показался Беловзоров в гусарском мундире с ментиком, на опененном вороном коне. Добрый конь мотал головою, фыркал и плясал: всадник и сдерживал его и шпорил. Я посторонился. Отец подобрал поводья, отклонился от Зинаиды, она медленно подняла на него глаза – и оба поскакали... Беловзоров промчался вслед за ними, гремя саблей. «Он красен, как рак, – подумал я, – а она... Отчего она такая бледная? ездила верхом целое утро – и бледная?»

Я удвоил шаги и поспел домой перед самым обедом. Отец уже сидел переодетый, вымытый и свежий, возле матушкиного кресла и читал ей

70

своим ровным и звучным голосом фельетон «Journal des Débats»;[10] но матушка слушала его без внимания и, увидавши меня, спросила, где я пропадал целый день, и прибавила, что не любит, когда таскаются бог знает где и бог знает с кем. «Да я гулял один», – хотел было я ответить, но посмотрел на отца и почему-то промолчал.

XV

В течение следующих пяти, шести дней я почти не видел Зинаиды: она сказывалась больною, что не мешало, однако, обычным посетителям флигеля являться – как они выражались – на свое дежурство – всем, кроме Майданова, который тотчас падал духом и скучал, как только не имел случая восторгаться. Беловзоров сидел угрюмо в углу, весь застегнутый и красный; на тонком лице графа Малевского постоянно бродила какая-то недобрая улыбка; он действительно впал в немилость у Зинаиды и с особенным стараньем подслуживался старой княгине, ездил с ней в ямской карете к генерал-губернатору. Впрочем, эта поездка оказалась неудачной, и Малевскому вышла даже неприятность: ему напомнили какую-то историю с какими-то путейскими офицерами – и он должен был в объяснениях своих сказать, что был тогда неопытен. Лушин приезжал раза по два в день, но оставался недолго; я немножко боялся его после нашего последнего объяснения и в то же время чувствовал к нему искреннее влечение. Он однажды пошел гулять со мною по Нескучному саду, был очень добродушен и любезен, сообщал мне названия и свойства разных трав и цветов и вдруг, как говорится, ни к селу ни к городу, воскликнул, ударив себя по лбу: «А я, дурак, думал, что она кокетка! Видно, жертвовать собою сладко – для иных».

– Что вы хотите этим сказать? – спросил я.

– Вам я ничего не хочу сказать, – отрывисто возразил Лушин.

Меня Зинаида избегала: мое появление – я не мог этого не заметить – производило на нее впечатление неприятное. Она невольно отворачивалась от меня… невольно; вот что было горько, вот что меня сокрушало! Но делать было нечего – и я старался не попадаться ей на глаза и лишь издали ее подкарауливал, что не всегда мне удавалось. С ней по-прежнему происходило что-то непонятное; ее лицо стало другое, вся она другая стала. Особенно поразила меня происшедшая в ней перемена – в один теплый, тихий вечер. Я сидел на низенькой скамеечке под

---

[10] Дословно: «Дневник прений» (фр.).

широким кустом бузины; я любил это местечко: оттуда было видно окно Зинаидиной комнаты. Я сидел: над моей головой в потемневшей листве хлопотливо ворошилась маленькая птичка; серая кошка, вытянув спину, осторожно кралась в сад, и первые жуки тяжело гудели в воздухе, еще прозрачном, хотя уже не светлом. Я сидел и смотрел на окно — и ждал, не отворится ли оно: точно — оно отворилось, и в нем появилась Зинаида. На ней было белое платье — и сама она, ее лицо, плечи, руки — были бледны до белизны. Она долго оставалась неподвижной и долго глядела неподвижно и прямо из-под сдвинутых бровей. Я и не знал за ней такого взгляда. Потом она стиснула руки, крепко-крепко, поднесла их к губам, ко лбу — и вдруг, раздернув пальцы, откинула волосы от ушей, встряхнула ими и, с какой-то решительностью кивнув сверху вниз головою, захлопнула окно.

Дня три спустя она встретила меня в саду. Я хотел уклониться в сторону, но она сама меня остановила.

— Дайте мне руку, — сказала она мне с прежней лаской, — мы давно с вами не болтали.

Я взглянул на нее: глаза ее тихо светились, и лицо улыбалось, точно сквозь дымку.

— Вы все еще нездоровы? — спросил я ее.

— Нет, теперь все прошло, — отвечала она и сорвала небольшую красную розу. — Я немножко устала, но и это пройдет.

— И вы опять будете такая же, как прежде? — спросил я.

Зинаида поднесла розу к лицу — и мне показалось, как будто отблеск ярких лепестков упал ей на щеки.

— Разве я изменилась? — спросила она меня.

— Да, изменились, — ответил я вполголоса.

— Я с вами была холодна — я знаю, — начала Зинаида, — но вы не должны были обращать на это внимания… Я не могла иначе… Ну, да что об этом говорить!

— Вы не хотите, чтоб я любил вас — вот что! — воскликнул я мрачно, с невольным порывом.

— Нет, любите меня — но не так, как прежде.

— Как же?

— Будемте друзьями — вот как! — Зинаида дала мне понюхать розу. — Послушайте, ведь я гораздо старше вас — я могла бы быть вашей тетушкой, право; ну, не тетушкой, старшей сестрой. А вы…

— Я для вас ребенок, — перебил я ее.

— Ну да, ребенок, но милый, хороший, умный, которого я очень люблю. Знаете ли что? Я вас с нынешнего же дня жалую к себе в пажи; а вы не забывайте, что пажи не должны отлучаться от своих госпож. Вот вам знак вашего нового достоинства, – прибавила она, вдевая розу в петлю моей курточки, – знак нашей к вам милости.

– Я от вас прежде получал другие милости, – пробормотал я.

– А! – промолвила Зинаида и сбоку посмотрела на меня. – Какая у него память! Что ж! Я и теперь готова…

И, склонившись ко мне, она напечатлела мне на лоб чистый, спокойный поцелуй.

Я только посмотрел на нее – а она отвернулась и, сказавши: «Ступайте за мной, мой паж», – пошла к флигелю. Я отправился вслед за нею – и все недоумевал. «Неужели, – думал я, – эта кроткая, рассудительная девушка – та самая Зинаида, которую я знал?» И походка ее мне казалась тише – вся ее фигура величественнее и стройней…

И боже мой! с какой новой силой разгоралась во мне любовь!

XVI

После обеда опять собрались во флигеле гости – и княжна вышла к ним. Все общество было налицо, в полном составе, как в тот первый, незабвенный для меня вечер: даже Нирмацкий притащился; Майданов пришел в этот раз раньше всех – он принес новые стихи. Начались опять игры в фанты, но уже без прежних странных выходок, без дурачеств и шума – цыганский элемент исчез. Зинаида дала новое настроение нашей сходке. Я сидел подле нее по праву пажа. Между прочим, она предложила, чтобы тот, чей фант вынется, рассказывал свой сон; но это не удалось. Сны выходили либо неинтересные (Беловзоров видел во сне, что накормил свою лошадь карасями и что у ней была деревянная голова), либо неестественные, сочиненные. Майданов угостил нас целою повестью: тут были и могильные склепы, и ангелы с лирами, и говорящие цветы, и несущиеся издалека звуки. Зинаида не дала ему докончить.

– Коли уж дело пошло на сочинения, – сказала она, – так пускай каждый расскажет что-нибудь непременно выдуманное.

Первому досталось говорить тому же Беловзорову.

Молодой гусар смутился.

– Я ничего выдумать не могу! – воскликнул он.

– Какие пустяки! – подхватила Зинаида. – Ну, вообразите себе, например, что вы женаты, и расскажите нам, как бы вы проводили время с вашей женой. Вы бы ее заперли?

– Я бы ее запер.

– И сами бы сидели с ней?

73

– И сам непременно сидел бы с ней.

– Прекрасно. Ну, а если бы ей это надоело, и она бы изменила вам?

– Я бы ее убил.

– А если б она убежала?

– Я бы догнал ее и все-таки бы убил.

– Так. Ну, а положим, я была бы вашей женой, что бы вы тогда сделали?

Беловзоров помолчал.

– Я бы себя убил…

Зинаида засмеялась.

– Я вижу, у вас недолга песня.

Второй фант вышел Зинаидин. Она подняла глаза к потолку и задумалась.

– Вот, послушайте, – начала она, наконец, – что я выдумала… Представьте себе великолепный чертог, летнюю ночь и удивительный бал. Бал этот дает молодая королева. Везде золото, мрамор, хрусталь, шелк, огни, алмазы, цветы, куренья, все прихоти роскоши.

– Вы любите роскошь? – перебил ее Лушин.

– Роскошь красива, – возразила она, – я люблю все красивое.

– Больше прекрасного? – спросил он.

– Это что-то хитро, не понимаю. Не мешайте мне. Итак, бал великолепный. Гостей множество, все они молоды, прекрасны, храбры, все без памяти влюблены в королеву.

– Женщин нет в числе гостей? – спросил Малевский.

– Нет – или погодите – есть.

– Все некрасивые?

– Прелестные. Но мужчины все влюблены в королеву. Она высока и стройна; у ней маленькая золотая диадема на черных волосах.

Я посмотрел на Зинаиду – и в это мгновение она мне показалась настолько выше всех нас, от ее белого лба, от ее недвижных бровей веяло таким светлым умом и такою властию, что я подумал: «Ты сама эта королева!»

– Все толпятся вокруг нее, – продолжала Зинаида, – все расточают перед ней самые льстивые речи.

– А она любит лесть? – спросил Лушин.

– Какой несносный! все перебивает… Кто ж не любит лести?

– Еще один, последний вопрос, – заметил Малевский. – У королевы есть муж?

– Я об этом и не подумала. Нет, зачем муж?

– Конечно, – подхватил Малевский, – зачем муж?

74

– Silence![11] – воскликнул Майданов, который по-французски говорил плохо.

– Merci[12], – сказала ему Зинаида. – Итак, королева слушает эти речи, слушает музыку, но не глядит ни на кого из гостей. Шесть окон раскрыты сверху донизу, от потолка до полу; а за ними темное небо с большими звездами да темный сад с большими деревьями. Королева глядит в сад. Там, около деревьев, фонтан: он белеет во мраке – длинный, длинный, как привидение. Королева слышит сквозь говор и музыку тихий плеск воды. Она смотрит и думает: вы все, господа, благородны, умны, богаты, вы окружили меня, вы дорожите каждым моим словом, вы все готовы умереть у моих ног, я владею вами... а там, возле фонтана, возле этой плещущей воды, стоит и ждет меня тот, кого я люблю, кто мною владеет. На нем нет ни богатого платья, ни драгоценных камней, никто его не знает, но он ждет меня и уверен, что я приду, – и я приду, и нет такой власти, которая бы остановила меня, когда я захочу пойти к нему, и остаться с ним, и потеряться с ним там, в темноте сада, под шорох деревьев, под плеск фонтана...

Зинаида умолкла.

– Это выдумка? – хитро спросил Малевский. Зинаида даже не посмотрела на него.

– А что бы мы сделали, господа, – вдруг заговорил Лушин, – если бы мы были в числе гостей и знали про этого счастливца у фонтана?

– Постойте, постойте, – перебила Зинаида, – я сама скажу вам, что бы каждый из вас сделал.

Вы, Беловзоров, вызвали бы его на дуэль; вы, Майданов, написали бы на него эпиграмму... Впрочем, нет – вы не умеете писать эпиграмм: вы сочинили бы на него длинный ямб, вроде Барбье[13], и поместили бы ваше произведение в «Телеграфе»[14]. Вы, Нирмацкий, заняли бы у него... нет, вы бы дали ему взаймы денег за проценты; вы, доктор... – Она остановилась. – Вот я про вас не знаю, что бы вы сделали.

– По званию лейб-медика, – отвечал Лушин, – я бы присоветовал королеве не давать балов, когда ей не до гостей...

– Может быть, вы были бы правы. А вы, граф?..

– А я? – повторил со своей недоброй улыбкой Малевский...

---

[11] Тише! (фр.).

[12] Спасибо (фр.).

[13] Барбье Огюст – французский революционный поэт-романтик. Большую известность получил его сборник «Ямбы», в котором поэт обличал поработителей французского народа.

[14] «Телеграф» – «Московский телеграф» – известный литературный журнал либерального направления.

– А вы бы поднесли ему отравленную конфетку.

Лицо Малевского слегка перекосилось и приняло на миг жидовское выражение, но он тотчас же захохотал.

– Что же касается до вас, Вольдемар… – продолжала Зинаида, – впрочем, довольно; давайте играть в другую игру.

– Мсьё Вольдемар, в качестве пажа королевы, держал бы ей шлейф, когда бы она побежала в сад, – ядовито заметил Малевский.

Я вспыхнул, но Зинаида проворно положила мне на плечо руку и, приподнявшись, промолвила слегка дрожащим голосом:

– Я никогда не давала вашему сиятельству права быть дерзким и потому прошу вас удалиться. – Она указала ему на дверь.

– Помилуйте, княжна, – пробормотал Малевский и весь побледнел.

– Княжна права, – воскликнул Беловзоров и тоже поднялся.

– Я, ей-богу, никак не ожидал, – продолжал Малевский, – в моих словах, кажется, ничего не было такого… у меня и в мыслях не было оскорбить вас… Простите меня.

Зинаида окинула его холодным взглядом и холодно усмехнулась.

– Пожалуй, останьтесь, – промолвила она с небрежным движением руки. – Мы с мсьё Вольдемаром напрасно рассердились. Вам весело жалиться… на здоровье.

– Простите меня, – еще раз повторил Малевский, а я, вспоминая движение Зинаиды, подумал опять, что настоящая королева не могла бы с большим достоинством указать дерзновенному на дверь.

Игра в фанты продолжалась недолго после этой небольшой сцены; всем немного стало неловко, не столько от самой этой сцены, сколько от другого, не совсем определенного, но тяжелого чувства. Никто о нем не говорил, но всякий сознавал его и в себе и в своем соседе. Майданов прочел нам свои стихи – и Малевский с преувеличенным жаром расхвалил их. «Как ему теперь хочется показаться добрым», – шепнул мне Лушин. Мы скоро разошлись. На Зинаиду внезапно напало раздумье; княгиня выслала сказать, что у ней голова болит, Нирмацкий стал жаловаться на свои ревматизмы…

Я долго не мог заснуть, меня поразил рассказ Зинаиды.

– Неужели в нем заключался намек? – спрашивал я самого себя, – и на кого, на что она намекала? И если точно есть на что намекнуть… как же решиться? Нет, нет, не может быть, – шептал я, переворачиваясь с одной горячей щеки на другую… Но я вспоминал выражение лица Зинаиды во время ее рассказа… я вспоминал восклицание, вырвавшееся у Лушина в Нескучном, внезапные перемены в ее обращении со мною – и терялся в догадках. «Кто он?» Эти два слова точно стояли перед моими глазами, начертанные во мраке; точно низкое зловещее облако повисло надо мною – и я чувствовал его давление – и ждал, что вот-вот оно разразится. Ко многому я привык в последнее время, на многое насмотрелся у Засекиных; их беспорядочность, сальные огарки, сломанные ножи и вилки, мрачный Вонифатий, обтёрханные горничные, манеры самой княгини – вся эта странная жизнь уже не поражала меня более… Но к тому, что мне смутно чудилось теперь в Зинаиде, – я привыкнуть не мог… «Авантюрьерка»[15], – сказала про нее однажды моя мать. Авантюрьерка – она, мой идол, мое божество! Это название жгло меня, я старался уйти от него в подушку, я негодовал – и в то же время, на что бы я не согласился, чего бы я не дал, чтобы только быть тем счастливцем у фонтана!..

Кровь во мне загорелась и расходилась. «Сад… фонтан… – подумал я. – Пойду-ка я в сад». Я проворно оделся и выскользнул из дому. Ночь была темна, деревья чуть шептали; с неба падал тихий холодок, от огорода тянуло запахом укропа. Я обошел все аллеи; легкий звук моих шагов меня и смущал и бодрил; я останавливался, ждал и слушал, как стукало мое сердце – крупно и скоро. Наконец я приблизился к забору и оперся на тонкую жердь. Вдруг – или это мне почудилось? – в нескольких шагах от меня промелькнула женская фигура… Я усиленно устремил взор в темноту – я притаил дыхание. Что это? Шаги ли мне слышатся – или это опять стучит мое сердце? «Кто здесь?» – пролепетал я едва внятно. Что это опять? подавленный ли смех?.. или шорох в листьях… или вздох над самым ухом? Мне стало страшно… «Кто здесь?» – повторил я еще тише.

Воздух заструился на мгновение; по небу сверкнула огненная полоска: звезда покатилась. «Зинаида?» – хотел спросить я, но звук замер у меня на губах. И вдруг все стало глубоко безмолвно кругом, как это часто бывает в средине ночи… Даже кузнечики перестали трещать в деревьях – только окошко где-то звякнуло. Я постоял, постоял и вернулся в свою комнату, к своей простывшей постели. Я чувствовал странное волнение: точно я ходил на свидание – и остался одиноким и прошел мимо чужого счастия.

XVII

На следующий день я видел Зинаиду только мельком: она ездила куда-то с княгинею на извозчике. Зато я видел Лушина, который, впрочем, едва удостоил меня привета, и Малевского. Молодой граф

---

[15] От aventurière – авантюристка, искательница приключений (фр.).

осклабился и дружелюбно заговорил со мною. Из всех посетителей флигелька он один умел втереться к нам в дом и полюбился матушке. Отец его не жаловал и обращался с ним до оскорбительности вежливо.

– Ah, monsieur le page![16] – начал Малевский, – очень рад вас встретить. Что делает ваша прекрасная королева?

Его свежее, красивое лицо так мне было противно в эту минуту – и он глядел на меня так презрительно-игриво, что я не отвечал ему вовсе.

– Вы все сердитесь? – продолжал он. – Напрасно. Ведь не я вас назвал пажем, а пажи бывают преимущественно у королей. Но позвольте вам заметить, что вы худо исполняете свою обязанность.

– Как так?

– Пажи должны быть неотлучны при своих владычицах; пажи должны все знать, что они делают, они должны даже наблюдать за ними, – прибавил он, понизив голос, – днем и ночью.

– Что вы хотите сказать?

– Что я хочу сказать? Я, кажется, ясно выражаюсь. Днем – и ночью. Днем еще так и сяк; днем светло и людно; но ночью – тут как раз жди беды. Советую вам не спать по ночам и наблюдать, наблюдать из всех сил. Помните – в саду, ночью, у фонтана – вот где надо караулить. Вы мне спасибо скажете.

Малевский засмеялся и повернулся ко мне спиной. Он, вероятно, не придавал особенного значенья тому, что сказал мне; он имел репутацию отличного фальсификатора и славился своим умением дурачить людей на маскарадах, чему весьма способствовала та почти бессознательная лживость, которою было проникнуто все его существо... Он хотел только подразнить меня; но каждое его слово протекло ядом по всем моим жилам. Кровь бросилась мне в голову. «А! Вот что! – сказал я самому себе, – добро! Стало быть, меня недаром тянуло в сад! Так не бывать же этому!» – воскликнул я громко и ударил кулаком себя в грудь, хотя я собственно и не знал – чему не бывать. «Сам ли Малевский пожалует в сад, – думал я (он, может быть, проболтался: на это дерзости у него станет), – другой ли кто (ограда нашего сада была очень низка, и никакого труда не стоило перелезть через нее), – но только несдобровать тому, кто мне попадется! Никому не советую встречаться со мною! Я докажу всему свету и ей, изменнице (я так-таки и назвал ее изменницей), что я умею мстить!»

Я вернулся к себе в комнату, достал из письменного стола недавно купленный английский ножик, пощупал острие лезвия и, нахмурив брови, с холодной и сосредоточенной решительностью сунул его себе в карман, точно мне такие дела делать было не в диво и не впервой. Сердце во мне злобно приподнялось и окаменело; я до самой ночи не раздвинул

---

[16] А, господин паж! - фр.

бровей и не разжал губ, и то и дело похаживал взад и вперед, стискивая рукою в кармане разогревшийся нож и заранее приготовляясь к чему-то страшному. Эти новые, небывалые ощущения до того занимали и даже веселили меня, что собственно о Зинаиде я мало думал. Мне все мерещились: Алеко, молодой цыган – «Куда, красавец молодой? – Лежи...», а потом: «Ты весь обрызган кровью!.. О, что ты сделал?..» – «Ничего!» С какой жестокой улыбкой я повторил это: ничего! Отца не было дома; но матушка, которая с некоторого времени находилась в состоянии почти постоянного глухого раздражения, обратила внимание на мой фатальный вид и сказала мне за ужином: «Чего ты дуешься, как мышь на крупу?» Я только снисходительно усмехнулся в ответ и подумал: «Если б они знали!» Пробило одиннадцать часов; я ушел к себе, но не раздевался, я выжидал полночи; наконец, пробила и она. «Пора!» – шепнул я сквозь зубы и, застегнувшись доверху, засучив даже рукава, отправился в сад.

Я уже заранее выбрал себе место, где караулить. На конце сада, там, где забор, разделявший наши и засекинские владения, упирался в общую стену, росла одинокая ель. Стоя под ее низкими, густыми ветвями, я мог хорошо видеть, насколько позволяла ночная темнота, что происходило вокруг; тут же вилась дорожка, которая мне всегда казалась таинственной: она змеей проползала под забором, носившим в этом месте следы перелезавших ног, и вела к круглой беседке из сплошных акаций. Я добрался до ели, прислонился к ее стволу и начал караулить. Ночь стояла такая же тихая, как и накануне; но на небе было меньше туч – и очертанья кустов, даже высоких цветов, яснее виднелись. Первые мгновенья ожидания были томительны, почти страшны. Я на все решился, я только соображал: как мне поступить? Загреметь ли: «Куда идешь? Стой! сознайся – или смерть!» – или просто поразить... Каждый звук, каждый шорох и шелест казался мне значительным, необычайным... Я готовился... Я наклонился вперед... Но прошло полчаса, прошел час; кровь моя утихала, холодела; сознание, что я напрасно все это делаю, что я даже несколько смешон, что Малевский подшутил надо мною, – начало прокрадываться мне в душу. Я покинул мою засаду и обошел весь сад. Как нарочно, нигде не было слышно малейшего шума; все покоилось; даже собака наша спала, свернувшись в клубочек у калитки. Я взобрался на развалину оранжереи, увидел пред собою далекое поле, вспомнил встречу с Зинаидой и задумался...

Я вздрогнул... Мне почудился скрип отворявшейся двери, потом легкий треск переломанного сучка. Я в два прыжка спустился с развалины – и замер на месте. Быстрые, легкие, но осторожные шаги неслышно раздавались в саду. Они приближались ко мне. «Вот он... Вот он, наконец!» – промчалось у меня по сердцу. Я судорожно выдернул нож из кармана, судорожно раскрыл его – какие-то красные искры закрутились у меня в глазах, от страха и злости на голове зашевелились волосы… Шаги направлялись прямо на меня – я сгибался, я тянулся им навстречу… Показался человек… боже мой! это был мой отец!

Я тотчас узнал его, хотя он весь закутался в темный плащ и шляпу надвинул на лицо. На цыпочках прошел он мимо. Он не заметил меня, хотя меня ничто не скрывало, но я так скорчился и съежился, что, кажется, сравнялся с самою землею. Ревнивый, готовый на убийство Отелло внезапно превратился в школьника… Я до того испугался неожиданного появления отца, что даже на первых порах не заметил, откуда он шел и куда исчез. Я только тогда выпрямился и подумал: «Зачем это отец ходит ночью по саду», – когда опять все утихло вокруг. Со страху я уронил нож в траву, но даже искать его не стал: мне было очень стыдно. Я разом отрезвился. Возвращаясь домой, я, однако, подошел к моей скамеечке под кустом бузины и взглянул на окошко Зинаидиной спальни. Небольшие, немного выгнутые стекла окошка тускло синели при слабом свете, падавшем с ночного неба. Вдруг – цвет их стал изменяться… За ними – я это видел, видел явственно – осторожно и тихо спускалась беловатая штора, спустилась до оконницы – и так и осталась неподвижной.

– Что ж это такое? – проговорил я вслух, почти невольно, когда снова очутился в своей комнате. – Сон, случайность или… – Предположения, которые внезапно вошли мне в голову, так были новы и странны, что я не смел даже предаться им.

XVIII

Я встал поутру с головною болью. Вчерашнее волнение исчезло. Оно заменилось тяжелым недоумением и какою-то еще небывалою грустью – точно во мне что-то умирало.

– Что это вы смотрите кроликом, у которого вынули половину мозга? – сказал мне, встретившись со мною, Лушин.

За завтраком я украдкой взглядывал то на отца, то на мать: он был спокоен, по обыкновению; она, по обыкновению, тайно раздражалась. Я ждал, не заговорит ли отец со мною дружелюбно, как это иногда с ним случалось… Но он даже не поласкал меня своей вседневною, холодною лаской. «Рассказать все Зинаиде?.. – подумал я. – Ведь уж все равно – все кончено между нами». Я отправился к ней, но не только ничего не рассказал ей – даже побеседовать с ней мне не удалось, как бы хотелось. К княгине на вакансию[17] приехал из Петербурга родной ее сын, кадет[18], лет двенадцати; Зинаида тотчас поручила мне своего брата.

– Вот вам, – сказала она, – мой милый Володя (она в первый раз так меня называла), товарищ. Его тоже зовут Володей. Пожалуйста, полюбите его; он еще дичок, но у него сердце доброе. Покажите ему Нескучное, гуляйте с ним, возьмите его под свое покровительство. Не правда ли, вы это сделаете? вы тоже такой добрый!

Она ласково положила мне обе руки на плечи – а я совсем потерялся. Прибытие этого мальчика превращало меня самого в мальчика. Я глядел молча на кадета, который так же безмолвно уставился на меня. Зинаида расхохоталась и толкнула нас друг на друга.

– Да обнимитесь же, дети! Мы обнялись.

– Хотите, я вас поведу в сад? – спросил я кадета.

– Извольте-с, – отвечал он сиплым, прямо кадетским голосом.

Зинаида опять рассмеялась… Я успел заметить, что никогда еще не было у ней на лице таких прелестных красок. Мы с кадетом отправились. У нас в саду стояли старенькие качели. Я его посадил на тоненькую дощечку и начал его качать. Он сидел неподвижно, в новом своем мундирчике из толстого сукна, с широкими золотыми позументами, и крепко держался за веревки.

– Да вы расстегните свой воротник, – сказал я ему.

– Ничего-с, мы привыкли-с, – проговорил он и откашлялся.

Он походил на свою сестру: особенно глаза ее напоминали. Мне было и приятно ему услуживать, и в то же время та же ноющая грусть тихо грызла мне сердце. «Теперь уж я точно ребенок, – думал я, – а вчера…» Я вспомнил, где я накануне уронил ножик, и отыскал его. Кадет выпросил его у меня, сорвал толстый стебель зори[19], вырезал из него дудку и принялся свистать. Отелло посвистал тоже.

Но зато вечером, как он плакал, этот самый Отелло, на руках Зинаиды, когда, отыскав его в уголку сада, она спросила его, отчего он так печален? Слезы мои хлынули с такой силой, что она испугалась.

– Что с вами? что с вами, Володя? – твердила она и, видя, что я не отвечаю ей и не перестаю плакать, вздумала было поцеловать мою мокрую щеку.

Но я отвернулся от нее и прошептал сквозь рыдания:

– Я все знаю; зачем же вы играли мною?.. На что вам нужна была моя любовь?

---

[17] Вакансия – здесь: каникулы.

[18] Кадет – воспитанник кадетского корпуса, учебного заведения в России, подготавливавшего к офицерскому званию.

[19] Зоря – растение с толстым, дудчатым стеблем.

– Я виновата перед вами, Володя... – промолвила Зинаида. – Ах, я очень виновата... – прибавила она и стиснула руки. – Сколько во мне дурного, темного, грешного... Но я теперь не играю вами, я вас люблю – вы и не подозреваете, почему и как... Однако что же вы знаете?

Что мог я сказать ей? Она стояла передо мною и глядела на меня – а я принадлежал ей весь, с головы до ног, как только она на меня глядела... Четверть часа спустя я уже бегал с кадетом и с Зинаидой взапуски; я не плакал, я смеялся, хотя напухшие веки от смеха роняли слезы; у меня на шее, вместо галстучка, была повязана лента Зинаиды, и я закричал от радости, когда мне удалось поймать ее за талию. Она делала со мной все, что хотела.

XIX

Я пришел бы в большое затруднение, если бы меня заставили рассказать подробно, что происходило со мною в течение недели после моей неудачной ночной экспедиции. Это было странное, лихорадочное время, хаос какой-то, в котором самые противоположные чувства, мысли, подозренья, надежды, радости и страданья кружились вихрем; я страшился заглянуть в себя, если только шестнадцатилетний мальчик может в себя заглянуть, страшился отдать себе отчет в чем бы то ни было; я просто спешил прожить день до вечера; зато ночью я спал... детское легкомыслие мне помогало. Я не хотел знать, любят ли меня, и не хотел сознаться самому себе, что меня не любят; отца я избегал – но Зинаиду избегать я не мог... Меня жгло как огнем в ее присутствии... но к чему мне было знать, что это был за огонь, на котором я горел и таял, – благо мне было сладко таять и гореть. Я отдавался всем своим впечатлениям и сам с собой лукавил, отворачивался от воспоминаний и закрывал глаза перед тем, что предчувствовал впереди... Это томление, вероятно, долго бы не продолжилось... громовой удар разом все прекратил и перебросил меня в новую колею.

Вернувшись однажды к обеду с довольно продолжительной прогулки, я с удивлением узнал, что буду обедать один, что отец уехал, а матушка нездорова, не желает кушать и заперлась у себя в спальне. По лицам лакеев я догадывался, что произошло нечто необыкновенное... Расспрашивать их я не смел, но у меня был приятель, молодой буфетчик Филипп, страстный охотник до стихов и артист на гитаре – я к нему обратился. От него я узнал, что между отцом и матушкой произошла страшная сцена (а в девичьей все было слышно до единого слова; многое было сказано по-французски – да горничная Маша пять лет жила у швеи из Парижа и все понимала); что матушка моя упрекала отца в неверности, в знакомстве с соседней барышней, что отец сперва оправдывался, потом вспыхнул и в свою очередь сказал какое-то жестокое слово, «якобы об ихних летах», отчего матушка заплакала; что матушка также упомянула о векселе, будто бы данном старой княгине, и очень о ней дурно отзывалась и о барышне также, и что тут отец ей пригрозил.

– А произошла вся беда, – продолжал Филипп, – от безымянного письма; а кто его написал – неизвестно; а то бы как этим делам наружу выйти, причины никакой нет.

– Да разве что-нибудь было? – с трудом проговорил я, между тем как руки и ноги у меня холодели, и что-то задрожало в самой глубине груди.

Филипп знаменательно мигнул.

– Было. Этих делов не скроешь; уж на что батюшка ваш в этом разе осторожен – да ведь надобно ж, примерно, карету нанять или там что… без людей не обойдешься тоже.

Я услал Филиппа – и повалился на постель. Я не зарыдал, не предался отчаянию; я не спрашивал себя, когда и как все это случилось; не удивлялся, как я прежде, как я давно не догадался, – я даже не роптал на отца… То, что я узнал, было мне не под силу: это внезапное откровение раздавило меня… Все было кончено. Все цветы мои были вырваны разом и лежали вокруг меня, разбросанные и истоптанные.

XX

Матушка на следующий день объявила, что переезжает в город. Утром отец вошел к ней в спальню и долго сидел с нею наедине. Никто не слышал, что он сказал ей, но матушка уже не плакала больше; она успокоилась и кушать потребовала – однако не показалась и решения своего не переменила. Помнится, я пробродил целый день, но в сад не заходил и ни разу не взглянул на флигель – а вечером я был свидетелем удивительного происшествия: отец мой вывел графа Малевского под руку через залу в переднюю и, в присутствии лакея, холодно сказал ему: «Несколько дней тому назад вашему сиятельству в одном доме указали на дверь; а теперь я не буду входить с вами в объяснения, но имею честь вам доложить, что если вы еще раз пожалуете ко мне, то я вас выброшу в окошко. Мне ваш почерк не нравится». Граф наклонился, стиснул зубы, съежился и исчез.

Начались сборы к переселению в город, на Арбат, где у нас был дом.

Отцу, вероятно, самому уже не хотелось более оставаться на даче; но, видно, он успел упросить матушку не затевать истории. Все делалось тихо, не спеша, матушка велела даже поклониться княгине и изъявить ей сожаление, что по нездоровью не увидится с ней до отъезда. Я бродил, как шальной, – и одного только желал, как бы поскорее все это кончилось. Одна мысль не выходила у меня из головы: как могла она, молодая девушка – ну, и все-таки княжна, – решиться на такой поступок, зная, что мой отец человек несвободный, и имея возможность выйти замуж хоть, например, за Беловзорова? На что же она надеялась? Как не побоялась погубить всю свою будущность? Да, думал я, вот это – любовь, это – страсть, это – преданность... и вспоминались мне слова Лушина: жертвовать собою сладко для иных. Как-то пришлось мне увидеть в одном из окон флигеля бледное пятно... «Неужели это лицо Зинаиды?» – подумал я... точно, это было ее лицо. Я не вытерпел. Я не мог расстаться с нею, не сказав ей последнего прости. Я улучил удобное мгновение и отправился во флигель.

В гостиной княгиня встретила меня своим обычным, неопрятно-небрежным приветом.

– Что это, батюшка, ваши так рано всполошились? – промолвила она, забивая табак в обе ноздри.

Я посмотрел на нее, и у меня отлегло от сердца. Слово «вексель», сказанное Филиппом, мучило меня. Она ничего не подозревала... по крайней мере мне тогда так показалось. Зинаида появилась из соседней комнаты, в черном платье, бледная, с развитыми волосами; она молча взяла меня за руку и увела с собой.

– Я услышала ваш голос, – начала она, – и тотчас вышла. И вам так легко было нас покинуть, злой мальчик?

– Я пришел с вами проститься, княжна, – отведал я, – вероятно, навсегда. Вы, может быть, слышали – мы уезжаем.

Зинаида пристально посмотрела на меня.

– Да, я слышала. Спасибо, что пришли. Я уже думала, что не увижу вас. Не поминайте меня лихом. Я иногда мучила вас; но все-таки я не такая, какою вы меня воображаете.

Она отвернулась и прислонилась к окну.

– Право, я не такая. Я знаю, вы обо мне дурного мнения.

– Я?

– Да, вы... вы.

– Я? – повторил я горестно, и сердце у меня задрожало по-прежнему под влиянием неотразимого, невыразимого обаяния. – Я? Поверьте, Зинаида Александровна, что бы вы ни сделали, как бы вы ни мучили меня, я буду любить и обожать вас до конца дней моих.

84

Она быстро обернулась ко мне и, раскрыв широко руки, обняла мою голову и крепко и горячо поцеловала меня. Бог знает, кого искал этот долгий, прощальный поцелуй, но я жадно вкусил его сладость. Я знал, что он уже никогда не повторится.

– Прощайте, прощайте, – твердил я…

Она вырвалась и ушла. И я удалился. Я не в состоянии передать чувство, с которым я удалился. Я бы не желал, чтобы оно когда-нибудь повторилось; но я почел бы себя несчастливым, если бы я никогда его не испытал.

Мы переехали в город. Не скоро я отделался от прошедшего, не скоро принялся за работу. Рана моя медленно заживала; но собственно против отца у меня не было никакого дурного чувства. Напротив: он как будто еще вырос в моих глазах… пускай психологи объяснят это противоречие, как знают. Однажды я шел по бульвару и, к неописанной моей радости, столкнулся с Лушиным. Я его любил за его прямой и нелицемерный нрав, да притом он был мне дорог по воспоминаниям, которые он во мне возбуждал. Я бросился к нему.

– Ага! – промолвил он и нахмурил брови. – Это вы, молодой человек! Покажите-ка себя. Вы все еще желты, а все-таки в глазах нет прежней дряни. Человеком смотрите, не комнатной собачкой. Это хорошо. Ну, что же вы? работаете?

Я вздохнул. Лгать мне не хотелось, а правду сказать я стыдился.

– Ну, ничего, – продолжал Лушин, – не робейте. Главное дело: жить нормально и не поддаваться увлечениям. А что пользы? Куда бы волна ни понесла – все худо; человек хоть на камне стой, да на своих ногах. Я вот кашляю… а Беловзоров – слыхали вы?

– Что такое? нет.

– Без вести пропал; говорят, на Кавказ уехал. Урок вам, молодой человек. А вся штука оттого, что не умеют вовремя расстаться, разорвать сети. Вот вы, кажется, выскочили благополучно. Смотрите же, не попадитесь опять. Прощайте.

«Не попадусь… – думал я, – не увижу ее больше»; но мне было суждено еще раз увидеть Зинаиду.

XXI

Отец мой каждый день выезжал верхом; у него была славная рыже-чалая английская лошадь, с длинной тонкой шеей и длинными ногами, неутомимая и злая. Ее звали Электрик. Кроме отца, на ней никто ездить не мог. Однажды он пришел ко мне в добром расположении духа, чего с ним давно не бывало; он собирался выехать и уже надел шпоры. Я стал просить его взять меня с собою.

– Давай лучше играть в чехарду, – отвечал мне отец, – а то ты на своем клепере за мной не поспеешь.

– Поспею; я тоже шпоры надену.

– Ну, пожалуй.

Мы отправились. У меня был вороненький, косматый конек, крепкий на ноги и довольно резвый: правда, ему приходилось скакать во все лопатки, когда Электрик шел полной рысью, но я все-таки не отставал. Я не видывал всадника подобного отцу; он сидел так красиво и небрежно-ловко, что, казалось, сама лошадь под ним это чувствовала и щеголяла им. Мы проехали по всем бульварам, побывали на Девичьем поле, перепрыгнули чрез несколько заборов (сперва я боялся прыгать, но отец презирал робких людей, – и я перестал бояться), переехали дважды чрез Москву-реку – и я уже думал, что мы возвращаемся домой, тем более что сам отец заметил, что лошадь моя устала, как вдруг он повернул от меня в сторону от Крымского броду и поскакал вдоль берега. Я пустился вслед за ним. Поравнявшись с высокой грудой сложенных старых бревен, он проворно соскочил с Электрика, велел мне слезть и, отдав мне поводья своего коня, сказал, чтобы я подождал его тут же, у бревен, а сам повернул в небольшой переулок и исчез. Я принялся расхаживать взад и вперед вдоль берега, ведя за собой лошадей и бранясь с Электриком, который на ходу то и дело дергал головой, встряхивался, фыркал, ржал; а когда я останавливался, попеременно рыл копытом землю, с визгом кусал моего клепера в шею, словом, вел себя как избалованный pur sang[20]. Отец не возвращался. От реки несло неприятной сыростью; мелкий дождик тихонько набежал и испестрил крошечными темными пятнами сильно надоевшие мне глупые серые бревна, около которых я скитался. Тоска меня брала, а отца все не было. Какой-то будочник из чухонцев, тоже весь серый, с огромным старым кивером в виде горшка на голове и с алебардой (зачем, кажется, было будочнику находиться на берегу Москвы-реки!), приблизился ко мне и, обратив ко мне свое старушечье, сморщенное лицо, промолвил:

– Что вы здесь делаете с лошадьми, барчук? Дайте-ка я подержу.

Я не отвечал ему; он попросил у меня табаку. Чтобы отвязаться от него (к тому же нетерпение меня мучило), я сделал несколько шагов к тому направлению, куда удалился отец; потом прошел переулочек до конца, повернул за угол и остановился. На улице, в сорока шагах от меня,

---

[20] Чистокровный (фр.).

пред раскрытым окном деревянного домика, спиной ко мне стоял мой отец; он опирался грудью на оконницу, а в домике, до половины скрытая занавеской, сидела женщина в темном платье и разговаривала с отцом; эта женщина была Зинаида.

Я остолбенел. Этого я, признаюсь, никак не ожидал. Первым движением моим было убежать. «Отец оглянется, – подумал я, – и я пропал...» – но странное чувство, чувство сильнее любопытства, сильнее даже ревности, сильнее страха – остановило меня. Я стал глядеть, я силился прислушаться. Казалось, отец настаивал на чем-то. Зинаида не соглашалась. Я как теперь вижу ее лицо – печальное, серьезное, красивое и с непередаваемым отпечатком преданности, грусти, любви и какого-то отчаяния – я другого слова подобрать не могу. Она произносила односложные слова, не поднимала глаз и только улыбалась – покорно и упрямо. По одной этой улыбке я узнал мою прежнюю Зинаиду. Отец повел плечами и поправил шляпу на голове – что у него всегда служило признаком нетерпения... Потом послышались слова: «Vous devez vous séparer de cette...»[21] Зинаида выпрямилась и протянула руку... Вдруг в глазах моих свершилось невероятное дело: отец внезапно поднял хлыст, которым сбивал пыль с полы своего сюртука, – и послышался резкий удар по этой обнаженной до локтя руке. Я едва удержался, чтобы не вскрикнуть, а Зинаида вздрогнула, молча посмотрела на моего отца и, медленно поднеся свою руку к губам, поцеловала заалевшийся на ней рубец. Отец швырнул в сторону хлыст и, торопливо взбежав на ступеньки крылечка, ворвался в дом... Зинаида обернулась – и, протянув руки, закинув голову, тоже отошла от окна.

С замиранием испуга, с каким-то ужасом недоумения на сердце бросился я назад и, пробежав переулок, чуть не упустив Электрика, вернулся на берег реки. Я не мог ничего сообразить. Я знал, что на моего холодного и сдержанного отца находили иногда порывы бешенства – и все-таки я никак не мог понять, что я такое видел... Но я тут же почувствовал, что, сколько бы я ни жил, забыть это движение, взгляд, улыбку Зинаиды было для меня навсегда невозможно, что образ ее, этот новый, внезапно представший передо мною образ, навсегда запечатлелся в моей памяти. Я глядел бессмысленно на реку и не замечал, что у меня слезы лились. Ее бьют, думал я... бьют... бьют...

– Ну, что же ты – давай мне лошадь! – раздался за мной голос отца.

Я машинально подал ему поводья. Он вскочил на Электрика... прозябший конь взвился на дыбы и прыгнул вперед на полторы сажени... но скоро отец укротил его; он вонзил ему шпоры в бока и ударил его кулаком по шее... «Эх, хлыста нету», – пробормотал он.

---

[21] "Вы должны расстаться с этой... " фр.

Я вспомнил недавний свист и удар этого самого хлыста и содрогнулся.

– Куда ж ты дел его? – спросил я отца погодя немного.

Отец не отвечал мне и поскакал вперед. Я нагнал его. Мне непременно хотелось видеть его лицо.

– Ты соскучился без меня? – проговорил он сквозь зубы.

– Немножко. Где же ты уронил свой хлыст? – спросил я его опять.

Отец быстро глянул на меня.

– Я его не уронил, – промолвил он, – я его бросил.

Он задумался и опустил голову… и тут-то я в первый и едва ли не в последний раз увидел, сколько нежности и сожаления могли выразить его строгие черты.

Он опять поскакал, и уж я не мог его догнать; я приехал домой четверть часа после него.

«Вот это любовь, – говорил я себе снова, сидя ночью перед своим письменным столом, на котором уже начали появляться тетради и книги, – это страсть!.. Как, кажется, не возмутиться, как снести удар от какой бы то ни было!.. от самой милой руки! А, видно, можно, если любишь… А я-то… я-то воображал…»

Последний месяц меня очень состарил – и моя любовь, со всеми своими волнениями и страданиями, показалась мне самому чем-то таким маленьким, и детским, и мизерным перед тем другим, неизвестным чем-то, о котором я едва мог догадываться и которое меня пугало, как незнакомое, красивое, но грозное лицо, которое напрасно силишься разглядеть в полумраке…

Странный и страшный сон мне приснился в эту самую ночь. Мне чудилось, что я вхожу в низкую темную комнату… Отец стоит с хлыстом в руке и топает ногами; в углу прижалась Зинаида, и не на руке, а на лбу у ней красная черта… а сзади их обоих поднимается весь окровавленный Беловзоров, раскрывает бледные губы и гневно грозит отцу.

Два месяца спустя я поступил в университет, а через полгода отец мой скончался (от удара) в Петербурге, куда только что переселился с моей матерью и со мною. За несколько дней до своей смерти он получил письмо из Москвы, которое его чрезвычайно взволновало… Он ходил просить о чем-то матушку и, говорят, даже заплакал, он, мой отец! В самое утро того дня, когда с ним сделался удар, он начал было письмо ко мне на французском языке. «Сын мой, – писал он мне, – бойся женской любви, бойся этого счастья, этой отравы…» Матушка после его кончины послала довольно значительную сумму денег в Москву.

XXII

Прошло года четыре. Я только что вышел из университета и не знал еще хорошенько, что мне начать с собою, в какую дверь стучаться: шлялся пока без дела. В один прекрасный вечер я в театре встретил Майданова. Он успел жениться и поступить на службу; но я не нашел в нем перемены. Он так же ненужно восторгался и так же внезапно падал духом.

– Вы знаете, – сказал он мне, – между прочим, госпожа Дольская здесь.

– Какая госпожа Дольская?

– Вы разве забыли? бывшая княжна Засекина, в которую мы все были влюблены, да и вы тоже. Помните, на даче, возле Нескучного.

– Она замужем за Дольским?

– Да.

– И она здесь, в театре?

– Нет, в Петербурге, она на днях сюда приехала; собирается за границу.

– Что за человек ее муж? – спросил я.

– Прекрасный малый, с состоянием. Сослуживец мой московский. Вы понимаете – после той истории… вам это все должно быть хорошо известно (Майданов значительно улыбнулся)… ей не легко было составить себе партию; были последствия… но с ее умом все возможно. Ступайте к ней: она вам будет очень рада. Она еще похорошела.

Майданов дал мне адрес Зинаиды. Она остановилась в гостинице Демут. Старые воспоминания во мне расшевелились… я дал себе слово на другой же день посетить бывшую мою «пассию». Но встретились какие-то дела: прошла неделя, другая, и когда я, наконец, отправился в гостиницу Демут и спросил госпожу Дольскую – я узнал, что она четыре дня тому назад умерла почти внезапно от родов.

Меня как будто что-то в сердце толкнуло. Мысль, что я мог ее увидеть и не увидел и не увижу ее никогда – эта горькая мысль впилась в меня со всею силою неотразимого упрека. «Умерла!» – повторил я, тупо глядя на швейцара, тихо выбрался на улицу и пошел, не зная сам куда. Все прошедшее разом всплыло и встало передо мною. И вот чем разрешилась, вот к чему, спеша и волнуясь, стремилась эта молодая, горячая, блистательная жизнь! Я это думал, я воображал себе эти дорогие черты, эти глаза, эти кудри – в тесном ящике, в сырой подземной тьме – тут же, недалеко от меня, пока еще живого, и, может быть, в нескольких шагах от моего отца… Я все это думал, я напрягал свое воображение, а между тем:

Из равнодушных уст я слышал смерти весть, И равнодушно ей внимал я… – звучало у меня в душе. О молодость! молодость! тебе нет ни до чего дела, ты как будто бы обладаешь всеми сокровищами вселенной, даже грусть тебя тешит, даже печаль тебе к лицу, ты самоуверенна и дерзка, ты говоришь: я одна живу – смотрите! а у самой дни бегут и исчезают без следа и без счета, и все в тебе исчезает, как воск на солнце, как снег... И, может быть, вся тайна твоей прелести состоит не в возможности все сделать – а в возможности думать, что ты все сделаешь, – состоит именно в том, что ты пускаешь по ветру силы, которые ни на что другое употребить бы не умела, – в том, что каждый из нас не шутя считает себя расточителем, не шутя полагает, что он вправе сказать: «О, что бы я сделал, если б я не потерял времени даром!»

Вот и я... на что я надеялся, чего я ожидал, какую богатую будущность предвидел, когда едва проводил одним вздохом, одним унылым ощущением на миг возникший призрак моей первой любви?

А что сбылось из всего того, на что я надеялся? И теперь, когда уже на жизнь мою начинают набегать вечерние тени, что у меня осталось более свежего, более дорогого, чем воспоминания о той быстро пролетевшей, утренней, весенней грозе?

Но я напрасно клевещу на себя. И тогда, в то легкомысленное молодое время, я не остался глух на печальный голос, воззвавший ко мне, на торжественный звук, долетевший до меня из-за могилы. Помнится, несколько дней спустя после того дня, когда я узнал о смерти Зинаиды, я сам, по собственному неотразимому влечению, присутствовал при смерти одной бедной старушки, жившей в одном с нами доме. Покрытая лохмотьями, на жестких досках, с мешком под головою, она трудно и тяжело кончалась. Вся жизнь ее прошла в горькой борьбе с ежедневной нуждою; не видела она радости, не вкушала от меду счастия – казалось, как бы ей не обрадоваться смерти, ее свободе, ее покою? А между тем пока ее ветхое тело еще упорствовало, пока грудь еще мучительно вздымалась под налегшей на нее леденящей рукою, пока ее не покинули последние силы, – старушка все крестилась и все шептала: «Господи, отпусти мне грехи мои», – и только с последней искрой сознания исчезло в ее глазах выражение страха и ужаса кончины. И помню я, что тут, у одра этой бедной старушки, мне стало страшно за Зинаиду, и захотелось мне помолиться за нее, за отца – и за себя.

90

ВЕШНИЕ ВОДЫ

Веселые годы,
Счастливые дни –
Как вешние воды
Промчались они!

Из старинного романса.

...Часу во втором ночи он вернулся в свой кабинет. Он выслал слугу, зажегшего свечки, и, бросившись в кресло около камина, закрыл лицо обеими руками.

Никогда еще он не чувствовал такой усталости – телесной и душевной. Целый вечер он провел с приятными дамами, с образованными мужчинами; некоторые из дам были красивы, почти все мужчины отличались умом и талантами – сам он беседовал весьма успешно и даже блистательно... и, со всем тем, никогда еще то «taedium vitae», о котором говорили уже римляне, то «отвращение к жизни» – с такой неотразимой силой не овладевало им, не душило его. Будь он несколько помоложе – он заплакал бы от тоски, от скуки, от раздражения: горечь едкая и жгучая, как горечь полыни, наполняла всю его душу. Что-то неотвязчиво-постылое, противно-тяжкое со всех сторон обступило его, как осенняя, темная ночь; и он не знал, как отделаться от этой темноты, от этой горечи. На сон нечего было рассчитывать: он знал, что он не заснет.

Он принялся размышлять... медленно, вяло и злобно.

Он размышлял о суете, ненужности, о пошлой фальши всего человеческого. Все возрасты постепенно проходили перед его мысленным взором (ему самому недавно минул 52-й год) – и ни один не находил пощады перед ним. Везде всё то же вечное переливание из пустого в порожнее, то же толчение воды, то же наполовину добросовестное, наполовину сознательное самообольщение, – чем бы дитя ни тешилось, лишь бы не плакало, – а там вдруг, уж точно как снег на голову, нагрянет старость – и вместе с нею тот постоянно возрастающий, всё разъедающий и подтачивающий страх смерти... и бух в бездну! Хорошо еще, если так разыграется жизнь! А то, пожалуй, перед концом пойдут, как ржа по железу, немощи, страдания... Не бурными волнами покрытым, как описывают поэты, представлялось ему жизненное море – нет; он воображал себе это море невозмутимо гладким, неподвижным и прозрачным до самого темного дна; сам он сидит в маленькой, валкой лодке – а там, на этом темном, илистом дне, наподобие громадных рыб, едва виднеются безобразные чудища: все житейские недуги, болезни, горести, безумие, бедность, слепота... Он смотрит – и вот одно из чудищ выделяется из мрака, поднимается выше и выше, становится всё явственнее, всё отвратительно явственнее... Еще минута – и перевернется подпертая им лодка! Но вот оно опять как будто тускнеет, оно удаляется, опускается на дно – и лежит оно там, чуть-чуть шевеля плесом... Но день урочный придет – и перевернет оно лодку.

Он тряхнул головою, вскочил с кресла, раза два прошелся по комнате, присел к письменному столу и, выдвигая один ящик за другим, стал рыться в своих бумагах, в старых, большею частью женских, письмах. Он сам не знал, для чего он это делал, он ничего не искал – он просто хотел каким-нибудь внешним занятием отделаться от мыслей, его томивших. Развернув наудачу несколько писем (в одном из них оказался засохший цветок, перевязанный полинявшей ленточкой), – он только плечами пожал и, глянув на камин, отбросил их в сторону, вероятно, сбираясь сжечь весь этот ненужный хлам. Торопливо засовывая руки то в один, то в другой ящик, он вдруг широко раскрыл глаза и, медленно вытащив наружу небольшую осьмиугольную коробку старинного покроя, медленно приподнял ее крышку. В коробке, под двойным слоем пожелтевшей хлопчатой бумаги, находился маленький гранатовый крестик.

Несколько мгновений с недоумением рассматривал он этот крестик – и вдруг слабо вскрикнул... Не то сожаление, не то радость изобразили его черты. Подобное выражение являет лицо человека, когда ему приходится внезапно встретиться с другим человеком, которого он давно потерял из виду, которого нежно любил когда-то и который неожиданно возникает теперь перед его взором, всё тот же – и весь измененный годами.

Он встал и, возвратясь к камину, сел опять в кресло – и опять закрыл руками лицо... «Почему сегодня? именно сегодня?» – думалось ему, и вспомнил он многое, давно прошедшее...

Вот что вспомнил он...

Но нужно сперва сказать его имя, отчество и фамилию. Его звали Саниным, Дмитрием Павловичем.

Вот что он вспомнил:

I

Дело было летом 1840 года. Санину минул 22-й год, и он находился во Франкфурте, на возвратном пути из Италии в Россию. Человек он был с небольшим состоянием, но независимый, почти бессемейный. У него, по смерти отдаленного родственника, оказалось несколько тысяч рублей – и он решился прожить их за границею, перед поступлением на службу, перед окончательным возложением на себя того казенного хомута, без которого обеспеченное существование стало для него немыслимым. Санин в точности исполнил свое намерение и так искусно распорядился, что в день прибытия во Франкфурт у него оказалось ровно столько денег, сколько нужно было для того, чтобы добраться до Петербурга. В 1840 году железных дорог существовала самая малость; господа туристы разъезжали в дилижансах. Санин взял место в «бейвагене»[22]; но дилижанс отходил только в 11-м часу вечера. Времени оставалось много. К счастью, погода стояла прекрасная – и Санин, пообедав в знаменитой тогдашней гостинице «Белого лебедя», отправился бродить по городу. Зашел посмотреть Даннекерову Ариадну, которая ему понравилась мало, посетил дом Гёте, из сочинений которого он, впрочем, прочел одного «Вертера» – и то во французском переводе; погулял по берегу Майна, поскучал, как следует добропорядочному путешественнику; наконец, в шестом часу вечера, усталый, с запыленными ногами, очутился в одной из самых незначительных улиц Франкфурта. Эту улицу он долго потом забыть не мог. На одном из немногочисленных ее домов он увидел вывеску: «Итальянская кондитерская Джиованни Розелли» заявляла о себе прохожим. Санин зашел в нее, чтобы выпить стакан лимонаду; но в первой комнате, где, за скромным прилавком, на полках крашеного шкафа, напоминая аптеку, стояло несколько бутылок с золотыми ярлыками и столько же стеклянных банок с сухарями, шоколадными лепешками и леденцами, – в этой комнате не было ни души; только серый кот жмурился и мурлыкал, перебирая лапками, на высоком плетеном стуле возле окна, и, ярко рдея в косом луче вечернего солнца, большой клубок красной шерсти лежал на полу рядом с опрокинутой корзинкой из резного дерева. Смутный шум слышался в соседней комнате. Санин постоял и, дав колокольчику на дверях прозвенеть до конца, произнес, возвысив голос: «Никого здесь нет?» В то же мгновение дверь из соседней комнаты растворилась – и Санину поневоле пришлось изумиться.

---

[22]в добавочной (прицепной) повозке (нем. Beiwagen).

II

В кондитерскую, с рассыпанными по обнаженным плечам темными кудрями, с протянутыми вперед обнаженными руками, порывисто вбежала девушка лет девятнадцати и, увидев Санина, тотчас бросилась к нему, схватила его за руку и повлекла за собою, приговаривая задыхавшимся голосом: «Скорей, скорей, сюда, спасите!» Не из нежелания повиноваться, а просто от избытка изумления Санин не тотчас последовал за девушкой – и как бы уперся на месте: он в жизни не видывал подобной красавицы. Она обернулась к нему и с таким отчаянием в голосе, во взгляде, в движении сжатой руки, судорожно поднесенной к бледной щеке, произнесла: «Да идите же, идите!» – что он тотчас ринулся за нею в раскрытую дверь.

В комнате, куда он вбежал вслед за девушкой, на старомодном диване из конского волоса лежал, весь белый – белый с желтоватыми отливами, как воск или как древний мрамор, – мальчик лет четырнадцати, поразительно похожий на девушку, очевидно ее брат. Глаза его были закрыты, тень от черных густых волос падала пятном на словно окаменелый лоб, на недвижные тонкие брови; из-под посиневших губ виднелись стиснутые зубы. Казалось, он не дышал; одна рука опустилась на пол, другую он закинул за голову. Мальчик был одет и застегнут; тесный галстух сжимал его шею.

Девушка с воплем бросилась к нему.

– Он умер, он умер! – вскричала она, – сейчас он тут сидел, говорил со мною – и вдруг упал и сделался недвижим... Боже мой! неужели нельзя помочь? И мамы нет! Панталеоне, Панталеоне, что же доктор? – прибавила она вдруг по-итальянски. – Ты ходил за доктором?

– Синьора, я не ходил, я послал Луизу, – раздался хриплый голос за дверью, – и в комнату, ковыляя на кривых ножках, вошел маленький старичок в лиловом фраке с черными пуговицами, высоком белом галстухе, нанковых коротких панталонах и синих шерстяных чулках. Его крошечное личико совершенно исчезало под целой громадой седых, железного цвета волос. Со всех сторон круто вздымаясь кверху и падая обратно растрепанными косицами, они придавали фигуре старичка сходство с хохлатой курицей – сходство тем более поразительное, что под их темно-серой массой только и можно было разобрать, что заостренный нос да круглые желтые глаза.

– Луиза скорей сбегает, а я не могу бегать, – продолжал старичок по-итальянски, поочередно поднимая плоские, подагрические ноги, обутые в высокие башмаки с бантиками, – а я вот воды принес.

Своими сухими, корявыми пальцами он стискивал длинное горлышко бутылки.

– Но Эмиль пока умрет! – воскликнула девушка и протянула руки к Санину. – О мой господин, о mein Herr! Неужели вы не можете помочь?

– Надо ему кровь пустить – это удар, – заметил старичок, носивший имя Панталеоне.

Хотя Санин не имел ни малейшего понятия о медицине, однако одно он знал достоверно: с четырнадцатилетними мальчиками ударов не случается.

– Это обморок, а не удар, – проговорил он, обратясь к Панталеоне. – Есть у вас щетки?

Старичок приподнял свое личико.

– Что?

– Щетки, щетки, – повторил Санин по-немецки и по-французски. – Щетки, – прибавил он, показывая вид, что чистит себе платье.

Старичок, наконец, его понял.

– А, щетки! Spazzette! Как не быть щеток!

– Давайте их сюда; мы снимем с него сюртук – и станем растирать его.

– Хорошо... Benone! А воду на голову не надо вылить?

– Нет... после; ступайте теперь поскорей за щетками.

Панталеоне поставил бутылку на пол, выбежал вон и тотчас вернулся с двумя щетками, одной головной и одной платяной. Курчавый пудель сопровождал его и, усиленно вертя хвостом, с любопытством оглядывал старика, девушку и даже Санина – как бы желая знать, что значила вся эта тревога?

Санин проворно снял сюртук с лежавшего мальчика, расстегнул ворот, засучил рукава его рубашки – и, вооружившись щеткой, начал изо всех сил тереть ему грудь и руки. Панталеоне так же усердно тер другой – головной щеткой – по его сапогам и панталонам. Девушка бросилась на колени возле дивана и, схватив обеими руками голову, не мигая ни одной векою, так и впилась в лицо своему брату.

Санин сам тер – а сам искоса посматривал на нее. Боже мой! какая же эта была красавица!

III

Нос у ней был несколько велик, но красивого, орлиного ладу, верхнюю губу чуть-чуть оттенял пушок; зато цвет лица, ровный и матовый, ни дать ни взять слоновая кость или молочный янтарь, волнистый лоск волос, как у Аллориевой Юдифи в Палаццо-Питти, – и особенно глаза, темно-серые, с черной каемкой вокруг зениц, великолепные, торжествующие глаза, – даже теперь, когда испуг и горе омрачали их блеск... Санину невольно вспомнился чудесный край, откуда он возвращался... Да он и в Италии не встречал ничего подобного! Девушка дышала редко и неровно; казалось, она всякий раз ждала, не начнет ли брат ее дышать?

Санин продолжал растирать его; но он глядел не на одну девушку. Оригинальная фигура Панталеоне также привлекла его внимание. Старик совсем ослабел и запыхался; при каждом ударе щеткой подпрыгивал и визгливо кряхтел, а огромные космы волос, смоченные потом, грузно раскачивались из стороны в сторону, словно корни крупного растения, подмытые водою.

– Снимите, по крайней мере, с него сапоги, – хотел было сказать ему Санин...

Пудель, вероятно возбужденный необычайностью всего происходившего, вдруг припал на передние лапы и принялся лаять.

– Tartaglia – canaglia![23] – зашипел на него старик...

Но в это мгновенье лицо девушки преобразилось. Ее брови приподнялись, глаза стали еще больше и засияли радостью.

Санин оглянулся... По лицу молодого человека выступила краска; веки шевельнулись... ноздри дрогнули. Он потянул воздух сквозь всё еще стиснутые зубы, вздохнул...

– Эмиль! – крикнула девушка. – Эмилио мио!

Медленно раскрылись большие черные глаза. Они глядели еще тупо, но уже улыбались – слабо; та же слабая улыбка спустилась на бледные губы. Потом он двинул повислой рукою – и с размаху положил ее себе на грудь.

– Эмилио! – повторила девушка и приподнялась. Выражение ее лица было так сильно и ярко, что казалось, вот сейчас либо слезы у нее брызнут, либо вырвется хохот.

– Эмиль! Что такое? Эмиль! – послышалось за дверью – и в комнату проворными шагами вошла опрятно одетая дама с серебристо-седыми волосами и смуглым лицом. Мужчина пожилых лет выступал за нею следом; голова служанки мелькнула у него за плечами.

Девушка побежала к ним навстречу.

– Он спасен, мама, он жив! – воскликнула она, судорожно обнимая вошедшую даму.

---

[23] Тарталья — каналья! (итал.).

– Да что такое? – повторила та. – Я возвращаюсь... и вдруг встречаю г-на доктора и Луизу...

Девушка принялась рассказывать, что случилось, а доктор подошел к больному, который всё более и более приходил в себя и всё продолжал улыбаться: он словно начинал стыдиться наделанной им тревоги.

– Вы, я вижу, его растирали щетками, – обратился доктор к Санину и Панталеоне, – и прекрасно сделали... Очень хорошая мысль... а вот мы теперь посмотрим, какие еще средства... – Он пощупал у молодого человека пульс. – Гм! Покажите-ка язык!

Дама заботливо наклонилась к нему. Он еще откровеннее улыбнулся, взвел на нее глаза – и покраснел...

Санину пришло на мысль, что он становится лишним; он вышел в кондитерскую. Но не успел он еще взяться за ручку уличной двери, как девушка опять появилась перед ним и остановила его.

– Вы уходите, – начала она, ласково заглядывая ему в лицо, – я вас не удерживаю, но вы должны непременно прийти к нам сегодня вечером, мы вам так обязаны – вы, может быть, спасли брата: мы хотим благодарить вас – мама хочет. Вы должны сказать нам, кто вы, вы должны порадоваться вместе с нами...

– Но я уезжаю сегодня в Берлин, – заикнулся было Санин.

– Вы еще успеете, – с живостью возразила девушка. –

Придите к нам через час на чашку шоколада. Вы обещаетесь? А мне нужно опять к нему! Вы придете?

Что оставалось делать Санину?

– Приду, – отвечал он.

Красавица быстро пожала ему руку, выпорхнула вон – и он очутился на улице.

IV

Когда Санин часа полтора спустя вернулся в кондитерскую Розелли, его там приняли, как родного. Эмилио сидел на том же самом диване, на котором его растирали; доктор прописал ему лекарство и рекомендовал «большую осторожность в испытании ощущений», так как субъект темперамента нервического и с наклонностью к болезням сердца. Он и прежде подвергался обморокам; но никогда припадок не был так продолжителен и силен. Впрочем, доктор объявил, что всякая опасность миновалась. Эмиль одет был, как приличествует выздоравливающему, в просторный шлафрок; мать намотала ему голубую шерстяную косынку вокруг шеи; но вид он имел веселый, почти праздничный; да и всё кругом имело праздничный вид. Перед диваном, на круглом столе, покрытом чистой скатертью, возвышался наполненный душистым шоколадом, окруженный чашками, графинами с сиропом, бисквитами и булками, даже цветами, – огромный фарфоровый кофейник; шесть тонких восковых свечей горело в двух старинных серебряных шандалах; с одной стороны дивана вольтеровское кресло раскрывало свои мягкие объятия – и Санина посадили именно в это кресло. Все обитатели кондитерской, с которыми ему пришлось познакомиться в тот день, находились налицо, не исключая пуделя Тарталья и кота; все казались несказанно счастливыми; пудель даже чихал от удовольствия; один кот по-прежнему всё жеманился и жмурился. Санина заставили объяснить, кто он родом, и откуда, и как его зовут; когда он сказал, что он русский, обе дамы немного удивились и даже ахнули – и тут же, в один голос, объявили, что он отлично выговаривает по-немецки; но что если ему удобнее выражаться по-французски, то он может употреблять и этот язык, так как они обе хорошо его понимают и выражаются на нем. Санин немедленно воспользовался этим предложением. «Санин! Санин!» Дамы никак не ожидали, что русская фамилия может быть так легко произносима. Имя его: «Димитрий» – также весьма понравилось. Старшая дама заметила, что она в молодости слышала прекрасную оперу: «Demetrio e Polibio», но что «Dimitri» гораздо лучше, чем «Demetrio». Таким манером Санин беседовал около часу. С своей стороны дамы посвятили его во все подробности собственной жизни. Говорила больше мать, дама с седыми волосами. Санин узнал от нее, что имя ее Леонора Розелли; что она осталась вдовою после мужа своего, Джиованни Баттиста Розелли, который двадцать пять лет тому назад поселился во Франкфурте в качестве кондитера; что Джиованни Баттиста был родом из Виченцы, и очень хороший, хотя немного вспыльчивый и заносчивый человек, и к тому республиканец! При этих словах г-жа Розелли указала на его портрет, писанный масляными красками и висевший над диваном. Должно полагать, что живописец – «тоже республиканец!», как со вздохом заметила г-жа Розелли, не вполне умел уловлять сходство, ибо на портрете покойный Джиованни Баттиста являлся каким-то сумрачным и суровым бригантом – вроде Ринальдо Ринальдини! Сама г-жа Розелли была уроженка «старинного и прекрасного города Пармы, где находится такой чудный купол, расписанный бессмертным Корреджио!» Но от давнего пребывания в Германии она почти совсем онемечилась. Потом она прибавила, грустно покачав головою, что у ней только и осталось, что вот эта дочь да вот этот сын (она указала на них поочередно пальцем); что дочь зовут Джеммой, а сына – Эмилием; что оба они очень хорошие и послушные дети –

особенно Эмилио... («Я не послушна?» – ввернула тут дочь; «Ох, ты тоже республиканка!» – ответила мать); что дела, конечно, идут теперь хуже, чем при муже, который по кондитерской части был великий мастер... («Un grand'uomo!» – с суровым видом подхватил Панталеоне); но что все-таки, слава богу, жить еще можно!

V

Джемма слушала мать – и то посмеивалась, то вздыхала, то гладила ее по плечу, то грозила ей пальцем, то посматривала на Санина; наконец она встала, обняла и поцеловала мать в шею – в «душку», отчего та много смеялась и даже пищала. Панталеоне был также представлен Санину. Оказалось, что он был когда-то оперным певцом, для баритонных партий, но уже давно прекратил свои театральные занятия и состоял в семействе Розелли чем-то средним между другом дома и слугою. Несмотря на весьма долговременное пребывание в Германии, он немецкому языку выучился плохо и только умел браниться на нем, немилосердно коверкая даже и бранные слова. «Ферро-флукто спиччебуббио!»[24] – обзывал он чуть не каждого немца. Итальянский же язык выговаривал в совершенстве, ибо был родом из Синигальи, где слышится «lingua toscana in bocca romana!»[25]. Эмилио видимо нежился и предавался приятным ощущениям человека, который только что избегнул опасности или выздоравливает; да и кроме того по всему можно было заметить, что домашние его баловали. Он застенчиво поблагодарил Санина, а впрочем, больше налегал на сироп и на конфекты. Санин принужден был выпить две большие чашки превосходного шоколада и съесть замечательное количество бисквитов: он только что проглотит один, а Джемма уже подносит ему другой – и отказаться нет возможности! Он скоро почувствовал себя как дома: время летело с невероятной быстротой. Ему пришлось много рассказывать – о России вообще, о русском климате, о русском обществе, о русском мужике и особенно о казаках; о войне двенадцатого года, о Петре Великом, о Кремле, и о русских песнях, и о колоколах. Обе дамы имели весьма слабое понятие о нашей пространной и отдаленной родине; г-жа Розелли, или, как ее чаще звали, фрау Леноре, даже повергла Санина в изумление вопросом: существует ли еще знаменитый, построенный в прошлом столетии, ледяной дом в Петербурге, о котором она недавно прочла такую

---

[24] «Проклятый плут!» (нем.: verfluchte Spitzbube).
[25] «тосканский язык в римских устах!» (итал.).

любопытную статью в одной из книг ее покойного мужа: «Bellezze delle arti»?[26] – А в ответ на восклицание Санина: «Неужели же вы полагаете, что в России никогда не бывает лета?!» – фрау Леноре возразила, что она до сих пор так себе представляла Россию: вечный снег, все ходят в шубах и все военные – но гостеприимство чрезвычайное и все крестьяне очень послушны! Санин постарался сообщить ей и ее дочери сведения более точные. Когда речь коснулась русской музыки, его тотчас попросили спеть какую-нибудь русскую арию и указали на стоявшее в комнате крошечное фортепиано, с черными клавишами вместо белых и белыми вместо черных. Он повиновался без дальних околичностей и, аккомпанируя себе двумя пальцами правой и тремя (большим, средним и мизинцем) левой, – спел тоненьким носовым тенорком сперва «Сарафан», потом «По улице мостовой». Дамы похвалили его голос и музыку, но более восхищались мягкостью и звучностью русского языка и потребовали перевода текста. Санин исполнил их желание, но так как слова «Сарафана» и особенно «По улице мостовой» (sur une rue pavée une jeune fille allait à l'eau[27] – он так передал смысл оригинала) – не могли внушить его слушательницам высокое понятие о русской поэзии, то он сперва продекламировал, потом перевел, потом спел пушкинское: «Я помню чудное мгновенье», положенное на музыку Глинкой, минорные куплеты которого он слегка переврал. Тут дамы пришли в восторг – фрау Леноре даже открыла в русском языке удивительное сходство с итальянским. «Мгновенье» – «о, vieni»[28], «со мной» – «siam noi»[29] и т. п. Даже имена: Пушкин (она выговаривала: Пуссекин) и Глинка звучали ей чем-то родным. Санин в свою очередь попросил дам что-нибудь спеть: они также не стали чиниться. Фрау Леноре села за фортепиано и вместе с Джеммой спела несколько дуэттино и «сторнелло». У матери был когда-то хороший контральт; голос дочери был несколько слаб, но приятен.

VI

Но не голосом Джеммы – ею самою любовался Санин. Он сидел несколько позади и сбоку и думал про себя, что никакая пальма – даже в стихах Бенедиктова, тогдашнего модного поэта, – не в состоянии соперничать с изящной стройностью ее стана. Когда же она, на

---

[26] «Красоты искусства» (итал.).

[27] по замощенной улице молодая девушка шла за водой (франц.).

[28] «о, приди» (итал.).

[29] «это мы» (итал.).

чувствительных нотках, возводила кверху глаза — ему казалось, что нет такого неба, которое не разверзлось бы перед таким взором. Даже старик Панталеоне, который, прислонясь плечом к притолке двери и уткнув подбородок и рот в просторный галстух, слушал важно, с видом знатока, — даже тот любовался лицом прекрасной девушки и дивился ему — а, кажется, должен был он к нему привыкнуть! Окончив свои дуэттино с дочерью, фрау Леноре заметила, что у Эмилио голос отличный, настоящее серебро, но что он теперь вступил в тот возраст, когда голос меняется (он действительно говорил каким-то беспрестанно ломавшимся басом), и что по этой причине ему запрещено петь; а что вот Панталеоне мог бы, в честь гостя, тряхнуть стариной! Панталеоне тотчас принял недовольный вид, нахмурился, взъерошил волосы и объявил, что он уже давно всё это бросил, хотя действительно мог в молодости постоять за себя, — да и вообще принадлежал к той великой эпохе, когда существовали настоящие, классические певцы — не чета теперешним пискунам! — и настоящая школа пения; что ему, Панталеоне Чиппатола из Варе́зе, поднесли однажды в Модене лавровый венок и даже по этому случаю выпустили в театре несколько белых голубей; что, между прочим, один русский князь Тарбусский — «il principe Tarbusski», — с которым он был в самых дружеских отношениях, постоянно за ужином звал его в Россию, обещал ему горы золота, горы!.. но что он не хотел расстаться с Италией, с страною Данта — il paese del Dante! — Потом, конечно, произошли... несчастные обстоятельства, он сам был неосторожен... Тут старик перервал самого себя, вздохнул глубоко раза два, потупился — и снова заговорил о классической эпохе пения, о знаменитом теноре Гарсиа, к которому питал благоговейное, безграничное уважение.

«Вот был человек! — воскликнул он. — Никогда великий Гарсиа – „il gran Garcia“ – не унижался до того, чтобы петь, как теперешние теноришки – tenoracci – фальцетом: всё грудью, грудью, voce di petto, si!»[30] Старик крепко постучал маленьким засохшим кулачком по собственному жабо! «И какой актер! Вулкан, signori miei[31], вулкан, un Vesuvio! Я имел честь и счастье петь вместе с ним в опере dell'illustrissimo maestro[32] Россини – в «Отелло»! Гарсиа был Отелло – я был Яго – и когда он произносил эту фразу...»

Тут Панталеоне стал в позитуру и запел дрожавшим и сиплым, но всё еще патетическим голосом:

L'i...ra da ver...so da ver...so il fato

---

[30] грудным голосом, да! (итал.).

[31] господа мои (итал.).

[32] знаменитейшего маэстро (итал.).

Io più no... no... no... non temerò!³³

– «Театр трепетал, signori miei! но и я не отставал; и я тоже за ним:

L'i...ra da ver...so da ver...so il fato

Temer più non dovró!³⁴

– «И вдруг он – как молния, как тигр:

Morrò!.. ma vendicato...³⁵

– «Или вот еще, когда он пел... когда он пел эту знаменитую арию из ”Matrimonio segreto“: Pria che spunti...³⁶ Тут он, il gran Garcia, после слов: I cavalli di galoppo³⁷ – делал на словах: Senza posa caccera³⁸ – послушайте, как это изумительно, com'è stupendo! Тут он делал...» – Старик начал было какую-то необыкновенную фиоритуру – и на десятой ноте запнулся, закашлялся и, махнув рукою, отвернулся и пробормотал: «Зачем вы меня мучите?» Джемма тотчас же вскочила со стула и, громко хлопая в ладоши, с криком: «Браво!.. браво!» – подбежала к бедному отставному Яго и обеими руками ласково потрепала его по плечам. Один Эмиль безжалостно смеялся. Cet âge est sans pitié – этот возраст не знает жалости, – сказал уже Лафонтен.

Санин попытался утешить престарелого певца и заговорил с ним на итальянском языке (он слегка его нахватался во время своего последнего путешествия) – заговорил о «paese del Dante, dove il sì suona»³⁹. Эта фраза вместе с «Lasciate ogni speranza»⁴⁰ составляла весь поэтический итальянский багаж молодого туриста; но Панталеоне не поддался на его заискивания. Глубже чем когда-либо уткнув подбородок в галстух и угрюмо пуча глаза, он снова уподобился птице, да еще сердитой, – ворону, что ли, или коршуну. Тогда Эмиль, мгновенно и легко краснея, как это обыкновенно случается с балованными детьми, – обратился к сестре и сказал ей, что если она желает занять гостя, то ничего она не может придумать лучшего, как прочесть ему одну из комедиек Мальца, которые она так хорошо читает. Джемма засмеялась, ударила брата по руке, воскликнула, что он «всегда такое придумает!» Однако тотчас пошла в свою комнату и, вернувшись оттуда с небольшой книжкой в руке, уселась за столом перед лампой, оглянулась, подняла палец – «молчать, дескать!» – чисто итальянский жест – и принялась читать.

---

³³ Гнева... судьбы... / Я больше не буду бояться! (итал.).

³⁴ Гнева... судьбы... / Бояться я больше не должен! (итал.).

³⁵ Умру!.. но отомщенный... (итал.).

³⁶ «Тайного брака»: Прежде чем взойдет... (итал.).

³⁷ Лошадей галопом (итал.).

³⁸ Без передышки будет гнать (итал.).

³⁹ «стране Данте, где звучит sì» (итал.).

⁴⁰ «Оставьте всякую надежду» (итал.).

VII

Мальц был франкфуртский литератор 30-х годов, который в своих коротеньких и легко набросанных комедийках, писанных на местном наречии, выводил – с забавным и бойким, хотя и не глубоким юмором, – местные, франкфуртские типы. Оказалось, что Джемма читала точно превосходно – совсем по-актерски. Она оттеняла каждое лицо и отлично выдерживала его характер, пуская в ход свою мимику, унаследованную ею вместе с итальянскою кровью; не щадя ни своего нежного голоса, ни своего прекрасного лица, она – когда нужно было представить либо выжившую из ума старуху, либо глупого бургомистра, – корчила самые уморительные гримасы, ежила глаза, морщила нос, картавила, пищала... Сама во время чтения она не смеялась; но когда слушатели (за исключением, правда, Панталеоне: он тотчас с негодованием удалился, как только зашла речь о quel ferroflucto Tedesco[41]), когда слушатели прерывали ее взрывом дружного хохота, – она, опустив книгу на колени, звонко хохотала сама, закинув голову назад, и черные ее кудри прыгали мягкими кольцами по шее и по сотрясенным плечам. Хохот прекращался – она тотчас поднимала книгу и, снова придав чертам своим надлежащий склад, серьезно принималась за чтение. Санин не мог довольно надивиться ей; его особенно поражало то, каким чудом такое идеально-прекрасное лицо принимало вдруг такое комическое, иногда почти тривиальное выражение? Менее удовлетворительно читала Джемма роли молодых девиц – так называемых «jeunes premières»[42]; особенно любовные сцены не удавались ей; она сама это чувствовала и потому придавала им легкий оттенок насмешливости, словно она не верила всем этим восторженным клятвам и возвышенным речам, от которых, впрочем, сам автор воздерживался – по мере возможности.

Санин не заметил, как пролетел вечер, и только тогда вспомнил о предстоявшем путешествии, когда часы пробили десять часов. Он вскочил со стула, как ужаленный.

– Что с вами? – спросила фрау Леноре.

– Да я должен был сегодня уехать в Берлин – и уже место взял в дилижансе!

– А когда отходит дилижанс?

– В половине одиннадцатого!

– Ну, так вы уже не успеете, – заметила Джемма, – оставайтесь... я еще почитаю.

---

[41] каком-то проклятом немце (итал. и нем.).
[42] «героинь» (франц).

— Вы все деньги заплатили или только задаток дали? — полюбопытствовала фрау Леноре.

— Все! — с печальной ужимкой возопил Санин.

Джемма посмотрела на него, прищурив глаза, — и рассмеялась, а мать ее побранила.

— Молодой человек попусту деньги затратил, а ты смеешься!

— Ничего, — отвечала Джемма, — это его не разорит, а мы постараемся его утешить. Хотите лимонаду?

Санин выпил стакан лимонада, Джемма снова принялась за Мальца — и всё опять пошло как по маслу. Часы пробили двенадцать. Санин стал прощаться.

— Вы теперь несколько дней должны остаться во Франкфурте, — сказала ему Джемма, — куда вам спешить? Веселей в другом городе не будет. — Она помолчала. — Право, не будет, — прибавила она и улыбнулась. Санин ничего не отвечал и подумал, что в силу пустоты своего кошелька ему поневоле придется остаться во Франкфурте, пока не придет ответ от одного берлинского приятеля, к которому он собирался обратиться за деньгами.

— Оставайтесь, оставайтесь, — промолвила и фрау Леноре. — Мы познакомим вас с женихом Джеммы, г-м Карлом Клюбером. Он сегодня не мог прийти, потому что он очень занят у себя в магазине... Вы, наверное, видели на Цейле самый большой магазин сукон и шелковых материй? Ну, так он там главным. Но он очень будет рад вам отрекомендоваться.

Санина это известие — бог ведает почему — слегка огорошило. «Счастливчик этот жених!» — мелькнуло у него в уме. Он посмотрел на Джемму — и ему показалось, что он подметил насмешливое выражение в ее глазах. Он начал раскланиваться.

— До завтра? Не правда ли, до завтра? — спросила фрау Леноре.

— До завтра! — произнесла Джемма не вопросительным, а утвердительным тоном, как будто это иначе и быть не могло.

— До завтра! — отозвался Санин.

Эмиль, Панталеоне и пудель Тарталья проводили его до угла улицы. Панталеоне не утерпел, чтобы не выразить своего неудовольствия по поводу Джеммина чтения.

— Как ей не стыдно! Кривляется, пищит — una carricatura! Ей бы Меропу представлять или Клитемнестру — нечто великое, трагическое, а она передразнивает какую-то скверную немку! Этак и я могу... Мерц, керц, смерц, — прибавил он хриплым голосом, уткнув лицо вперед и растопыря пальцы. Тарталья залаял на него, а Эмиль расхохотался. Старик круто повернул назад.

Санин возвратился в гостиницу «Белого лебедя» (он оставил там свои

104

вещи в общей зале) в довольно смутном настроении духа. Все эти немецко-французско-итальянские разговоры так и звенели у него в ушах.

— Невеста! — шептал он, уже лежа в постели в отведенном ему скромном номере. — Да и красавица же! Но к чему я остался?

Однако на следующий день он послал письмо к берлинскому приятелю.

VIII

Он не успел еще одеться, как кельнер доложил ему о приходе двух господ. Один из них оказался Эмилем; другой, видный и рослый молодой мужчина с благообразнейшим лицом, был герр Карл Клюбер, жених прекрасной Джеммы.

Должно полагать, что в то время в целом Франкфурте ни в одном магазине не существовало такого вежливого, приличного, важного, любезного главного комми, каковым являлся г-н Клюбер. Безукоризненность его туалета стояла на одной высоте с достоинством его осанки, с изяществом — немного, правда, чопорной и сдержанной, на английский лад (он провел два года в Англии), — но все-таки пленительной изящностью его манер! С первого взгляда становилось явно, что этот красивый, несколько строгий, отлично воспитанный и превосходно вымытый молодой человек привык повиноваться высшим и повелевать низшим и что за прилавком своего магазина он неизбежно должен был внушать уважение самим покупателям! В сверхъестественной его честности не могло быть ни малейшего сомнения: стоило только взглянуть на его туго накрахмаленные воротнички! И голос у него оказался такой, какого следовало ожидать: густой и самоуверенно-сочный, но не слишком громкий, с некоторой даже ласковостью в тембре. Таким голосом особенно удобно отдавать приказания подчиненным комми: «Покажите, мол, ту штуку пунсового лионского бархата!» — или: «Подайте стул этой даме!»

Г-н Клюбер начал с того, что отрекомендовался, причем так благородно наклонил стан, так приятно сдвинул ноги и так учтиво тронул каблуком о каблук, что всякий непременно должен был почувствовать: «У этого человека и белье и душевные качества — первого сорта!» Отделка обнаженной правой руки (в левой, облеченной в шведскую перчатку, он держал до зеркальности вылощенную шляпу, на дне которой лежала другая перчатка) — отделка этой правой руки, которую он скромно, но с твердостью протянул Санину, превосходила всякое вероятие: каждый ноготь был в своем роде совершенство! Потом он сообщил, на отборнейшем немецком языке, что желал заявить свое почтение и свою признательность г-ну иностранцу, который оказал такую важную услугу будущему его родственнику, брату его невесты; при этом он повел левой рукой, державшей шляпу, в направлении Эмиля, который словно застыдился и, отвернувшись к окну, положил палец в рот. Г-н Клюбер прибавил, что почтет себя счастливым, если с своей стороны будет в состоянии сделать что-нибудь приятное г-ну иностранцу. Санин отвечал, не без некоторого труда, тоже по-немецки, что он очень рад... что услуга его была маловажная... и попросил своих гостей присесть. Герр Клюбер поблагодарил – и, мгновенно раскинув фалды фрака, опустился на стул, – но опустился так легко и держался на нем так непрочно, что нельзя было не понять: «Человек этот сел из вежливости – и сейчас опять вспорхнет!» И действительно, он немедленно вспорхнул и, стыдливо переступив два раза ногами, словно танцуя, объявил, что, к сожалению, не может долее остаться, ибо спешит в свой магазин – дела прежде всего! – но так как завтра воскресенье, то он, с согласия фрау Леноре и фрейлейн Джеммы, устроил увеселительную прогулку в Соден, на которую честь имеет пригласить г-на иностранца, и питает надежду, что он не откажется украсить ее своим присутствием. Санин не отказался ее украсить – и герр Клюбер отрекомендовался вторично и ушел, приятно мелькая панталонами нежнейшего горохового цвета и столь же приятно поскрипывая подошвами наиновейших сапогов.

IX

Эмиль, который продолжал стоять лицом к окну даже после приглашения Санина «присесть», сделал налево кругом, как только будущий его родственник вышел, и, ужимаясь по-ребячески и краснея, спросил Санина, может ли он еще немного у него остаться. «Мне сегодня гораздо лучше, – прибавил он, – но доктор запретил мне работать».

– Оставайтесь! Вы мне нисколько не мешаете, – воскликнул немедленно Санин, который, как всякий истый русский, рад был ухватиться за первый попавшийся предлог, лишь бы не быть самому поставлену в необходимость что-нибудь делать.

Эмиль поблагодарил его – и в самое короткое время совершенно освоился и с ним, и с его квартирой; рассматривал его вещи, расспрашивал чуть не о каждой из них: где он ее купил и какое ее достоинство? Помог ему выбриться, причем заметил, что он напрасно не отпускает себе усов;

106

сообщил ему, наконец, множество подробностей о своей матери, о сестре, о Панталеоне, даже о пуделе Тарталье, обо всем их житье-бытье. Всякое подобие робости исчезло в Эмиле; он вдруг почувствовал чрезвычайное влечение к Санину – и вовсе не потому, что тот накануне спас его жизнь, а потому, что человек он был такой симпатический! Он не замедлил доверить Санину все свои тайны. С особенным жаром настаивал он на том, что мама его непременно хочет сделать из него купца – а он знает, знает наверное, что рожден художником, музыкантом, певцом; что театр – его настоящее призвание; что даже Панталеоне его поощряет, но что г-н Клюбер поддерживает маму, на которую имеет большое влияние; что самая мысль сделать из него торгаша принадлежит собственно г-ну Клюберу, по понятиям которого ничего в мире не может сравниться с званием купца! Продавать сукно и бархат и надувать публику, брать с нее «Narren-, oder Russen-Preise» (дурацкие, или русские цены) – вот его идеал! [43]

– Ну, что ж! теперь надо идти к нам! – воскликнул он, как только Санин окончил свой туалет и написал письмо в Берлин.

– Теперь еще рано, – заметил Санин.

– Это ничего не значит, – промолвил Эмиль, ласкаясь к нему. – Пойдемте! Мы завернем на почту, а оттуда к нам. Джемма вам так рада будет! Вы у нас позавтракаете... Вы можете сказать что-нибудь маме обо мне, о моей карьере...

– Ну, пойдемте, – сказал Санин, и они отправились.

X

Джемма ему действительно обрадовалась, и фрау Леноре его очень дружелюбно приветствовала: видно было, что он накануне произвел на обеих впечатление хорошее. Эмиль побежал распоряжаться насчет завтрака, предварительно шепнув Санину на ухо: «Не забудьте!»

– Не забуду, – отвечал Санин.

Фрау Леноре не совсем здоровилось: она страдала мигренью – и, полулежа в кресле, старалась не шевелиться. На Джемме была широкая желтая блуза, перехваченная черным кожаным поясом; она тоже казалась утомленной и слегка побледнела; темноватые круги оттеняли ее глаза, но

---

[43] В прежние времена – да, пожалуй, и теперь это не перевелось – когда, начиная с мая месяца, множество русских появлялось во Франкфурте, во всех магазинах цены увеличивались и получали название: «Russen-, или – увы! – Narren-Preise».

блеск их не умалился от того, а бледность придавала что-то таинственное и милое классически строгим чертам ее лица. Санина в тот день особенно поразила изящная красота ее рук; когда она поправляла и поддерживала ими свои темные, лоснистые кудри – взор его не мог оторваться от ее пальцев, гибких и длинных и отделенных дружка от дружки, как у Рафаэлевой Форнарины.

На дворе было очень жарко; после завтрака Санин хотел было удалиться, но ему заметили, что в такой день лучше всего не двигаться с места, – и он согласился; он остался. В задней комнате, в которой он сидел с своими хозяйками, царствовала прохлада; окна выходили в небольшой садик, заросший акациями. Множество пчел, ос и шмелей дружно и жадно гудело в их густых ветках, осыпанных золотыми цветами; сквозь полузакрытые ставни и опущенные сторы проникал в комнату этот немолчный звук: он говорил о зное, разлитом во внешнем воздухе, – и тем слаще становилась прохлада закрытого и уютного жилья.

Санин разговаривал много, по-вчерашнему, но не о России и не о русской жизни. Желая угодить своему молодому другу, которого тотчас после завтрака услали к г-ну Клюберу – практиковаться в бухгалтерии, – он навел речь на сравнительные выгоды и невыгоды художества и коммерции. Он не удивился тому, что фрау Леноре держала сторону коммерции, – он это ожидал; но и Джемма разделяла ее мнение.

– Коли ты художник и особенно певец, – утверждала она, энергически двигая рукою сверху вниз, – будь непременно на первом месте! Второе уже никуда не годится; а кто знает, можешь ли ты достигнуть первого места?

Панталеоне, который также участвовал в разговоре (ему, как давнишнему слуге и старому человеку, дозволялось даже сидеть на стуле в присутствии хозяев; итальянцы вообще не строги насчет этикета), – Панталеоне, разумеется, стоял горой за художество. Правду сказать, доводы его были довольно слабы: он больше всё толковал о том, что нужно прежде всего обладать d'un certo estro d'ispirazione – неким порывом вдохновенья! Фрау Леноре заметила ему, что и он, конечно, обладал этим «estro», а между тем...

– Я имел врагов, – сумрачно заметил Панталеоне.

– Да почему же ты знаешь (итальянцы, как известно, легко «тыкаются»), что у Эмиля врагов не будет, если даже и откроется в нем это «estro»?

– Ну так делайте из него торгаша, – с досадой промолвил Панталеоне, – а Джиован'Баттиста так бы не поступил, хотя сам был кондитером!

– Джиован'Баттиста, муж мой, был человек благоразумный – и если он в молодости увлекался...

108

Но уже старик ничего слышать не хотел – и удалился, еще раз проговорив с укоризной:

– А! Джиован'Баттиста!..

Джемма воскликнула, что если б Эмиль чувствовал себя патриотом и желал посвятить все силы свои освобождению Италии, то, конечно, для такого высокого и священного дела можно пожертвовать обеспеченной будущностью – но не для театра! Тут фрау Леноре пришла в волнение и начала умолять свою дочь не сбивать с толку, по крайней мере, брата и удовольствоваться тем, что она сама такая отчаянная республиканка! Произнесши эти слова, фрау Леноре заохала и стала жаловаться на голову, которая у нее была «готова лопнуть». (Фрау Леноре, из уважения к гостю, говорила с дочерью по-французски.)

Джемма тотчас принялась ухаживать за нею, тихонько дула ей на лоб, намочив его сперва одеколоном, тихонько целовала ее щеки, укладывала ей голову в подушки, запрещала ей говорить – и опять ее целовала. Потом, обратившись к Санину, она начала рассказывать ему полушутливым, полутронутым тоном, какая у ней отличная мать и какая она была красавица! «Что я говорю: была! она и теперь – прелесть. Посмотрите, посмотрите, какие у ней глаза!»

Джемма мгновенно достала из кармана белый платок, закрыла им лицо матери и, медленно опуская кайму сверху вниз, обнажила постепенно лоб, брови и глаза фрау Леноры; подождала и попросила открыть их. Та повиновалась, Джемма вскрикнула от восхищения (глаза у фрау Леноре были действительно очень красивы) – и, быстро скользнув платком по нижней, менее правильной части лица своей матери, снова бросилась ее целовать. Фрау Леноре смеялась, и слегка отворачивалась, и с притворным усилием отстраняла свою дочь. Та тоже притворялась, что борется с матерью, и ласкалась к ней – но не по-кошачьи, не на французский манер, а с той итальянской грацией, в которой всегда чувствуется присутствие силы.

Наконец фрау Леноре объявила, что устала... Тогда Джемма тотчас присоветовала ей заснуть немножко, тут же, на кресле, а мы с господином русским – «avec le monsieur russe» – будем так тихи, так тихи... как маленькие мыши – «comme des petites souris». Фрау Леноре улыбнулась ей в ответ, закрыла глаза и, повздыхав немного, задремала. Джемма проворно опустилась на скамейку возле нее и уже не шевельнулась более, только изредка подносила палец одной руки к губам – другою она поддерживала подушку за головою матери – и чуть-чуть шикала, искоса посматривая на Санина, когда тот позволял себе малейшее движение. Кончилось тем, что и он словно замер и сидел неподвижно, как очарованный, и всеми силами души своей любовался картиной, которую представляли ему и эта

109

полутемная комната, где там и сям яркими точками рдели вставленные в зеленые старинные стаканы свежие, пышные розы, и эта заснувшая женщина с скромно подобранными руками и добрым усталым лицом, окаймленным снежной белизной подушки, и это молодое, чутко-настороженное и тоже доброе, умное, чистое и несказанно прекрасное существо с такими черными глубокими, залитыми тенью и все-таки светившимися глазами... Что это? Сон? Сказка? И каким образом он тут?

XI

Колокольчик звякнул над наружной дверью. Молодой крестьянский парень в меховой шапке и красном жилете вошел с улицы в кондитерскую. С самого утра ни один покупатель не заглядывал в нее... «Вот так-то мы торгуем!» – заметила со вздохом во время завтрака фрау Леноре Санину. Она продолжала дремать; Джемма боялась принять руку от подушки и шепнула Санину: «Ступайте, поторгуйте вы за меня!» Санин тотчас же на цыпочках вышел в кондитерскую. Парню требовалось четверть фунта мятных лепешек.

– Сколько с него? – шёпотом спросил Санин через дверь у Джеммы.

– Шесть крейцеров! – таким же шёпотом отвечала она.

Санин отвесил четверть фунта, отыскал бумажку, сделал из нее рожок, завернул лепешки, просыпал их, завернул опять, опять просыпал, отдал их, наконец, получил деньги... Парень глядел на него с изумлением, переминая свою шапку на желудке, а в соседней комнате Джемма, зажав рот, помирала со смеху. Не успел этот покупатель удалиться, как явился другой, потом третий... «А видно, рука у меня легкая!» – подумал Санин. Второй потребовал стакан оршаду, третий – полфунта конфект. Санин удовлетворил их, с азартом стуча ложечками, передвигая блюдечки и лихо запуская пальцы в ящики и банки. При расчете оказалось, что оршад он продешевил, а за конфекты взял два крейцера лишних. Джемма не переставала смеяться втихомолку, да и сам Санин ощущал веселость необычайную, какое-то особенно счастливое настроение духа. Казалось, век стоял бы он так за прилавком да торговал бы конфектами и оршадом, между тем как то милое существо смотрит на него из-за двери дружелюбно-насмешливыми глазами, а летнее солнце, пробиваясь сквозь мощную листву растущих перед окнами каштанов, наполняет всю комнату зеленоватым золотом полуденных лучей, полуденных теней, и сердце нежится сладкой истомой лени, беспечности и молодости – молодости первоначальной!

110

Четвертый посетитель потребовал чашку кофе: пришлось обратиться к Панталеоне (Эмиль всё еще не возвращался из магазина г-на Клюбера). Санин снова подсел к Джемме. Фрау Леноре продолжала дремать, к великому удовольствию ее дочери.

– У мамы во время сна мигрень проходит, – заметила она.

Санин заговорил – конечно, по-прежнему, шёпотом – о своей «торговле»; пресерьезно осведомлялся о цене разных «кондитерских» товаров; Джемма так же серьезно называла ему эти цены, и между тем оба внутренно и дружно смеялись, как бы сознавая, что разыгрывают презабавную комедию. Вдруг на улице шарманка заиграла арию из «Фрейшюца»: «Durch die Felder, durch die Auen...»[44]1 Плаксивые звуки заныли, дрожа и посвистывая, в неподвижном воздухе. Джемма вздрогнула... «Он разбудит маму!» Санин немедленно выскочил на улицу, сунул шарманщику несколько крейцеров в руку – и заставил его замолчать и удалиться. Когда он возвратился, Джемма поблагодарила его легким кивком головы и, задумчиво улыбнувшись, сама принялась чуть слышно напевать красивую веберовскую мелодию, которою Макс выражает все недоумения первой любви. Потом она спросила Санина, знает ли он «Фрейшюца», любит ли Вебера, и прибавила, что хотя она сама итальянка, но такую музыку любит больше всего. С Вебера разговор соскользнул на поэзию и романтизм, на Гофмана, которого тогда еще все читали...

А фрау Леноре всё дремала и даже похрапывала чуть-чуть, да лучи солнца, узкими полосками прорывавшиеся сквозь ставни, незаметно, но постоянно передвигались и путешествовали по полу, по мебелям, по платью Джеммы, по листьям и лепесткам цветов.

XII

Оказалось, что Джемма не слишком жаловала Гофмана и даже находила его... скучным! Фантастически-туманный, северный элемент его рассказов был мало доступен ее южной, светлой натуре. «Это всё сказки, всё это для детей писано!» – уверяла она не без пренебрежения. Отсутствие поэзии в Гофмане тоже смутно чувствовалось ею. Но была одна у него повесть, заглавие которой она, впрочем, позабыла и которая ей очень нравилась; собственно говоря, ей нравилось только начало этой повести: конец она или не прочла, или тоже позабыла. Дело шло об одном

---

44 «Через поля, через долины...» (нем.).

молодом человеке, который где-то, чуть ли не в кондитерской, встречает девушку поразительной красоты, гречанку; ее сопровождает таинственный и странный, злой старик. Молодой человек с первого взгляда влюбляется в девушку; она смотрит на него так жалобно, словно умоляет его освободить ее... Он удаляется на мгновенье – и, возвратившись в кондитерскую, уж не находит ни девушки, ни старика; бросается ее отыскивать, беспрестанно натыкается на самые свежие их следы, гоняется за ними – и никоим образом, нигде, никогда не может их достигнуть. Красавица на веки веков исчезает для него – и не в силах он забыть ее умоляющий взгляд, и терзается он мыслью, что, быть может, всё счастье его жизни ускользнуло из его рук...

Гофман едва ли таким образом оканчивает свою повесть; но такою она сложилась, такою осталась в памяти Джеммы.

– Мне кажется, – промолвила она, – подобные свидания и подобные разлуки случаются на свете чаще, чем мы думаем.

Санин промолчал... и немного спустя заговорил... о г-не Клюбере. Он в первый раз упомянул о нем; он ни разу не вспомнил о нем до того мгновения.

Джемма промолчала в свою очередь и задумалась, слегка кусая ноготь указательного пальца и устремив глаза в сторону. Потом она похвалила своего жениха, упомянула об устроенной им на завтрашний день прогулке и, быстро глянув на Санина, замолчала опять.

Санин не знал, о чем завести речь.

Эмиль шумно вбежал и разбудил фрау Леноре... Санин обрадовался его появлению.

Фрау Леноре встала с кресла. Явился Панталеоне и объявил, что обед готов. Домашний друг, экс-певец и слуга исправлял также должность повара.

XIII

Санин остался и после обеда. Его не отпускали всё под тем же предлогом ужасного зноя, а когда зной свалил, ему предложили отправиться в сад пить кофе в тени акаций. Санин согласился. Ему было очень хорошо. В однообразно тихом и плавном течении жизни таятся великие прелести – и он предавался им с наслаждением, не требуя ничего особенного от настоящего дня, но и не думая о завтрашнем, не вспоминая о вчерашнем. Чего стоила одна близость такой девушки, какова была Джемма! Он скоро расстанется с нею и, вероятно, навсегда; но пока один и тот же челнок, как в Уландовом романсе, несет их по жизненным укрощенным струям – радуйся, наслаждайся, путешественник! И всё казалось приятным и милым счастливому путешественнику. Фрау Леноре предложила ему сразиться с нею и с Панталеоне в «тресетте», выучила его этой несложной итальянской карточной игре – обыграла его на несколько крейцеров – и он был очень доволен; Панталеоне, по просьбе Эмиля, заставил пуделя Тарталью проделать все свои штуки – и Тарталья прыгал через палку, «говорил», то есть лаял, чихал, запирал дверь носом, притащил стоптанную туфлю своего хозяина и, наконец, с старым кивером на голове, представлял маршала Бернадотта, подвергающегося жестоким упрекам императора Наполеона за измену. Наполеона представлял, разумеется, Панталеоне – и представлял очень верно: скрестил руки на груди, нахлобучил трехуголку на глаза и говорил грубо и резко, на французском, но, боже! на каком французском языке! Тарталья сидел перед своим владыкой, весь скорчившись, поджавши хвост и смущенно моргая и щурясь под козырьком косо надвинутого кивера; от времени до времени, когда Наполеон возвышал голос, Бернадотт поднимался на задние лапы. «Fuori, traditore!»[45] – закричал наконец Наполеон, позабыв в избытке раздражения, что ему следовало до конца выдержать свой французский характер, – и Бернадотт опрометью бросился под диван, но тотчас же выскочил оттуда с радостным лаем, как бы давая тем знать, что представление кончено. Все зрители много смеялись – и Санин больше всех.

У Джеммы был особенно милый, непрестанный, тихий смех с маленькими презабавными взвизгиваньями... Санина так и разбирало от этого смеха – расцеловал бы он ее за эти взвизгиванья!

Ночь наступила наконец. Надо ж было и честь знать! Простившись несколько раз со всеми, сказавши всем по нескольку раз: до завтра! (с Эмилем он даже облобызался), Санин отправился домой и понес с собою образ молодой девушки, то смеющейся, то задумчивой, то спокойной и даже равнодушной, – но постоянно привлекательной! Ее глаза, то широко раскрытые и светлые и радостные, как день, то полузастланные ресницами и глубокие и темные, как ночь, так и стояли перед его глазами, странно и сладко проникая все другие образы и представления.

О г-не Клюбере, о причинах, побудивших его остаться во Франкфурте, – словом, о всем том, что волновало его накануне, – он не подумал ни разу.

---

[45] 1 «Вон, предатель» (итал.).

XIV

Надо ж, однако, сказать несколько слов о самом Санине.

Во-первых, он был очень и очень недурен собою. Статный, стройный рост, приятные, немного расплывчатые черты, ласковые голубоватые глазки, золотистые волосы, белизна и румянец кожи – а главное: то простодушно-веселое, доверчивое, откровенное, на первых порах несколько глуповатое выражение, по которому в прежние времена тотчас можно было признать детей степенных дворянских семей, «отецких» сыновей, хороших баричей, родившихся и утученных в наших привольных полустепных краях; походочка с запинкой, голос с пришепеткой, улыбка, как у ребенка, чуть только взглянешь на него... наконец, свежесть, здоровье – и мягкость, мягкость, мягкость, – вот вам весь Санин. А во-вторых, он и глуп не был и понабрался кое-чего. Свежим он остался, несмотря на заграничную поездку: тревожные чувства, обуревавшие лучшую часть тогдашней молодежи, были ему мало известны.

В последнее время в нашей литературе после тщетного искания «новых людей» начали выводить юношей, решившихся во что бы то ни стало быть свежими... свежими, как фленсбургские устрицы, привозимые в С.-Петербург... Санин не походил на них. Уж коли пошло дело на сравнения, он скорее напоминал молодую, кудрявую, недавно привитую яблоню в наших черноземных садах – или, еще лучше: выхоленного, гладкого, толстоногого, нежного трехлетка бывших «господских» конских заводов, которого только что начали подганивать на корде... Те, которые сталкивались с Саниным впоследствии, когда жизнь порядком его поломала и молодой, наигранный жирок давно с него соскочил, – видели в нем уже совсем иного человека.

На следующий день Санин лежал еще в постели, как уже Эмиль, в праздничном платье, с тросточкой в руке и сильно напомаженный, ворвался к нему в комнату и объявил, что герр Клюбер сейчас прибудет с каретой, что погода обещает быть удивительной, что у них уже всё готово, но что мама не поедет, потому что у нее опять разболелась голова. Он стал торопить Санина, уверяя его, что нельзя терять минуты... И действительно: г-н Клюбер застал Санина еще за туалетом. Постучался в дверь, вошел, поклонился, изогнул стан, выразил готовность ждать сколько угодно – и сел, изящно опираясь шляпой о колено. Благообразный комми расфрантился и раздушился напропалую: каждое движение его сопровождалось усиленным наплывом тончайшего аромата. Он прибыл в просторной открытой карете, так называемом ландо́, запряженном двумя сильными и рослыми, хоть и некрасивыми,

114

лошадьми. Четверть часа спустя Санин, Клюбер и Эмиль в этой самой карете торжественно подкатили к крыльцу кондитерской. Г-жа Розелли решительно отказалась участвовать в прогулке; Джемма хотела остаться с матерью, но та ее, как говорится, прогнала.

– Мне никого не нужно, – уверяла она, – я буду спать. Я бы и Панталеоне с вами отправила, да некому будет торговать.

– Можно взять Тарталью? – спросил Эмиль.

– Конечно, можно.

Тарталья немедленно, с радостными усилиями, вскарабкался на козлы и сел, облизываясь: видно, дело ему было привычное. Джемма надела большую соломенную шляпу с коричневыми лентами; шляпа эта спереди пригибалась книзу, заслоняя почти всё лицо от солнца. Черта тени останавливалась над самыми губами: они рдели девственно и нежно, как лепестки столиственной розы, и зубы блистали украдкой – тоже невинно, как у детей. Джемма села на заднем месте, рядом с Саниным; Клюбер и Эмиль сели напротив. Бледная фигура фрау Леноре показалась у окна, Джемма махнула ей платком – и лошади тронулись.

Соден – небольшой городок в получасовом, расстоянии от Франкфурта. Он лежит в красивой местности, на отрогах Таунуса, и известен у нас в России своими водами, будто бы полезными для людей с слабой грудью. Франкфуртцы ездят туда больше для развлечения, так как Соден обладает прекрасным парком и разными «виртшафтами», где можно пить пиво и кофе в тени высоких лип и кленов. Дорога от Франкфурта до Содена идет по правому берегу Майна и вся обсажена фруктовыми деревьями. Пока карета тихонько катилась по отличному шоссе, Санин украдкой наблюдал за тем, как Джемма обращалась со своим женихом: он в первый раз видел их обоих вместе. Она держалась спокойно и просто – но несколько сдержаннее и серьезнее обыкновенного; он смотрел снисходительным наставником, разрешившим и самому себе и своим подчиненным скромное и вежливое удовольствие. Особенных ухаживаний за Джеммой, того, что французы называют «empressement»[46], Санин в нем не заметил. Видно было, что г-н Клюбер считал это дело поконченным, а потому и не имел причины хлопотать или волноваться. Но снисходительность не покидала его ни на один миг! Даже во время большой передобеденной прогулки по лесистым горам и долинам за Соденом; даже наслаждаясь красотами природы, он относился к ней, к этой самой природе, всё с тою же снисходительностью, сквозь которую изредка прорывалась обычная начальническая строгость. Так, например, он заметил про один ручей, что он слишком прямо протекает по ложбине, вместо того чтобы сделать несколько живописных изгибов; не одобрил

---

[46] «предупредительностью» (франц.).

также поведения одной птицы – зяблика, – которая не довольно разнообразила свои колена! Джемма не скучала и даже, по-видимому, ощущала удовольствие; но прежней Джеммы Санин в ней не узнавал: не то, чтобы тень на нее набежала – никогда ее красота не была лучезарней, – но душа ее ушла в себя, внутрь. Распустив зонтик и не расстегнув перчаток, она гуляла степенно, не спеша – как гуляют образованные девицы, – и говорила мало. Эмиль тоже чувствовал стеснение, а Санин и подавно. Его, между прочим, несколько конфузило то обстоятельство, что разговор постоянно шел на немецком языке. Один Тарталья не унывал! С бешеным лаем мчался он за попадавшимися ему дроздами, перепрыгивал рытвины, пни, корчаги, бросался с размаху в воду и торопливо лакал ее, отряхался, взвизгивал и снова летел стрелою, закинув красный язык на самое плечо. Г-н Клюбер, с своей стороны, сделал всё, что полагал нужным для увеселения компании; попросил ее усесться в тени развесистого дуба – и, достав из бокового кармана небольшую книжечку, под заглавием: «Knallerbsen, oder Du sollst und wirst lachen!» (Петарды, или Ты должен и будешь смеяться!), принялся читать разбирательные анекдоты, которыми эта книжечка была наполнена. Прочел их штук двенадцать; однако веселости возбудил мало: один Санин из приличия скалил зубы, да сам он, г-н Клюбер, после каждого анекдота, производил короткий, деловой – и все-таки снисходительный смех. К двенадцати часам вся компания вернулась в Соден, в лучший тамошний трактир.

Предстояло распорядиться об обеде.

Г-н Клюбер предложил было совершить этот обед в закрытой со всех сторон беседке – «im Gartensalon»; но тут Джемма вдруг взбунтовалась и объявила, что не будет иначе обедать, как на воздухе, в саду, за одним из маленьких столов, поставленных перед трактиром; что ей наскучило быть всё с одними и теми же лицами и что она хочет видеть другие. За некоторыми из столиков уже сидели группы новоприбывших гостей.

Пока г-н Клюбер, снисходительно покорившись «капризу своей невесты», ходил советоваться с оберкельнером, Джемма стояла неподвижно, опустив глаза и стиснув губы; она чувствовала, что Санин неотступно и как бы вопросительно глядел на нее, – это, казалось, ее сердило. Наконец г-н Клюбер вернулся, объявил, что через полчаса обед будет готов, и предложил до тех пор поиграть в кегли, прибавив, что это очень хорошо для аппетита, хе-хе-хе! В кегли он играл мастерски; бросая шар, принимал удивительно молодцеватые позы, щегольски играл мускулами, щегольски взмахивал и потрясал ногою. В своем роде он был атлет – и сложен превосходно! И руки у него были такие белые и красивые, и утирал он их таким богатейшим, золотисто-пестрым, индийским фуляром!

Наступил момент обеда – и всё общество уселось за столик.

XVI

Кому не известно, что́ такое немецкий обед? Водянистый суп с шишковатыми клецками и корицей, разварная говядина, сухая, как пробка, с приросшим белым жиром, ослизлым картофелем, пухлой свеклой и жеваным хреном, посинелый угорь с капорцами и уксусом, жареное с вареньем и неизбежная «Mehlspeise», нечто вроде пудинга, с кисловатой красной подливкой; зато вино и пиво хоть куда! Точно таким обедом попотчевал соденский трактирщик своих гостей. Впрочем, самый обед прошел благополучно. Особенного оживления, правда, не замечалось; оно не появилось даже тогда, когда г-н Клюбер провозгласил тост за то, «что мы любим!» (was wir lieben!). Уж очень всё было пристойно и прилично. После обеда подали кофе, жидкий, рыжеватый, прямо немецкий кофе. Г-н Клюбер, как истый кавалер, попросил у Джеммы позволения закурить сигару... Но тут вдруг случилось нечто непредвиденное и уж точно неприятное – и даже неприличное!

За одним из соседних столиков поместилось несколько офицеров майнцского гарнизона. По их взглядам и перешептываньям можно было легко догадаться, что красота Джеммы поразила их; один из них, вероятно, уже успевший побывать во Франкфурте, то и дело посматривал на нее, как на фигуру, ему хорошо знакомую: он, очевидно, знал, кто она такая. Он вдруг поднялся и со стаканом в руке – гг. офицеры сильно подпили, и вся скатерть перед ними была установлена бутылками – приблизился к тому столу, за которым сидела Джемма. Это был очень молодой белобрысый человек, с довольно приятными и даже симпатическими чертами лица; но выпитое им вино исказило их: его щеки подергивало, воспаленные глаза блуждали и приняли выражение дерзостное. Товарищи сначала пыталась удержать его, но потом пустили: была не была – что, мол, из этого выйдет?

Слегка покачиваясь на ногах, офицер остановился перед Джеммой и насильственно-крикливым голосом, в котором, мимо его воли, все-таки высказывалась борьба с самим собою, произнес: «Пью за здоровье прекраснейшей кофейницы в целом Франкфурте, в целом мире (он разом «хлопнул» стакан) – и в возмездие беру этот цветок, сорванный ее божественными пальчиками!» Он взял со стола розу, лежавшую перед прибором Джеммы. Сначала она изумилась, испугалась и побледнела страшно... потом испуг в ней сменился негодованием, она вдруг покраснела вся, до самых волос – и ее глаза, прямо устремленные на оскорбителя, в одно и то же время потемнели и вспыхнули, наполнились мраком, загорелись огнем неудержимого гнева. Офицера, должно быть, смутил этот взгляд; он пробормотал что-то невнятное, поклонился и пошел назад к своим. Они встретили его смехом и легким рукоплесканьем.

Г-н Клюбер внезапно поднялся со стула и, вытянувшись во весь свой рост и надев шляпу, с достоинством, но не слишком громко, произнес: «Это неслыханно! Неслыханная дерзость!» (Unerhört! Unerhörte Frechheit!) – и тотчас же, строгим голосом подозвав к себе кельнера, потребовал немедленного расчета... мало того: приказал заложить карету, причем прибавил, что к ним порядочным людям ездить нельзя, ибо они подвергаются оскорблениям! При этих словах Джемма, которая продолжала сидеть на своем месте не шевелясь, – ее грудь резко и высоко поднималась – Джемма перевела глаза свои на г-на Клюбера... и так же пристально, таким же точно взором посмотрела на него, как и на офицера. Эмиль просто дрожал от бешенства.

– Встаньте, мейн фрейлейн, – промолвил всё с той же строгостью г-н Клюбер, – здесь вам неприлично оставаться. Мы расположимся там, в трактире!

Джемма поднялась молча; он подставил ей руку калачиком, она подала ему свою – и он направился к трактиру величественной походкой, которая, так же как и осанка его, становилась всё величественней и надменней, чем более он удалялся от места, где происходил обед. Бедный Эмиль поплелся вслед за ними.

Но пока г-н Клюбер рассчитывался с кельнером, которому он, в виде штрафа, не дал на водку ни одного крейцера, Санин быстрыми шагами подошел к столу, за которым сидели офицеры, – и, обратившись к оскорбителю Джеммы (он в это мгновенье давал своим товарищам поочередно нюхать ее розу), – произнес отчетливо по-французски:

– То, что вы сейчас сделали, милостивый государь, недостойно честного человека, недостойно мундира, который вы носите, – и я пришел вам сказать, что вы дурно воспитанный нахал!

Молодой человек вскочил на ноги, но другой офицер, постарше, остановил его движением руки, заставил сесть и, повернувшись к Санину, спросил его, тоже по-французски:

– Что, он родственник, брат или жених той девицы?

– Я ей совсем чужой человек, – воскликнул Санин, – я русский, но я не могу равнодушно видеть такую дерзость; впрочем, вот моя карточка и мой адрес: г-н офицер может отыскать меня.

Сказав эти слова, Санин бросил на стол свою визитную карточку и в то же время проворно схватил Джеммину розу, которую один из сидевших за столом офицеров уронил к себе на тарелку. Молодой человек снова хотел было вскочить со стула, но товарищ снова остановил его, промолвив: «Дöнгоф, тише!» (Dönhof, sei still!). Потом сам приподнялся – и, приложась к козырьку рукою, не без некоторого оттенка почтительности в голосе и манерах, сказал Санину, что завтра утром один офицер их полка будет иметь честь явиться к нему на квартиру. Санин отвечал коротким поклоном и поспешно вернулся к своим приятелям.

Г-н Клюбер притворился, что вовсе не заметил ни отсутствия Санина, ни его объяснения с г-ми офицерами; он понукал кучера, запрягавшего лошадей, и сильно гневался на его медлительность. Джемма тоже ничего не сказала Санину, даже не взглянула на него: по сдвинутым ее бровям, по губам, побледневшим и сжатым, по самой ее неподвижности можно было понять, что у ней нехорошо на душе. Один Эмиль явно желал заговорить с Саниным, желал расспросить его: он видел, как Санин подошел к офицерам, видел, как он подал им что-то белое – клочок бумажки, записку, карточку... Сердце билось у бедного юноши, щеки пылали, он готов был броситься на шею к Санину, готов был заплакать или идти тотчас вместе с ним расколотить в пух и прах всех этих противных офицеров! Однако он удержался и удовольствовался тем, что внимательно следил за каждым движением своего благородного русского друга!

Кучер наконец заложил лошадей; всё общество село в карету. Эмиль, вслед за Тартальей, взобрался на козлы; ему там было привольнее, да и Клюбер, которого он видеть не мог равнодушно, не торчал перед ним.

Во всю дорогу герр Клюбер разглагольствовал... и разглагольствовал один; никто, никто не возражал ему, да никто и не соглашался с ним. Он особенно настаивал на том, как напрасно не послушались его, когда он предлагал обедать в закрытой беседке. Никаких неприятностей бы не произошло! Потом он высказал несколько резких и даже либеральных суждений насчет того, как правительство непростительно потакает офицерам, не наблюдает за их дисциплиной и не довольно уважает гражданский элемент общества (das bürgerliche Element in der Societät) – и как от этого со временем возрождаются неудовольствия, от которых уже недалеко до революции, чему печальным примером (тут он вздохнул сочувственно, но строго) – печальным примером служит Франция! Однако тут же присовокупил, что лично благоговеет перед властью и никогда... никогда!.. революционером не будет – но не может не выразить своего... неодобрения при виде такой распущенности! Потом прибавил еще несколько общих замечаний о нравственности и безнравственности, о приличии и чувстве достоинства!

В течение всех этих «разглагольствований» Джемма, которая уже во время дообеденной прогулки не совсем казалась довольной г-м Клюбером – оттого она и держалась в некотором отдалении от Санина и как бы смущалась его присутствием, – Джемма явно стала стыдиться своего жениха! Под конец поездки она положительно страдала и хотя по-прежнему не заговаривала с Саниным, но вдруг бросила на него

119

умоляющий взор... С своей стороны он ощущал гораздо более жалости к ней, чем негодования против г-на Клюбера; он даже втайне, полусознательно радовался всему, что случилось в продолжение того дня, хотя и мог ожидать вызова на следующее утро.

Мучительная эта partie de plaisir[47] прекратилась наконец. Высаживая перед кондитерской Джемму из кареты, Санин, ни слова не говоря, положил ей в руку возвращенную им розу. Она вся вспыхнула, стиснула его руку и мгновенно спрятала розу. Он не хотел войти в дом, хотя вечер только что начинался. Она сама его не пригласила. Притом появившийся на крыльце Панталеоне объявил, что фрау Леноре почивает. Эмилио застенчиво простился с Саниным; он словно дичился его: уж очень он ему удивлялся. Клюбер отвез Санина на его квартиру и чопорно раскланялся с ним. Правильно устроенному немцу, при всей его самоуверенности, было неловко. Да и всем было неловко.

Впрочем, в Санине это чувство – чувство неловкости – скоро рассеялось. Оно заменилось неопределенным, но приятным, даже восторженным настроением. Он расхаживал по комнате, ни о чем не хотел думать, посвистывал – и был очень доволен собою.

XVII

«Буду ждать г-на офицера для объяснения до 10 часов утра, – размышлял он на следующее утро, совершая свой туалет, – а там пусть он меня отыскивает!» Но немецкие люди встают рано: девяти часов еще не пробило, как уже кельнер доложил Санину, что г-н подпоручик (der Herr Seconde Lieutenant) фон Рихтер желает его видеть. Санин проворно накинул сюртук и приказал «просить». Г-н Рихтер оказался, против ожидания Санина, весьма молодым человеком, почти мальчиком. Он старался придать важности выражению своего безбородого лица, но это ему не удавалось вовсе: он даже не мог скрыть свое смущение – и, садясь на стул, чуть не упал, зацепившись за саблю. Запинаясь и заикаясь, он объявил Санину на дурном французском языке, что приехал с поручением от своего приятеля, барона фон Дёнгофа; что поручение это состояло в истребовании от г-на фон Занин извинения в употребленных им накануне оскорбительных выражениях; и что в случае отказа со стороны г-на фон Занин – барон фон Дёнгоф желает сатисфакции. Санин отвечал, что извиняться он не намерен, а сатисфакцию дать готов. Тогда г-н фон

---

[47] увеселительная прогулка (франц.).

Рихтер, всё так же запинаясь, спросил, с кем, в котором часу и в котором месте придется ему вести нужные переговоры. Санин отвечал, что он может прийти к нему часа через два и что до тех пор он, Санин, постарается сыскать секунданта. («Кого я, к чёрту, возьму в секунданты?» – думал он между тем про себя.)

Г-н фон Рихтер встал и начал раскланиваться... но на пороге двери остановился, как бы почувствовав угрызение совести, – и, повернувшись к Санину, промолвил, что его приятель, барон фон Дёнгоф, не скрывает от самого себя... некоторой степени... собственной вины во вчерашнем происшествии – и потому удовлетворился бы легкими извинениями – «des exghizes léchères»[48]1. На это Санин отвечал, что никаких извинений, ни тяжелых, ни легких, он давать не намерен, так как он виноватым себя не почитает.

– В таком случае, – возразил г-н фон Рихтер и покраснел еще более, – надо будет поменяться дружелюбными выстрелами – des goups de bisdolet à l'amiaple![49]2

– Этого я уже совершенно не понимаю, – заметил Санин, – на воздух нам стрелять, что ли?

– О, не то, не так, – залепетал окончательно сконфузившийся подпоручик, – но я полагал, что так как дело происходит между порядочными людьми... Я поговорю с вашим секундантом, – перебил он самого себя – и удалился.

Санин опустился на стул, как только тот вышел, и уставился на пол. «Что, мол, это такое? Как это вдруг так завертелась жизнь? Всё прошедшее, всё будущее вдруг стушевалось, пропало – и осталось только то, что я во Франкфурте с кем-то за что-то дерусь». Вспомнилась ему одна его сумасшедшая тетушка, которая, бывало, всё подплясывала и напевала:

Подпоручик!
Мой огурчик!
Мой амурчик!
Пропляши со мной, голубчик!

И он захохотал и пропел, как она: «Подпоручик! пропляши со мной, голубчик!»

– Однако надо действовать, не терять времени, – воскликнул он громко, вскочил и увидал перед собой Панталеоне с записочкой в руке.

– Я несколько раз стучался, но вы не отвечали; я подумал, что вас дома нет, – промолвил старик и подал ему записку. – От синьорины Джеммы.

---

[48] Французское des excuses légères.

[49] дружелюбными пистолетными выстрелами (франц.: des coups de pistolet à l'amiable).

Санин взял записку — как говорится, машинально, — распечатал и прочел ее. Джемма писала ему, что она весьма беспокоится по поводу известного ему дела и желала бы свидеться с ним тотчас.

— Синьорина беспокоится, — начал Панталеоне, которому, очевидно, было известно содержание записки, — она велела мне посмотреть, что вы делаете, и привести вас к ней.

Санин взглянул на старого итальянца — и задумался. Внезапная мысль сверкнула в его голове. В первый миг она показалась ему странной до невозможности...

«Однако... почему же нет?» — спросил он самого себя.

— Г-н Панталеоне! — произнес он громко.

Старик встрепенулся, уткнул подбородок в галстух и уставился на Санина.

— Вы знаете, — продолжал Санин, — что произошло вчера?

Панталеоне пожевал губами и тряхнул своим огромным хохлом.

— Знаю.

(Эмиль только что вернулся, рассказал ему всё.)

— А, знаете! — Ну, так вот что. Сейчас от меня вышел офицер. Тот нахал вызывает меня на поединок. Я принял его вызов. Но у меня нет секунданта. Хотите вы быть моим секундантом?

Панталеоне дрогнул и так высоко поднял брови, что они скрылись у него под нависшими волосами.

— Вы непременно должны драться? — проговорил он наконец по-итальянски; до того мгновения он изъяснялся по-французски.

— Непременно. Иначе поступить — значило бы опозорить себя навсегда.

— Гм. Если я не соглашусь пойти к вам в секунданты, — то вы будете искать другого?

— Буду... непременно.

Панталеоне потупился.

— Но позвольте вас спросить, синьор де-Цанини, не бросит ли ваш поединок некоторую неблаговидную тень на репутацию одной персоны?

— Не полагаю; но как бы то ни было — делать нечего!

— Гм. — Панталеоне совсем ушел в свой галстух. — Ну, а тот феррофлукто Клуберио, что же он? — воскликнул он вдруг и вскинул лицо кверху.

— Он? Ничего.

— Кэ! (Chè!)[50] — Панталеоне презрительно пожал плечами. — Я должен, во всяком случае, благодарить вас, — произнес он наконец неверным

---

[50] Непереводимое итальянское восклицание вроде нашего: ну!

голосом, – что вы и в теперешнем моем уничижении умели признать во мне порядочного человека – un galant'uomo! Поступая таким образом, вы сами выказали себя настоящим galant'uomo. Но я должен обдумать ваше предложение.

– Время не терпит, любезный г-н Чи... чиппа...

– То́ла, – подсказал старик. – Я прошу всего один час на размышление. Тут замешана дочь моих благодетелей... И потому я должен, я обязан – подумать!!. Через час... через три четверти часа – вы узнаете мое решение.

– Хорошо; я подожду.

– А теперь... какой же я дам ответ синьорине Джемме?

Санин взял листок бумаги, написал на нем: «Будьте покойны, моя дорогая приятельница, часа через три я приду к вам – и всё объяснится. Душевно вас благодарю за участие» – и вручил этот листик Панталеоне.

Тот бережно положил его в боковой карман – и, еще раз повторив: «Через час!» – направился было к дверям; но круто повернул назад, подбежал к Санину, схватил его руку – и, притиснув ее к своему жабо, подняв глаза к небу, воскликнул: «Благородный юноша! Великое сердце! (Nobil giovanotto! Gran cuore!) – позвольте слабому старцу (a un vecchiotto) пожать вашу мужественную десницу! (la vostra valorosa destra!)». Потом отскочил немного назад, взмахнул обеими руками – и удалился.

Санин посмотрел ему вслед... взял газету и принялся читать. Но глаза его напрасно бегали по строкам: он не понимал ничего.

XVIII

Час спустя кельнер снова вошел к Санину и подал ему старую, запачканную визитную карточку, на которой стояли следующие слова: Панталеоне Чиппатола, из Варезе, придворный певец (cantante di camera) его королевского высочества герцога Моденского; а вслед за кельнером явился и сам Панталеоне. Он переоделся с ног до головы. На нем был порыжелый черный фрак и белый пикеневый жилет, по которому затейливо извивалась томпаковая цепочка; тяжелая сердоликовая печатка спускалась низко на узкие черные панталоны с гульфиком. В правой руке он держал черную шляпу из заячьего пуха, в левой две толстые замшевые перчатки; галстух он повязал еще шире и выше обыкновенного – и в накрахмаленное жабо воткнул булавку с камнем, называемым «кошачьим глазом» (oeil de chat). На указательном пальце правой руки красовался перстень, изображавший две сложенные длани, а между ними пылающее сердце. Залежалым запахом, запахом камфары и мускуса несло от всей особы старика; озабоченная торжественность его осанки поразила бы самого равнодушного зрителя! Санин встал ему навстречу.

– Я ваш секундант, – промолвил Панталеоне по-французски и наклонился всем корпусом вперед, причем носки поставил врозь, как это делают танцоры. – Я пришел за инструкциями. Желаете вы драться без пощады?

– Зачем же без пощады, дорогой мой г-н Чиппато́ла! Я ни за что в мире не возьму моих вчерашних слов назад – но я не кровопийца!.. Да вот постойте, сейчас придет секундант моего противника. Я уйду в соседнюю комнату – а вы с ним и условитесь. Поверьте, я в век не забуду вашей услуги и благодарю вас от души.

– Честь прежде всего! – отвечал Панталеоне и опустился в кресла, не дожидаясь, чтобы Санин попросил его сесть. – Если этот феррофлукто спичебуббио, – заговорил он, мешая французский язык с итальянским, – если этот торгаш Клуберио не умел понять свою прямую обязанность или струсил, – тем хуже для него!.. Грошовая душа – и баста!.. Что же касается до условий поединка – я ваш секундант и ваши интересы для меня священны!!. Когда я жил в Падуе, там стоял полк белых драгунов – и я со многими офицерами был очень близок!.. Весь их кодекс мне очень хорошо известен. Ну и с вашим принчипе Тарбуски я часто беседовал об этих вопросах... Тот секундант скоро должен прийти?

– Я жду его каждую минуту – да вот он сам и идет, – прибавил Санин, глянув на улицу.

Панталеоне встал, посмотрел на часы, поправил свой кок и поспешно засунул в башмак болтавшуюся из-под панталон тесемку. Молодой подпоручик вошел, всё такой же красный и смущенный.

Санин представил секундантов друг другу.

– M-r Richter, souslieutenant! – M-r Zippatola, artiste![51]

Подпоручик слегка изумился при виде старика... О, что бы он сказал, если б кто шепнул ему в это мгновение, что представленный ему «артист» занимается также и поваренным искусством!.. Но Панталеоне принял такой вид, как будто участвовать в устройстве поединков было для него самым обычным делом: вероятно, ему в этом случае помогали воспоминания его театральной карьеры – и он разыгрывал роль секунданта именно как роль. И он и подпоручик, оба помолчали немного.

– Что ж? Приступим! – первый промолвил Панталеоне, играя сердоликовой печаткой.

– Приступим, – ответил подпоручик, – но... присутствие одного из противников...

---

[51] Г-н Рихтер, подпоручик! – Г-н Чиппатола, артист! (франц.).

— Я вас немедленно оставлю, господа, — воскликнул Санин, поклонился, вышел в спальню – и запер за собою дверь.

Он бросился на кровать – и принялся думать о Джемме... но разговор секундантов проникал к нему сквозь закрытую дверь. Он происходил на французском языке; оба коверкали его нещадно, каждый на свой лад. Панталеоне опять упомянул о драгунах в Падуе, о принчипе Тарбуска – подпоручик об «exghizes léchères» и о «goups à l'amiaple». Но старик и слышать не хотел ни о каких exghizes! К ужасу Санина, он вдруг пустился толковать своему собеседнику о некоторой юной невинной девице, один мизинец которой стоит больше, чем все офицеры мира... (oune zeune damigella innocenta, qu'a ella sola dans soun péti doa vale più que toutt le zouffissié del mondo!) и несколько раз с жаром повторил: «Это стыд! это стыд!» (E ouna onta, ouna onta!) Поручик сперва не возражал ему, но потом в голосе молодого человека послышалась гневная дрожь, и он заметил, что пришел не затем, чтобы выслушивать моральные сентенции...

— В вашем возрасте всегда полезно выслушивать справедливые речи! – воскликнул Панталеоне.

Прение между г-ми секундантами несколько раз становилось бурным; оно продолжалось более часа и завершилось, наконец, следующими условиями: «стреляться барону фон Дёнгофу и господину де Санину на завтрашний день, в 10 часов утра, в небольшом лесу около Ганау, на расстоянии двадцати шагов; каждый имеет право стрелять два раза по знаку, данному секундантами. Пистолеты без шнеллера и не нарезные». Г-н фон Рихтер удалился, а Панталеоне торжественно открыл дверь спальни и, сообщив результат совещания, снова воскликнул: «Bravo, Russe! Bravo, giovanotto![52] Ты будешь победителем!» Несколько минут спустя они оба отправились в кондитерскую Розелли. Санин предварительно взял с Панталеоне слово держать дело о дуэли в глубочайшей тайне. В ответ старик только палец кверху поднял и, прищурив глаз, прошептал два раза сряду: Segredezza! (Таинственность!) Он видимо помолодел и даже выступал свободнее. Все эти необычайные, хотя и неприятные, события живо переносили его в ту эпоху, когда он сам и принимал и делал вызовы, – правда, на сцене. Баритоны, как известно, очень петушатся в своих ролях.

---

[52] «Браво, русский! Браво, молодой человек!» (итал.).

XIX

Эмиль выбежал навстречу Санину – он более часа караулил его приход – и торопливо шепнул ему на ухо, что мать ничего не знает о вчерашней неприятности и что даже намекать на нее не следует, а что его опять посылают в магазин!!, но что он туда не пойдет, а спрячется где-нибудь! Сообщив всё это в течение нескольких секунд, он внезапно припал к плечу Санина, порывисто поцеловал его и бросился вниз по улице. В кондитерской Джемма встретила Санина; хотела что-то сказать – и не могла. Ее губы слегка дрожали, а глаза щурились и бегали по сторонам. Он поспешил успокоить ее уверением, что всё дело кончилось... сущими пустяками.

– У вас никого не было сегодня? – спросила она.

– Было у меня одно лицо – мы с ним объяснились – и мы... мы пришли к самому удовлетворительному результату.

Джемма вернулась за прилавок.

«Не поверила она мне!» – подумал он... однако отправился в соседнюю комнату и застал там фрау Ленору.

У ней мигрень прошла, но она находилась в настроении меланхолическом. Она радушно улыбнулась ему, но в то же время предупредила его, что ему будет сегодня с нею скучно, так как она не в состоянии его занять. Он подсел к ней и заметил, что ее веки покраснели и опухли.

– Что с вами, фрау Леноре? Неужели вы плакали?

– Тсссс... – прошептала она и указала головою на комнату, где находилась ее дочь. – Не говорите этого... громко.

– Но о чем же вы плакали?

– Ах, мосьё Санин, сама не знаю о чем!

– Вас никто не огорчил?

– О нет!.. Мне очень скучно вдруг сделалось. Вспомнила я Джиован'Баттиста... свою молодость... Потом, как это всё скоро прошло. Стара я становлюсь, друг мой, – и не могу я никак с этим помириться. Кажется, сама я всё та же, что прежде... а старость – вот она... вот она! – На глазах фрау Леноры показались слезинки. – Вы, я вижу, смотрите на меня да удивляетесь... Но вы тоже постареете, друг мой, и узнаете, как это горько!

Санин принялся утешать ее, упомянул об ее детях, в которых воскресала ее собственная молодость, попытался даже подтрунить над нею, уверяя, что она напрашивается на комплименты... Но она, не шутя, попросила его «перестать», и он тут в первый раз мог убедиться, что подобную унылость, унылость сознанной старости, ничем утешить и рассеять нельзя; надо подождать, пока она пройдет сама собою. Он предложил ей сыграть с ним в тресетте – и ничего лучшего он не мог придумать. Она тотчас согласилась и как будто повеселела.

Санин играл с ней до обеда и после обеда. Панталеоне также принял участие в игре. Никогда его хохол не падал так низко на лоб, никогда подбородок не уходил так глубоко в галстух! Каждое движение его дышало такой сосредоточенной важностью, что, глядя на него, невольно рождалась мысль: какую это тайну с такою твердостью хранит этот человек?

Но – segredezza! segredezza!

Он в течение всего того дня всячески старался оказывать глубочайшее почтение Санину; за столом, торжественно и решительно, минуя дам, подавал блюда ему первому; во время карточной игры уступал ему прикупку, не дерзал его ремизить; объявлял, ни к селу ни к городу, что русские – самый великодушный, храбрый и решительный народ в мире!

«Ах ты, старый лицедей!» – думал про себя Санин.

И не столько дивился он неожиданному настроению духа в г-же Розелли, сколько тому, как ее дочь с ним обращалась. Она не то, чтобы избегала его... напротив, она постоянно садилась в небольшом от него расстоянии, прислушивалась к его речам, глядела на него; но она решительно не хотела вступать с ним в беседу, и как только он заговаривал с нею – тихонько поднималась с места и тихонько удалялась на несколько мгновений. Потом она появлялась опять, и опять усаживалась где-нибудь в уголке – и сидела неподвижно, словно размышляя и недоумевая... недоумевая пуще всего. Сама фрау Леноре заметила, наконец, необычайность ее поведения и раза два спросила, что с ней.

– Ничего, – ответила Джемма, – ты знаешь, я бываю иногда такая.

– Это точно, – соглашалась с нею мать.

Так прошел весь этот длинный день, ни оживленно, ни вяло – ни весело, ни скучно. Держи себя Джемма иначе – Санин... как знать? не совладал бы с искушением немного порисоваться или просто поддался бы чувству грусти перед возможной, быть может, вечной разлукой... Но так как ему ни разу не пришлось даже поговорить с Джеммой, то он должен был удовлетвориться тем, что в течение четверти часа, перед вечерним кофе, брал минорные аккорды на фортепиано.

Эмиль вернулся поздно и, во избежание расспросов о г-не Клюбере, отретировался весьма скоро. Пришла очередь удалиться и Санину.

Он стал прощаться с Джеммой. Вспомнилось ему почему-то расставание Ленского с Ольгой в «Онегине». Он крепко стиснул ей руку и

127

попытался заглянуть ей в лицо – но она слегка отворотилась и высвободила свои пальцы.

XX

Уже совсем «вызвездило», когда он вышел на крыльцо. И сколько же их высыпало, этих звезд – больших, малых, желтых, красных, синих, белых! Все они так и рдели, так и роились, наперерыв играя лучами. Луны не было на небе, но и без нее каждый предмет четко виднелся в полусветлом, бестенном сумраке. Санин прошел улицу до конца... Не хотелось ему тотчас возвратиться домой; он чувствовал потребность побродить на чистом воздухе.

Он вернулся назад – и не успел еще поравняться с домом, в котором помещалась кондитерская Розелли, как одно из окон, выходивших на улицу, внезапно стукнуло и отворилось – на черном его четырехугольнике (в комнате не было огня) появилась женская фигура – и он услышал, что его зовут: «Monsieur Dimitri!»

Он тотчас бросился к окну... Джемма!

Она облокотилась о подоконник и наклонилась вперед.

– Monsieur Dimitri, – начала она осторожным голосом, – я в течение целого нынешнего дня хотела вам дать одну вещь... но не решалась; и вот теперь, неожиданно увидя вас снова, подумала, что, видно, так суждено...

Джемма невольно остановилась на этом слове. Она не могла продолжать: нечто необыкновенное произошло в это самое мгновенье.

Внезапно, среди глубокой тишины, при совершенно безоблачном небе, налетел такой порыв ветра, что сама земля, казалось, затрепетала под ногами, тонкий звездный свет задрожал и заструился, самый воздух завертелся клубом. Вихорь, не холодный, а теплый, почти знойный, ударил по деревьям, по крыше дома, по его стенам, по улице; он мгновенно сорвал шляпу с головы Санина, взвил и разметал черные кудри Джеммы. Голова Санина приходилась в уровень с подоконником; он невольно прильнул к нему – и Джемма ухватилась обеими руками за его плечи, припала грудью к его голове. Шум, звон и грохот длились около минуты... Как стая громадных птиц, помчался прочь взыгравший вихорь... Настала вновь глубокая тишина.

Санин приподнялся и увидал над собою такое чудное, испуганное, возбужденное лицо, такие огромные, страшные, великолепные глаза – такую красавицу увидал он, что сердце в нем замерло, он приник губами к тонкой пряди волос, упавшей ему на грудь, – и только мог проговорить:

– О Джемма!

– Что это было такое? Молния? – спросила она, широко поводя глазами и не принимая с его плеч своих обнаженных рук.

– Джемма! – повторил Санин.

Она вздрогнула, оглянулась назад, в комнату, – и быстрым движением, достав из-за корсажа уже увядшую розу, бросила ее Санину.

– Я хотела дать вам этот цветок...

Он узнал розу, которую он отвоевал накануне...

Но уже окошко захлопнулось, и за темным стеклом ничего не виднелось и не белело.

Санин пришел домой без шляпы... Он и не заметил, что он ее потерял.

XXI

Он заснул под самое утро. И не мудрено! Под ударом того летнего, мгновенного вихря он почти так же мгновенно почувствовал – не то, что Джемма красавица, не то, что она ему нравилась – это он знал и прежде... а то, что он едва ли... не полюбил ее! Мгновенно, как тот вихрь, налетела на него любовь. А тут эта глупая дуэль! Скорбные предчувствия начали его мучить. Ну, положим, не убьют его... Что же может выйти из его любви к этой девушке, к невесте другого? Положим даже, что этот «другой» ему не опасен, что сама Джемма полюбит или уже полюбила его... Что же из этого? Как что? Такая красавица...

Он ходил по комнате, садился за стол, брал лист бумаги, чертил на нем несколько строк – и тотчас их вымарывал... Вспоминал удивительную фигуру Джеммы, в темном окне, под лучами звезд, всю развеянную теплым вихрем; вспоминал ее мраморные руки, подобные рукам олимпийских богинь, чувствовал их живую тяжесть на плечах своих... Потом он брал брошенную ему розу – и казалось ему, что от ее полузавядших лепестков веяло другим, еще более тонким запахом, чем обычный запах роз...

«И вдруг его убьют или изувечат?»

Он не ложился в постель и заснул, одетый, на диване.

Кто-то потрепал его по плечу...

Он открыл глаза и увидел Панталеоне.

– Спит, как Александр Македонский накануне вавилонского сражения! – воскликнул старик.

– Да который час? – спросил Санин.

– Семь часов без четверти; до Ганау – два часа езды, а мы должны быть первые на месте. Русские всегда предупреждают врагов! Я взял лучшую карету во Франкфурте!

Санин начал умываться.

– А пистолеты где?

– Пистолеты привезет тот феррофлукто тедеско. И доктора он же привезет.

Панталеоне видимо бодрился, по-вчерашнему; но когда он сел в карету с Саниным, когда кучер защелкал бичом и лошади с места пустились вскачь, – с бывшим певцом и приятелем падуйских драгунов произошла внезапная перемена. Он смутился, даже струхнул. В нем словно что-то обрушилось, как плохо выведенная стенка.

– Однако что это мы делаем, боже мой, santissima Madonna![53]1 – воскликнул он неожиданно писклявым голосом и схватил себя за волосы. – Что я делаю, я старый дурак, сумасшедший, frenetico?

Санин удивился и засмеялся и, слегка обняв Панталеоне за талию, напомнил ему французскую поговорку: «Le vin est tiré – il faut le boire»[54]2 (по-русски: «Взявшись за гуж, не говори, что не дюж»).

– Да, да, – отвечал старик, – эту чашу мы разопьем с вами, – а всё же я безумец! Я – безумец! Всё было так тихо, хорошо... и вдруг: та-та-та, тра-та-та!

– Словно tutti[55]3 в оркестре, – заметил Санин с натянутой улыбкой. – Но виноваты не вы.

– Я знаю, что не я! Еще бы! Всё же это... необузданный такой поступок. Diavolo! Diavolo! – повторял Панталеоне, потрясая хохлом и вздыхая.

А карета всё катилась да катилась.

Утро было прелестное. Улицы Франкфурта, едва начинавшие оживляться, казались такими чистыми и уютными; окна домов блестели переливчато, как фольга; а лишь только карета выехала за заставу – сверху, с голубого, еще не яркого неба, так и посыпались голосистые раскаты жаворонков. Вдруг на повороте шоссе из-за высокого тополя показалась знакомая фигура, ступила несколько шагов и остановилась. Санин пригляделся... Боже мой! Эмиль!

– Да разве он знает что-нибудь? – обратился он к Панталеоне.

– Я же вам говорю, что я безумец, – отчаянно, чуть не с криком

---

[53] пресвятая Мадонна! (итал.).

[54] «Вино откупорено – надо его пить» (франц.).

[55] все (итал.).

возопил бедный итальянец, – этот злополучный мальчик всю ночь мне не дал покоя – и я ему сегодня утром, наконец, всё открыл!

«Вот тебе и segredezza!» – подумал Санин.

Карета поравнялась с Эмилем; Санин велел кучеру остановить лошадей и подозвал к себе «злополучного мальчика». Нерешительными шагами приблизился Эмиль, бледный, бледный, как в день своего припадка. Он едва держался на ногах.

– Что вы здесь делаете? – строго спросил его Санин, – зачем вы не дома?

– Позвольте... позвольте мне ехать с вами, – пролепетал Эмиль трепетным голосом и сложил руки. Зубы у него стучали как в лихорадке. – Я вам не помешаю – только возьмите меня!

– Если вы чувствуете хоть на волос привязанности или уважения ко мне, – промолвил Санин, – вы сейчас вернетесь домой или в магазин к г-ну Клюберу, и никому не скажете ни единого слова, и будете ждать моего возвращения!

– Вашего возвращения, – простонал Эмиль, – и голос его зазвенел и оборвался, – но если вас...

– Эмиль! – перебил его Санин и указал глазами на кучера, – опомнитесь! Эмиль, пожалуйста, ступайте домой! Послушайтесь меня, друг мой! Вы уверяете, что любите меня. Ну, я вас прошу!

Он протянул ему руку. Эмиль покачнулся вперед, всхлипнул, прижал ее к своим губам – и, соскочив с дороги, побежал назад к Франкфурту, через поле.

– Тоже благородное сердце, – пробормотал Панталеоне, но Санин угрюмо взглянул на него... Старик уткнулся в угол кареты. Он сознавал свою вину; да сверх того он с каждым мгновеньем всё более изумлялся: неужели это он взаправду сделался секундантом, и лошадей он достал, и всем распорядился, и мирное свое обиталище покинул в шесть часов утра? К тому же ноги его разболелись и заныли.

Санин почел за нужное ободрить его – и попал в жилку, нашел настоящее слово.

– Где же ваш прежний дух, почтенный синьор Чиппатола? Где – il antico valor?

Синьор Чиппатола выпрямился и нахмурился.

– Il antico valor? – провозгласил он басом.– Non è ancora spento (он еще не весь утрачен) – il antico valor!!

Он приосанился, заговорил о своей карьере, об опере, о великом теноре Гарсиа – и приехал в Ганау молодцом. Как подумаешь: нет ничего на свете сильнее... и бессильнее слова!

131

XXII

Лесок, в котором долженствовало происходить побоище, находился в четверти мили от Ганау. Санин с Панталеоне приехали первые, как он предсказывал; велели карете остаться на опушке леса и углубились в тень довольно густых и частых деревьев. Им пришлось ждать около часу.

Ожидание не показалось особенно тягостным Санину; он расхаживал взад и вперед по дорожке, прислушивался, как пели птицы, следил за пролетавшими «коромыслами» и, как бо́льшая часть русских людей в подобных случаях, старался не думать. Раз только на него нашло раздумье: он наткнулся на молодую липу, сломанную, по всем вероятиям, вчерашним шквалом. Она положительно умирала... все листья на ней умирали. «Что это? предзнаменование?» – мелькнуло у него в голове; но он тотчас же засвистал, перескочил через ту самую липу, зашагал по дорожке. Панталеоне – тот ворчал, бранил немцев, кряхтел, потирал то спину, то колени. Он даже зевал от волнения, что придавало презабавное выражение его маленькому, съеженному личику. Санин чуть не расхохотался, глядя на него.

Послышалось наконец рокотание колес по мягкой дороге. «Они!» – промолвил Панталеоне и насторожился и выпрямился, не без мгновенной нервической дрожи, которую, однако, поспешил замаскировать восклицанием: бррр! – и замечанием, что сегодняшнее утро довольно свежее. Обильная роса затопляла травы и листья, но зной проникал уже в самый лес.

Оба офицера скоро показались под его сводами; их сопровождал небольшой плотненький человечек с флегматическим, почти заспанным лицом – военный доктор. Он нес в одной руке глиняный кувшин с водою – на всякий случай; сумка с хирургическими инструментами и бинтами болталась на его левом плече. Видно было, что он к подобным экскурсиям привык донельзя; они составляли один из источников его доходов: каждая дуэль приносила ему восемь червонцев – по четыре с каждой из воюющих сторон. Г-н фон Рихтер нес ящик с пистолетами, г-н фон До́нгоф вертел в руке – вероятно, для «шику» – небольшой хлыстик.

– Панталеоне! – шепнул Санин старику, – если... если меня убьют – всё может случиться, – достаньте из моего бокового кармана бумажку – в ней завернут цветок – и отдайте эту бумажку синьорине Джемме. Слышите? Вы обещаетесь?

Старик уныло взглянул на него – и качнул утвердительно головою!.. Но бог ведает, понял ли он, о чем просил его Санин.

Противники и секунданты обменялись, как водится, поклонами; один доктор даже бровью не повел – и присел, зевая, на траву: «Мне, мол,

132

не до изъявлений рыцарской вежливости». Г-н фон Рихтер предложил г-ну «Тшибадола» выбрать место; г-н «Тшибадола» отвечал, тупо ворочая языком («стенка» в нем опять обрушилась), что: «Действуйте, мол, вы, милостивый государь; я буду наблюдать»...

И г-н фон Рихтер начал действовать. Отыскал тут же, в лесу, прехорошенькую, всю испещренную цветами, поляну; отмерил шаги, обозначил два крайних пункта оструганными наскоро палочками, достал из ящика пистолеты и, присев на корточки, заколотил пули; словом, трудился и хлопотал изо всех сил, беспрестанно утирая свое вспотевшее лицо белым платочком. Сопровождавший его Панталеоне походил более на озябшего человека. В течение всех этих приготовлений оба противника стояли поодаль, напоминая собою двух наказанных школьников, которые дуются на своих гувернеров.

Настало решительное мгновенье...
Каждый взял свой пистолет...

Но тут г-н фон Рихтер заметил Панталеоне, что ему, как старшему секунданту, следует, по правилам дуэли, прежде чем провозгласить роковое: «Раз! два! три!», обратиться к противникам с последним советом и предложением: помириться; что хотя это предложение не имеет никогда никаких последствий и вообще не что иное, как пустая формальность, однако исполнением этой формальности г-н Чиппатола отклоняет от себя некоторую долю ответственности; что, правда, подобная аллокуция[56] составляет прямую обязанность так называемого «беспристрастного свидетеля» (unparteiischer Zeuge) – но так как у них такового не имеется, то он, г-н фон Рихтер, охотно уступает эту привилегию своему почтенному собрату. Панталеоне, который успел уже затушеваться за куст так, чтобы не видеть вовсе офицера-обидчика, сперва ничего не понял изо всей речи г-на фон Рихтера – тем более, что она была произнесена в нос; но вдруг встрепенулся, проворно выступил вперед и, судорожно стуча руками в грудь, хриплым голосом возопил на своем смешанном наречии: «A-la-la-la... Che bestialità! Deux zeun'ommes comme ça qué si battono – perché? Che diavolo? Andate a casa!»[57]

– Я не согласен на примирение, – поспешно проговорил Санин.

– И я тоже не согласен, – повторил за ним его противник.

– Ну так кричите: раз, два, три! – обратился фон Рихтер к растерявшемуся Панталеоне.

---

[56] речь, обращение (лат.: allocutio).

[57] «Что за дикость! Два таких молодых человека дерутся — зачем? Какого чёрта? Ступайте по домам!» (итал. и франц.).

Тот немедленно опять нырнул в куст – и уже оттуда прокричал, весь скорчившись, зажмурив глаза и отвернув голову, но во всё горло:

– Una... due... e tre![58]

Первый выстрелил Санин – и не попал. Пуля его звякнула о дерево. Барон Дёнгоф выстрелил тотчас вслед за ним – преднамеренно в сторону, на воздух.

Наступило напряженное молчание... Никто не трогался с места. Панталеоне слабо охнул.

– Прикажете продолжать? – проговорил Дёнгоф.

– Зачем вы выстрелили на воздух? – спросил Санин.

– Это не ваше дело.

– Вы и во второй раз будете стрелять на воздух? – спросил опять Санин.

– Может быть; не знаю.

– Позвольте, позвольте, господа... – начал фон Рихтер, – дуэлланты не имеют права говорить между собою. Это совсем не в порядке.

– Я отказываюсь от своего выстрела, – промолвил Санин и бросил пистолет на землю.

– И я тоже не намерен продолжать дуэль, – воскликнул Дёнгоф и тоже бросил свой пистолет. – Да сверх того я теперь готов сознаться, что я был не прав – третьего дня.

Он помялся на месте – и нерешительно протянул руку вперед. Санин быстро приблизился к нему – и пожал ее. Оба молодых человека с улыбкой поглядели друг на друга – и лица у обоих покрылись краской.

– Bravi! bravi! – внезапно, как сумасшедший, загорланил Панталеоне и, хлопая в ладоши, турманом выбежал из-за куста; а доктор, усевшийся в стороне, на срубленном дереве, немедленно встал, вылил воду из кувшина и пошел, лениво переваливаясь, к опушке леса.

– Честь удовлетворена – и дуэль кончена! – провозгласил фон Рихтер.

– Fuori! (фора!) – по старой памяти, еще раз гаркнул Панталеоне.

Разменявшись поклонами с г-ми офицерами и садясь в карету, Санин, правда, ощущал во всем существе своем если не удовольствие, то некоторую легкость, как после выдержанной операции; но и другое чувство зашевелилось в нем, чувство, похожее на стыд... Фальшью, заранее условленной казенщиной, обыкновенной офицерской, студенческой штукой показался ему поединок, в котором он только что разыграл свою роль. Вспомнил он флегматического доктора, вспомнил, как он улыбнулся – то есть сморщил нос, когда увидел его, выходившего из лесу чуть не под руку с бароном Дёнгофом. А потом, когда Панталеоне

_____

[58] Раз... два... и три! (итал.).

выплачивал тому же доктору следуемые ему четыре червонца... Эх! нехорошо что-то!

Да; Санину было немножко совестно и стыдно... хотя, с другой стороны, что же ему было сделать? Не оставлять же без наказания дерзости молодого офицера, не уподобиться же г-ну Клюберу? Он заступился за Джемму, он защитил ее... Оно так; а все-таки у него скребло на душе, и было ему совестно, и даже стыдно.

Зато Панталеоне – просто торжествовал! Им внезапно обуяла гордость. Победоносный генерал, возвращающийся с поля выигранной им битвы, не озирался бы с бо́льшим самодовольствием. Поведение Санина во время поединка наполняло его восторгом. Он величал его героем – и слышать не хотел его увещаний и даже просьб.

Он сравнивал его с монументом из мрамора или бронзы – со статуей командора в «Дон-Жуане»! Про самого себя он сознавался, что почувствовал некоторое смятение. «Но ведь я артист, – заметил он, – у меня натура нервозная, а вы – сын снегов и скал гранитных».

Санин решительно не знал, как ему унять расходившегося артиста.

Почти на том же самом месте дороги, где часа два тому назад они настигли Эмиля, – он снова выскочил из-за дерева и с радостным криком на губах, помахивая картузом над головою и подпрыгивая, бросился прямо к карете, чуть-чуть не попал под колесо и, не дожидаясь, чтобы лошади остановились, вскарабкался через закрытые дверцы – и так и впился в Санина.

– Вы живы, вы не ранены! – твердил он. – Простите меня, я не послушался вас, я не вернулся во Франкфурт... Я не мог! Я ждал вас здесь... Расскажите мне, как это было! Вы... убили его?

Санин с трудом успокоил и усадил Эмиля.

Многоглаголиво, с видимым удовольствием сообщил ему Панталеоне все подробности поединка, и уж, конечно, не преминул снова упомянуть о монументе из бронзы, о статуе командора! Он даже встал с своего места и, растопырив ноги, для удержания равновесия, скрестив на груди руки и презрительно скосясь через плечо, воочию представлял командора-Санина! Эмиль слушал с благоговением, изредка прерывая рассказ восклицанием или быстро приподнимаясь и столь же быстро целуя своего героического друга.

Колеса кареты застучали о мостовую Франкфурта – и остановились наконец перед гостиницей, в которой жил Санин.

В сопровождении своих двух спутников взбирался он по лестнице во второй этаж – как вдруг из темного коридорчика проворными шагами вышла женщина: лицо ее было покрыто вуалью; она остановилась перед Саниным, слегка пошатнулась, вздохнула трепетно, тотчас же побежала вниз на улицу – и скрылась, к великому изумлению кельнера, который объявил, что «эта дама более часа ожидала возвращения господина иностранца». Как ни мгновенно было ее появление, Санин успел узнать в ней Джемму. Он узнал ее глаза под плотным шелком коричневой вуали.

– Разве фрейлейн Джемме было известно... – протянул он недовольным голосом, по-немецки, обратившись к Эмилю и Панталеоне, которые шли за ним по пятам.

Эмиль покраснел и смешался.

– Я принужден был ей всё сказать, – пролепетал он, – она догадывалась, и я никак не мог... Но ведь теперь это ничего не значит, – подхватил он с живостью, – всё так прекрасно кончилось, и она вас видела здоровым и невредимым!

Санин отвернулся.

– Какие вы, однако, болтуны оба! – промолвил он с досадой, вошел к себе в комнату и сел на стул.

– Не сердитесь, пожалуйста, – взмолился Эмиль.

– Хорошо, я не буду сердиться. (Санин действительно не сердился – да и, наконец, едва ли бы мог он желать, чтобы Джемма ничего не узнала.) Хорошо... полноте обниматься. Ступайте теперь Я хочу остаться наедине. Я лягу спать. Я устал.

– Превосходная мысль! – воскликнул Панталеоне. – Вам нужно отдохновение! Вы его вполне заслужили, благородный синьоре! Пойдем, Эмилио! На цыпочках! На цыпочках! Шшшш!

Сказавши, что он хочет спать, Санин желал только отделаться от своих товарищей; но, оставшись один, он взаправду почувствовал значительную усталость во всех членах: всю предшествовавшую ночь он почти не смыкал глаз и, бросившись на постель, немедленно заснул глубоким сном.

XXIII

Несколько часов сряду он спал беспробудно. Потом ему стало грезиться, что он опять дерется на дуэли, что в качестве противника стоит перед ним г-н Клюбер, а на елке сидит попугай, и этот попугай Панталеоне, и твердит он, щелкая носом: раз-раз-раз! раз-раз-раз!

«Раз... раз... раз!!» послышалось ему уже слишком явственно: он открыл глаза, приподнял голову... кто-то стучался к нему в дверь.

– Войдите! – крикнул Санин.

Появился кельнер и доложил, что одной даме очень нужно его видеть.

«Джемма!» – мелькнуло у него в голове... но дама оказалась ее матерью – фрау Леноре.

Она, как только вошла, тотчас опустилась на стул и начала плакать.

– Что с вами, моя добрая, милая г-жа Розелли? – начал Санин, подсев к ней и с тихой лаской касаясь ее руки. – Что случилось? Успокойтесь, прошу вас.

– Ах, Herr Dimitri, я очень... очень несчастна!

– Вы несчастны?

– Ах, очень! И могла ли я ожидать? Вдруг, как гром из ясного неба...

Она с трудом переводила дыхание.

– Но что такое? Объяснитесь! Хотите стакан воды?

– Нет, благодарствуйте. – Фрау Леноре утерла платком глаза и с новой силой заплакала. – Ведь я всё знаю! Всё!

– То есть как же: всё?

– Всё, что произошло сегодня! И причина... мне тоже известна! Вы поступили, как благородный человек; но какое несчастное стечение обстоятельств! Недаром мне не нравилась эта поездка в Соден... недаром! (Фрау Леноре ничего подобного не говорила в самый день поездки, но теперь ей казалось, что уже тогда она «всё» предчувствовала.) Я и пришла к вам, как к благородному человеку, как к другу, хотя я увидала вас в первый раз пять дней тому назад... Но ведь я вдова, одинокая... Моя дочь...

Слезы заглушили голос фрау Леноре. Санин не знал, что подумать.

– Ваша дочь? – повторил он.

– Моя дочь, Джемма, – вырвалось почти со стоном у фрау Леноре из-под смоченного слезами платка, – объявила мне сегодня, что не хочет выйти замуж за г-на Клюбера и что я должна отказать ему!

Санин даже отодвинулся слегка: он этого не ожидал.

– Я уже не говорю о том, – продолжала фрау Леноре, – что это позор, что этого никогда на свете не бывало, чтобы невеста отказала жениху; но ведь это для нас разорение, Herr Dimitri! – Фрау Леноре старательно и туго свернула платок в маленький-маленький клубочек, точно она хотела заключить в него всё свое горе. – Жить доходами с нашего магазина мы больше не можем, Herr Dimitri! а г-н Клюбер очень богат и будет еще богаче. И за что же ему отказать? За то, что он не вступился за свою невесту? Положим, это не совсем хорошо с его стороны, но ведь он статский человек, в университете не воспитывался и, как солидный торговец, должен был презреть легкомысленную шалость неизвестного офицерчика. И какая же это обида, Herr Dimitri?

– Позвольте, фрау Леноре, вы словно осуждаете меня...

– Нисколько я вас не осуждаю, нисколько! Вы совсем другое дело; вы, как все русские, военный...

– Позвольте, я вовсе не...

– Вы иностранец, проезжий, я вам благодарна, – продолжала фрау Леноре, не слушая Санина. Она задыхалась, разводила руками, снова развертывала платок и сморкалась. По одному тому, как выражалось ее горе, можно было видеть, что она родилась не под северным небом.

– И как же будет г-н Клюбер торговать в магазине, если он будет драться с покупателями? Это совсем несообразно! И теперь я должна ему отказать! Но чем мы будем жить? Прежде мы одни делали девичью кожу и нуга́ с фисташками – и к нам ходили покупатели, а теперь все делают девичью кожу!! Вы подумайте: уж без того в городе будут говорить о вашей дуэли... разве это можно утаить? И вдруг свадьба расстраивается! Ведь это шкандал, шкандал! Джемма – прекрасная девушка; она очень любит меня, но она упрямая республиканка, бравирует мнением других. Вы одни можете ее уговорить!

Санин изумился еще пуще прежнего.

– Я, фрау Леноре?

– Да, вы одни... Вы одни. Я затем и пришла к вам: я ничего другого придумать не умела! Вы такой ученый, такой хороший человек! Вы же за нее заступились. Вам она поверит! Она должна вам поверить – вы ведь жизнью своей рисковали! Вы ей докажете, а я уже больше ничего не могу! Вы ей докажете, что она и себя и всех нас погубит. Вы спасли моего сына – спасите и дочь! Вас сам бог послал сюда... Я готова на коленях просить вас...

И фрау Леноре наполовину приподнялась со стула, как бы собираясь упасть Санину в ноги... Он удержал ее.

– Фрау Леноре! Ради бога! Что вы это? Она судорожно схватила его за руки.

– Вы обещаетесь?

– Фрау Леноре, подумайте, с какой стати я...

– Вы обещаетесь? Вы не хотите, чтобы я тут же, сейчас, умерла перед вами?

Санин потерялся. Ему в первый раз в жизни приходилось иметь дело с загоревшейся итальянскою кровью.

– Я сделаю всё, что будет вам угодно! – воскликнул он. – Я поговорю с фрейлейн Джеммой...

Фрау Леноре вскрикнула от радости.

– Только я, право, не знаю, какой может выйти результат...

– Ах, не отказывайтесь, не отказывайтесь! – промолвила фрау Леноре умоляющим голосом, – вы уже согласились! Результат, наверное, выйдет отличный. Во всяком случае, я уже больше ничего не могу! Меня она не послушается!

– Она так решительно объявила вам свое нежелание выйти за г-на Клюбера? – спросил Санин после небольшого молчания.

– Как ножом отрезала! Она вся в отца, в Джиован'Баттиста! Бедовая!

– Бедовая? она?.. – протяжно повторил Санин.

– Да... да... но она тоже ангел. Она вас послушается. Вы придете, придете скоро? О мой милый русский друг! – Фрау Леноре порывисто встала со стула и так же порывисто обхватила голову сидевшего перед ней Санина. – Примите благословение матери – и дайте мне воды!

Санин принес г-же Розелли стакан воды, дал ей честное слово, что придет немедленно, проводил ее по лестнице до улицы – и, вернувшись в свою комнату, даже руками всплеснул и глаза вытаращил.

– «Вот, – подумал он, – вот теперь завертелась жизнь! Да и так завертелась, что голова кругом пошла». Он и не попытался взглянуть внутрь себя, понять, что там происходит: сумятица – и баста! «Выдался денек! – невольно шептали его губы. – Бедовая... говорит ее мать... И я должен ей советовать – ей?! И что советовать?!»

Голова действительно кружилась у Санина – и над всем этим вихрем разнообразных ощущений, впечатлений, недосказанных мыслей постоянно носился образ Джеммы, тот образ, который так неизгладимо врезался в его память в ту теплую, электрически-потрясенную ночь, в том темном окне, под лучами роившихся звезд!

XXIV

Нерешительными шагами подходил Санин к дому г-жи Розелли. Сердце его сильно билось; он явственно чувствовал и даже слышал, как оно толкалось в ребра. Что он скажет Джемме, как заговорит с нею? Он вошел в дом не через кондитерскую, но по заднему крыльцу. В небольшой передней комнате он встретил фрау Леноре. Она и обрадовалась ему и испугалась.

– Я ждала, ждала вас, – проговорила она шёпотом, попеременно обеими руками стискивая его руку. – Ступайте в сад; она там. Смотрите же: я на вас надеюсь!

Санин отправился в сад.

Джемма сидела на скамейке, близ дорожки, и из большой корзины, наполненной вишнями, отбирала самые спелые на тарелку. Солнце стояло низко – был уже седьмой час вечера – и в широких косых лучах, которыми оно затопляло весь маленький садик г-жи Розелли, было больше багрянца, чем золота. Изредка, чуть слышно и словно не спеша, перешептывались листья, да отрывисто жужжали, перелетая с цветка на соседний цветок, запоздалые пчелы, да где-то ворковала горлинка – однообразно и неутомимо.

На Джемме была та же круглая шляпа, в которой она ездила в Соден. Она глянула на Санина из-под ее выгнутого края и снова наклонилась к корзинке.

Санин приблизился к Джемме, невольно укорачивая каждый шаг, и... и... И ничего другого не нашелся сказать ей, как только спросить: зачем это она отбирает вишни?

Джемма не тотчас отвечала ему.

– Эти – поспелее, – промолвила она наконец, – пойдут на варенье, а те на начинку пирогов. Знаете, мы продаем такие круглые пироги с сахаром.

Сказав эти слова, Джемма еще ниже наклонила голову, и правая ее рука, с двумя вишнями в пальцах, остановилась на воздухе между корзинкой и тарелкой.

– Можно подсесть к вам? – спросил Санин.

– Можно. – Джемма слегка подвинулась на скамейке. Санин поместился возле нее. «Как начать?» – думалось ему. Но Джемма вывела его из затруднения.

– Вы дрались сегодня на дуэли, – заговорила она с живостью и обернулась к нему всем своим прекрасным, стыдливо вспыхнувшим лицом, – а какой глубокой благодарностью светились ее глаза! – И вы так спокойны? Стало быть, для вас не существует опасности?

– Помилуйте! Я никакой опасности не подвергался. Всё обошлось очень благополучно и безобидно.

Джемма повела пальцем направо и налево перед глазами... Тоже итальянский жест.

– Нет! нет! не говорите этого! Вы меня не обманете! Мне Панталеоне всё сказал!

– Нашли кому верить! Сравнивал он меня с статуей командора?

– Выражения его могут быть смешны, но ни чувство его не смешно, ни то, что вы сделали сегодня. И всё это из-за меня... для меня... Я этого никогда не забуду.

– Уверяю вас, фрейлейн Джемма…

– Я этого не забуду, – с расстановкой повторила она, еще раз пристально посмотрела на него и отвернулась.

Он мог теперь видеть ее тонкий, чистый профиль, и ему казалось, что он никогда не видывал ничего подобного и не испытывал ничего подобного тому, что он чувствовал в этот миг. Душа его разгоралась.

«А мое обещание!» – мелькнуло у него в мыслях.

– Фрейлейн Джемма... – начал он после мгновенного колебания.

– Что?

Она не повернулась к нему, она продолжала разбирать вишни, осторожно бралась концами пальцев за их хвостики, заботливо приподнимала листочки... Но какой доверчивой лаской прозвучало это одно слово: «что!»

– Вам ваша матушка ничего не сообщала... насчет...

– Насчет?

– На мой счет?

Джемма вдруг отбросила назад в корзину взятые ею вишни.

– Она говорила с вами? – спросила она в свою очередь.

– Да.

– Что же она вам такое сказала?

– Она сказала мне, что вы... что вы внезапно решились переменить... свои прежние намерения.

Голова Джеммы опять наклонилась. Она вся исчезла под шляпой; виднелась только шея, гибкая и нежная, как стебель крупного цветка.

– Какие намерения?

– Ваши намерения... касательно... будущего устройства вашей жизни.

– То есть... Вы это говорите... о г-не Клюбере?

– Да.

– Вам мама сказала, что я не желаю быть женою г-на Клюбера?

– Да.

Джемма подвинулась на скамейке. Корзина накренилась, упала... несколько вишен покатилось на дорожку. Прошла минута... другая...

– Зачем она вам это сказала? – послышался ее голос. Санин по-прежнему видел одну шею Джеммы. Грудь ее поднималась и опускалась быстрее прежнего.

– Зачем? Ваша матушка подумала, что так как мы с вами в короткое время, можно сказать, подружились, и вы возымели некоторое доверие ко мне, то я в состоянии подать вам полезный совет – и вы меня послушаетесь.

Руки Джеммы тихонько соскользнули на колени... Она принялась перебирать складки своего платья.

– Какой же вы мне совет дадите, monsieur Dimitri? – спросила она погодя немного.

Санин увидал, что пальцы Джеммы дрожали на ее коленях... Она и складки платья перебирала только для того, чтобы скрыть эту дрожь. Он тихонько положил свою руку на эти бледные, трепетные пальцы.

– Джемма, – промолвил он, – отчего вы не смотрите на меня?

Она мгновенно отбросила назад через плечо свою шляпу – и устремила на него глаза, доверчивые и благодарные по-прежнему. Она ждала, что он заговорит... Но вид ее лица смутил и словно ослепил его. Теплый блеск вечернего солнца озарял ее молодую голову – и выражение этой головы было светлее и ярче самого этого блеска.

– Я вас послушаюсь, monsieur Dimitri, – начала она, чуть-чуть улыбаясь и чуть-чуть приподнимая брови, – но какой же совет дадите вы мне?

– Какой совет? – повторил Санин. – Вот видите ли, ваша матушка полагает, что отказать г-ну Клюберу только потому, что он третьего дня не выказал особенной храбрости...

– Только потому? – проговорила Джемма, нагнулась, подняла корзину и поставила ее возле себя на скамейку.

– Что... вообще... отказать ему, с вашей стороны – неблагоразумно; что это – такой шаг, все последствия которого нужно хорошенько взвесить; что, наконец, самое положение ваших дел налагает известные обязанности на каждого члена вашего семейства...

– Это всё – мнение мамы, – перебила Джемма, – это ее слова. Это я знаю; но ваше какое мнение?

– Мое? – Санин помолчал. Он чувствовал, что-то подступило к нему под горло и захватывало дыхание. – Я тоже полагаю, – начал он с усилием...

Джемма выпрямилась.

– Тоже? Вы – тоже?

– Да... то есть... – Санин не мог, решительно не мог прибавить ни единого слова.

– Хорошо, – сказала Джемма. – Если вы, как друг, советуете мне изменить мое решение... то есть не менять моего прежнего решения, – я подумаю. – Она, сама не замечая, что делает, начала перекладывать вишни обратно из тарелки в корзину... – Мама надеется, что я вас послушаюсь... Что ж? Я, быть может, точно послушаюсь вас.

– Но позвольте, фрейлейн Джемма, я сперва желал бы узнать, какие причины побудили вас...

– Я вас послушаюсь, – повторила Джемма, а у самой брови всё надвигались, щеки бледнели; она покусывала нижнюю губу. – Вы так много для меня сделали, что и я обязана сделать, что вы хотите; обязана исполнить ваше желание. Я скажу маме... я подумаю. Вот она, кстати, идет сюда.

Действительно: фрау Леноре показалась на пороге двери, ведущей из дома в сад. Нетерпение ее разбирало: она не могла усидеть на месте. По ее

142

расчету, Санин давным-давно должен был окончить свое объяснение с Джеммой, хотя его беседа с нею не продолжалась и четверти часа.

— Нет, нет, нет, ради бога, не говорите ей пока ничего, — торопливо, почти с испугом произнес Санин. — Подождите... я вам скажу, я вам напишу... а вы до тех пор не решайтесь ни на что... подождите!

Он стиснул руку Джеммы, вскочил со скамейки — и, к великому изумлению фрау Леноры, прошмыгнул мимо ее, приподняв шляпу, пробурчал что-то невнятное — и скрылся.

Она подошла к дочери.

— Скажи мне, пожалуйста, Джемма...

Та вдруг поднялась и обняла ее.

— Милая мама, можете вы подождать немножко, крошечку... до завтрашнего дня? Можете? И с тем, чтобы уж до завтра ни слова?.. Ах!..

Она залилась внезапными светлыми, для нее самой неожиданными слезами. Это тем более удивило фрау Леноре, что выражение Джеммина лица было далеко не печальное, скорее радостное.

— Что с тобой? — спросила она. — Ты у меня никогда не плачешь — и вдруг...

— Ничего, мама, ничего! только вы подождите. Нам обеим надо подождать. Не спрашивайте ничего до завтра — и давайте разбирать вишни, пока солнце не село.

— Но ты будешь благоразумна?

— О, я очень благоразумна! — Джемма значительно покачала головою. Она начала связывать небольшие пучки вишен, держа их высоко перед краснеющим лицом. Слез своих она не утирала: они высохли сами.

XXV

Чуть не бегом возвратился Санин в свою квартиру. Он чувствовал, он сознавал, что только там, только наедине с самим собою, ему выяснится наконец, что́ с ним, что́ с ним такое? И действительно: не успел он войти в свою комнату, не успел сесть перед письменным столом, как, облокотись об этот самый стол обеими руками и прижав обе ладони к лицу, — он горестно и глухо воскликнул: «Я ее люблю, люблю безумно!» — и весь внутренно зарделся, как уголь, с которого внезапно сдули наросший слой мертвого пепла. Мгновение... и уже он не в силах был понять, как он мог сидеть рядом с нею... с нею! — и разговаривать с нею, и не чувствовать, что он обожает самый край ее одежды, что он готов, как выражаются молодые люди, «умереть у ее ног». Последнее свидание в саду всё решило. Теперь, когда он думал о ней, – она уже не представлялась ему с развеянными кудрями, в сиянии звезд, – он видел ее сидящей на скамейке, видел, как она разом сбрасывает с себя шляпу и глядит на него так доверчиво... и трепет и жажда любви перебегали по всем его жилам. Он вспомнил о розе, которую вот уже третий день носил у себя в кармане: он выхватил ее и с такой лихорадочной силой прижал ее к своим губам, что невольно поморщился от боли. Теперь уже он ни о чем не рассуждал, ничего не соображал, не рассчитывал и не предвидел; он отделился от всего прошлого, он прыгнул вперед: с унылого берега своей одинокой, холостой жизни бухнулся он в тот веселый, кипучий, могучий поток – и горя ему мало, и знать он не хочет, куда он его вынесет, и не разобьет ли он его о скалу! Это уже не те тихие струи уландовского романса, которые недавно его баюкали... Это сильные, неудержимые волны! Они летят и скачут вперед – и он летит с ними.

Он взял лист бумаги – и без помарки, почти одним взмахом пера, написал следующее:

«Милая Джемма!

Вы знаете, какой совет я взял на себя преподать вам, вы знаете, чего желает ваша матушка и о чем она меня просила, – но чего вы не знаете и что я обязан вам теперь сказать, – это то, что я люблю вас, люблю со всею страстью сердца, полюбившего в первый раз! Этот огонь вспыхнул во мне внезапно, но с такой силой, что я не нахожу слов!! Когда ваша матушка пришла ко мне и просила меня – он еще только тлел во мне – а то я, как честный человек, наверное бы отказался исполнить ее поручение... Самое признание, которое я вам теперь делаю, есть признание честного человека. Вы должны знать, с кем имеете дело, – между нами не должно существовать недоразумений. Вы видите, что я не могу давать вам никаких советов... Я вас люблю, люблю, люблю – и больше нет у меня ничего – ни в уме, ни в сердце!!

Дм. Санин».

Сложив и запечатав эту записку, Санин хотел было позвонить кельнера и послать ее с ним... Нет! этак неловко... Через Эмиля? Но отправиться в магазин, отыскивать его там между другими комми – неловко тоже. Притом уже ночь на дворе – и он, пожалуй, уже ушел из магазина. Размышляя таким образом, Санин, однако, надел шляпу и вышел на улицу; повернул за угол, за другой – и, к неописанной своей радости, увидал перед собою Эмиля. С сумкой под мышкой, со свертком бумаги в руке, молодой энтузиаст спешил домой.

«Недаром говорят, что у каждого влюбленного есть звезда», – подумал Санин и позвал Эмиля.

Тот обернулся и тотчас бросился к нему.

144

Санин не дал ему восторгаться, вручил ему записку, объяснил ему, кому и как ее передать... Эмиль слушал внимательно.

– Чтобы никто не видел? – спросил он, придав своему лицу выражение знаменательное и таинственное: мы, дескать, понимаем, в чем вся суть!

– Да, мой дружок, – проговорил Санин и немножко сконфузился, однако потрепал Эмиля по щеке... – И если ответ будет... Вы мне принесете ответ, не правда ли? Я буду сидеть дома.

– Уж об этом не беспокойтесь! – весело шепнул Эмиль, побежал прочь и на бегу еще раз кивнул ему.

Санин вернулся домой – и, не зажигая свечи, бросился на диван, занес руки за голову и предался тем ощущениям только что сознанной любви, которые и описывать нечего: кто их испытал, тот знает их томление и сладость; кто их не испытал – тому их не растолкуешь.

Дверь растворилась – показалась голова Эмиля.

– Принес, – сказал он шёпотом, – вот он, ответ-то!

Он показал и поднял над головою свернутую бумажку.

Санин вскочил с дивана и выхватил ее из рук Эмиля. Страсть в нем слишком сильно разыгралась: не до скрытности было ему теперь, не до соблюдения приличия – даже перед этим мальчиком, ее братом. Он бы посовестился его, он бы принудил себя – если б мог!

Он подошел к окну – и при свете уличного фонаря, стоявшего перед самым домом, прочел следующие строки:

«Я вас прошу, я умоляю вас – целый завтрашний день не приходить к нам, не показываться. Мне это нужно, непременно нужно – а там всё будет решено. Я знаю, вы мне не откажете, потому что...

Джемма».

Санин два раза прочел эту записку – о, как трогательно мил и красив показался ему ее почерк! – подумал немного и, обратившись к Эмилю, который, желая дать понять, какой он скромный молодой человек, стоял лицом к стене и колупал в ней ногтем, – громко назвал его по имени.

Эмиль тотчас подбежал к Санину.

– Что прикажете?

– Послушайте, дружок...

– M-r Димитрий, – перебил его Эмиль жалобным голосом, – отчего вы не говорите мне: ты?

Санин засмеялся.

– Ну, хорошо. Послушай, дружок (Эмиль слегка подпрыгнул от удовольствия), – послушай: там, ты понимаешь, там ты скажешь, что всё будет исполнено в точности (Эмиль сжал губы и важно качнул головою), – а сам... Что ты делаешь завтра?

– Я? Что я делаю? Что вы хотите, чтобы я делал?

– Если тебе можно, приходи ко мне поутру, пораньше, – и мы до вечера будем гулять по окрестностям Франкфурта... Хочешь?

Эмиль опять подпрыгнул.

– Помилуйте, что может быть на свете лучше? Гулять с вами – да это просто чудо! Приду непременно!

– А если тебя не отпустят?

– Отпустят!

– Слушай... Не сказывай там, что я тебя звал на целый день.

– Зачем сказывать? Да я так уйду! Что за беда!

Эмиль крепко поцеловал Санина и убежал.

А Санин долго ходил по комнате и поздно лег спать. Он предался тем же жутким и сладким ощущениям, тому же радостному замиранию перед новой жизнью. Санин был очень доволен тем, что возымел мысль пригласить на завтрашний день Эмиля; он походил лицом на сестру. «Будет напоминать ее», – думалось Санину.

Но больше всего удивлялся он тому: как мог он вчера быть иначе, чем сегодня? Ему казалось, что он «вечно» любил Джемму – и именно так точно ее любил, как он любил ее сегодня.

XXVI

На другой день, в восемь часов утра, Эмиль, с Тартальей на сворке, отъявился к Санину. Происходи он от германских родителей, он бы не мог выказать бо́льшую аккуратность. Дома он солгал: сказал, что погуляет с Саниным до завтрака, а потом отправится в магазин. Пока Санин одевался, Эмиль заговорил было с ним, правда, довольно нерешительно, о Джемме, об ее размолвке с г-м Клюбером; но Санин сурово промолчал ему в ответ, а Эмиль, показав вид, что понимает, почему не следует слегка касаться этого важного пункта, уже не возвращался к нему – и только изредка принимал сосредоточенное и даже строгое выражение.

Напившись кофе, оба приятеля отправились – пешком, разумеется, – в Гаузен, небольшую деревеньку, лежащую в недальнем расстоянии от Франкфурта и окруженную лесами. Вся цепь гор Таунуса видна оттуда, как на ладони. Погода была прекрасная; солнце сияло и грело, но не пекло; свежий ветер бойко шумел в зеленых листьях; по земле, небольшими пятнами, плавно и быстро скользили тени высоких круглых облачков. Молодые люди скоро выбрались из города и бодро и весело зашагали по гладко выметенной дороге. Зашли в лес и долго там проплутали; потом очень плотно позавтракали в деревенском трактире; потом лазали на горы, любовались видами, пускали сверху камни и хлопали в ладоши, глядя, как эти камни забавно и странно сигают, наподобие кроликов, пока проходивший внизу, невидимый для них, человек не выбранил их звонким и сильным голосом; потом лежали, раскинувшись, на коротком сухом мохе желто-фиолетового цвета; потом пили пиво в другом трактире, потом бегали взапуски, прыгали на пари: кто дальше? Открыли эхо и беседовали с ним, пели, аукались, боролись, ломали сучья, украшали свои шляпы ветками папоротника и даже танцевали. Тарталья, насколько мог и умел, участвовал во всех этих занятиях: камней он, правда, не бросал, но сам кубарем катился за ними, подвывал, когда молодые люди пели, и даже пиво пил, хотя с видимым отвращением: этому искусству его выучил студент, которому он некогда принадлежал. Впрочем, Эмиля он слушался плохо – не то, что своего хозяина Панталеоне, и когда Эмиль приказывал ему «говорить» или «читать», – только хвостиком повиливал и высовывал язык трубочкой.

Молодые люди также беседовали между собою. В начале прогулки Санин, как старший и потому более рассудительный, завел было речь о том, что такое фатум, или предопределение судьбы, и что значит и в чем состоит призвание человека; но разговор вскорости принял направление менее серьезное. Эмиль стал расспрашивать своего друга и патрона о России, о том, как там дерутся на дуэли и красивы ли там женщины, и скоро ли можно выучиться русскому языку, и что он почувствовал, когда офицер целился в него? А Санин в свою очередь расспрашивал Эмиля об его отце, о матери, вообще об их семейных делах всячески стараясь не упоминать имени Джеммы – и думая только о ней. Собственно говоря, он даже о ней не думал – а о завтрашнем дне, о том таинственном завтрашнем дне, который принесет ему неведомое, небывалое счастье! Точно завеса, тонкая, легкая завеса висит, слабо колыхаясь, перед его умственным взором, – и за той завесой он чувствует... чувствует присутствие молодого неподвижного, божественного лика с ласковой улыбкой на устах и строго, притворно-строго опущенными ресницами. И этот лик – не лицо Джеммы, это лицо самого счастья! И вот настал наконец его час, завеса взвилась, открываются уста, ресницы поднимаются – увидало его божество – и тут уже свет, как от солнца, и радость, и восторг нескончаемый!! Он думает об этом завтрашнем дне – и душа его опять радостно замирает в млеющей тоске беспрестанно возрождающегося ожидания!

И ничему не мешает это ожидание, эта тоска. Она сопровождает каждое его движение и ничему не мешает. Не мешает она ему отлично пообедать в третьем трактире с Эмилем – и только изредка, как короткая молния, вспыхивает в нем мысль, что – если б кто-нибудь на свете знал??!! Не, мешает ему эта тоска играть после обеда с Эмилем в чехарду. На привольном зеленом лужку происходит эта игра... и каково изумление, каков конфуз Санина, когда, под ярый лай Тартальи, ловко растопырив ноги и перелетая птицей через прикорнувшего Эмиля, – он внезапно видит перед собою, на самой кайме зеленого лужка, двух офицеров, в которых он немедленно узнает своего вчерашнего противника и его секунданта, г-д фон Дёнгофа и фон Рихтера! Каждый из них вставил по стеклышку в глаз и глядит на него и ухмыляется... Санин падает на ноги, отворачивается, поспешно надевает сброшенное пальто, говорит отрывистое слово Эмилю, тот тоже надевает куртку – и оба немедленно удаляются.

Поздно вернулись они во Франкфурт.

– Будут меня бранить, – говорил Санину Эмиль, прощаясь с ним, – ну да всё равно! Зато я такой чудный, чудный день провел!

Вернувшись к себе в гостиницу, Санин нашел записку от Джеммы. Она назначала ему свидание – на следующий день, в семь часов утра, в одном из публичных садов, со всех сторон окружающих Франкфурт.

Как дрогнуло его сердце! Как рад он был тому, что так беспрекословно ей повиновался! И, боже мой, что сулил... чего не сулил этот небывалый, единственный, невозможный – и несомненный завтрашний день!

Он впился глазами в записку Джеммы. Длинный изящный хвостик буквы G, первой буквы ее имени, стоявшей на конце листа, напомнил ему ее красивые пальцы, ее руку... Он подумал, что ни разу не прикоснулся к этой руке губами...

«Итальянки, – думал он, – вопреки молве о них, стыдливы и строги... А уж Джемма и подавно! Царица... богиня... мрамор девственный и чистый...

Но придет время – и оно недалеко...»

Был в ту ночь во Франкфурте один счастливый человек... Он спал; но он мог сказать про себя словами поэта:

Я сплю... но сердце чуткое не спит...

Оно и билось так легко, как бьет крылами мотылек, приникший к цветку и облитый летним солнцем.

XXVII

В пять часов Санин проснулся, в шесть уже был одет, в половине седьмого расхаживал по публичному саду, в виду небольшой беседки, о которой Джемма упомянула в своей записке.

Утро было тихое, теплое, серое. Иногда казалось, что вот-вот пойдет дождь; но протянутая рука ничего не ощущала, и только глядя на рукав платья, можно было заметить следы крохотных, как мельчайший бисер, капель; но и те скоро прекратились. Ветра – точно на свете никогда не бывало. Каждый звук не летел, а разливался кругом; в отдалении чуть сгущался беловатый пар, в воздухе пахло резедой и цветами белых акаций.

На улицах еще не открывались лавки, но уже показались пешеходы; изредка стучала одинокая карета... В саду гулявших не было. Садовник скоблил, не торопясь, дорожку лопатой, да дряхлая старушонка в черном суконном плаще проковыляла через аллею. Ни на одно мгновение не мог Санин принять это убогое существо за Джемму – и, однако же, сердце в нем ёкнуло, и он внимательно следил глазами за удалявшимся черным пятном.

Семь! прогудели часы на башне.

Санин остановился. Неужели она не придет? Трепет холода внезапно пробежал по его членам. Тот же трепет повторился в нем мгновенье спустя, но уже от другой причины. Санин услышал за собою легкие шаги, легкий шум женской одежды... Он обернулся: она!

Джемма шла сзади его по дорожке. На ней была серенькая мантилья и небольшая темная шляпа. Она глянула на Санина, повернула голову в сторону – и, поравнявшись с ним, быстро прошла мимо.

– Джемма, – проговорил он едва слышно.

Она слегка кивнула ему – и продолжала идти вперед. Он последовал за нею.

Он дышал прерывисто. Ноги плохо его слушались.

Джемма миновала беседку, взяла направо, миновала небольшой плоский бассейн, в котором хлопотливо плескался воробей, и, зайдя за клумбу высоких сиреней, опустилась на скамью. Место было уютное и закрытое. Санин сел возле нее.

Прошла минута – и ни он, ни она слова не промолвили; она даже не глядела на него – и он глядел ей не в лицо, а на сложенные руки, в которых она держала маленький зонтик. Что было говорить? Что было сказать такого, что по значению своему могло бы равняться одному их присутствию здесь, вместе, наедине, так рано, так близко друг от друга?

– Вы... на меня не сердитесь? – произнес наконец Санин.

Трудно было Санину сказать что-нибудь глупее этих слов... он сам это сознавал... Но по крайней мере молчание было нарушено.

– Я? – отвечала она.– За что? Нет.

– И вы верите мне? – продолжал он.

– Тому, что вы написали?

– Да.

Джемма опустила голову и ничего не промолвила. Зонтик выскользнул из ее рук. Она поспешно поймала его, прежде чем он упал на дорожку.

– Ах, верьте мне, верьте тому, что я писал вам, – воскликнул Санин; вся робость его вдруг исчезла – он заговорил с жаром. – Если есть на земле правда, святая, несомненная правда, – так это то, что я люблю вас, люблю вас страстно, Джемма!

Она бросила на него косвенный, мгновенный взгляд – и опять чуть не уронила зонтик.

– Верьте мне, верьте мне, – твердил он. Он умолял ее, протягивал к ней руки и не смел коснуться ее. – Что вы хотите, чтобы я сделал... чтоб убедить вас?

Она опять глянула на него.

– Скажите, monsieur Dimitri, – начала она, – третьего дня, когда вы пришли меня уговаривать, – вы, стало быть, еще не знали... не чувствовали...

– Я чувствовал, – подхватил Санин, – но не знал. Я полюбил вас с самого того мгновенья, как я вас увидел, – но не тотчас понял, чем вы стали для меня! К тому же я услыхал, что вы обрученная невеста... Что же касается до поручения вашей матушки, – то, во-первых, как бы я мог отказаться? а, во-вторых, – я, кажется, так передал вам это поручение, что вы могли догадаться...

Послышались тяжелые шаги, и довольно плотный господин, с саквояжем через плечо, очевидно иностранец, выдвинулся из-за клумбы – и, с бесцеремонностью заезжего путешественника окинув взором сидевшую на скамейке парочку, громко кашлянул и прошел далее.

– Ваша матушка, – заговорил Санин, как только стук тяжелых ног затих, – сказала мне, что ваш отказ произведет скандал (Джемма чуть-чуть нахмурилась); что я отчасти сам подал повод к неблаговидным толкам и что... следовательно... на мне – до некоторой степени – лежала обязанность уговорить вас не отказывать вашему жениху, г-ну Клюберу...

– Monsieur Dimitri, – промолвила Джемма и провела рукой по волосам со стороны, обращенной к Санину, – не называйте, пожалуйста, г-на Клюбера моим женихом. Я не буду его женой никогда. Я ему отказала.

– Вы ему отказали? Когда?

– Вчера.

– Ему самому?

– Ему самому. У нас в доме. Он приходил к нам.

– Джемма! Стало быть, вы любите меня?

Она обернулась к нему.

– Иначе... разве бы я пришла сюда? – шепнула она, и обе ее руки упали на скамью.

Санин схватил эти бессильные, ладонями кверху лежавшие руки – и прижал их к своим глазам, к своим губам... Вот когда взвилась та завеса, которая мерещилась ему накануне! Вот оно, счастье, вот его лучезарный лик!

Он приподнял голову и посмотрел на Джемму – прямо и смело. Она тоже смотрела на него – несколько сверху вниз. Взор ее полузакрытых глаз едва мерцал, залитый легкими, блаженными слезами. А лицо не улыбалось... нет! оно смеялось, тоже блаженным, хотя беззвучным смехом.

Он хотел привлечь ее к себе на грудь, но она отклонилась и, не переставая смеяться тем же беззвучным смехом, отрицательно покачала головою. «Подожди», – казалось, говорили ее счастливые глаза.

– О, Джемма! – воскликнул Санин, – мог ли я думать, что ты (сердце в нем затрепетало, как струна, когда его губы в первый раз произнесли это «ты») – что ты меня полюбишь!

– Я сама не ожидала этого, – тихо проговорила Джемма.

– Мог ли я думать, – продолжал Санин, – мог ли я думать, подъезжая к Франкфурту, где я полагал остаться всего несколько часов, что я здесь найду счастье всей моей жизни!

– Всей жизни? Точно? – спросила Джемма.

– Всей жизни, навек и навсегда! – воскликнул Санин с новым порывом.

Лопата садовника внезапно заскребла в двух шагах от скамейки, на которой они сидели.

– Пойдем домой, – шепнула Джемма, – пойдем вместе – хочешь?

Если б она сказала ему в это мгновенье: «Бросься в море – хочешь?» – она не договорила бы последнего слова, как уж он бы летел стремглав в бездну.

Они вместе вышли из саду и направились к дому, не городскими улицами, а предместьем.

XXVIII

нее глаз и не переставал улыбаться. А она как будто спешила... как будто останавливалась. Правду сказать, оба они, он весь бледный, она вся розовая от волнения, подвигались вперед, как отуманенные. То, что они сделали вдвоем несколько мгновений тому назад – это отдание своей души другой душе, – было так сильно, и ново, и жутко; так внезапно всё в их жизни переставилось и переменилось, что они оба не могли опомниться и только сознавали подхвативший их вихрь, подобный тому ночному вихрю, который чуть-чуть не бросил их в объятия друг другу. Санин шел и чувствовал, что он даже иначе глядит на Джемму: он мгновенно заметил несколько особенностей в ее походке, в ее движениях, – и, боже мой! как они были ему бесконечно дороги и милы! И она чувствовала, что он так на нее глядит.

Санин и она – полюбили в первый раз; все чудеса первой любви совершались над ними. Первая любовь – та же революция: однообразно-правильный строй сложившейся жизни разбит и разрушен в одно мгновенье, молодость стоит на баррикаде, высоко вьется ее яркое знамя, и что бы там впереди ее ни ждало – смерть или новая жизнь, – всему она шлет свой восторженный привет.

– Что? это никак наш старик? – промолвил Санин, указывая пальцем на закутанную фигуру, которая поспешно пробиралась сторонкой, как бы стараясь остаться незамеченной. Среди избытка блаженства он ощущал потребность говорить с Джеммой не о любви – то было дело решенное, святое, – а о чем-нибудь другом.

– Да, это Панталеоне, – весело и счастливо отвечала Джемма. – Он, наверное, вышел из дому по моим пятам; он уже вчера целый день следил за каждым моим шагом... Он догадывается!

– Он догадывается! – с восхищением повторил Санин. Что бы такое могла сказать Джемма, от чего он не пришел бы в восхищение?

Потом он попросил ее рассказать подробно всё, что именно произошло накануне.

И она немедленно начала рассказывать, спеша, путаясь, улыбаясь, вздыхая короткими вздохами и меняясь с Саниным короткими светлыми взглядами. Она рассказала ему, как, после третьегодняшнего разговора, мама всё хотела добиться от нее, Джеммы, чего-нибудь положительного; как она отделалась от фрау Леноры обещанием сообщить свое решение в течение суток; как она выпросила себе этот срок – и как это было трудно; как совершенно неожиданно явился г-н Клюбер, более чопорный и накрахмаленный, чем когда-либо; как он изъявил свое негодование по поводу мальчишески-непростительной и для него, Клюбера, глубоко оскорбительной (так именно он выразился) выходки русского незнакомца – он разумел твою дуэль – и как он потребовал, чтобы тебе немедленно отказали от дому. «Потому, – прибавил он, – и тут Джемма слегка передразнила его голос и манеру, – это бросает тень на мою честь; как будто я не сумел бы заступиться за свою невесту, если б нашел это необходимым или полезным! Весь Франкфурт завтра узнает, что чужой дрался с офицером за мою невесту, – на что это похоже? Это марает мою честь!» Мама с ним соглашалась – представь! – но тут я ему вдруг объявила, что он напрасно беспокоится о своей чести и о своей персоне, напрасно оскорбляется толками о своей невесте – потому что я больше ему не невеста, и никогда его женой не буду! Признаться, я хотела было сперва поговорить с вами... с тобою, прежде чем отказать ему окончательно; но он пришел... и я не могла удержаться. Мама даже закричала от испуга, а я вышла в другую комнату и принесла ему его кольцо – ты не заметил, я уже два дня тому назад сняла это кольцо – и отдала ему. Он ужасно обиделся; но так как он ужасно самолюбив и чванлив, то он не стал много разговаривать – и ушел. Разумеется, мне пришлось много вытерпеть от мамы, и очень мне было больно видеть, как она огорчалась, – и думала я, что я немножко поторопилась; но ведь у меня была твоя записка – и я без того уже знала...

– Что я тебя люблю, – подхватил Санин.

– Да... что ты полюбил меня.

Так говорила Джемма, путаясь и улыбаясь, и понижая всякий раз голос или вовсе умолкая, когда кто-нибудь шел ей навстречу или проходил мимо. А Санин слушал восторженно, наслаждаясь самым звуком ее голоса, как накануне он любовался ее почерком.

– Мама чрезвычайно огорчена, – начала снова Джемма, – и слова ее быстро-быстро бежали одно за другим, – она никак не хочет взять в соображение то, что г-н Клюбер мог мне опротиветь, что я и выходила-то за него не по любви, а вследствие ее усиленных просьб... Она подозревает... вас... тебя; то есть, прямо говоря, она уверена, что я тебя полюбила, – и это ей тем больнее, что еще третьего дня ей ничего подобного в голову не приходило, и она даже поручала тебе меня уговаривать... А странное это было поручение – не правда ли? Теперь она тебя... вас величает хитрецом, лукавым человеком, говорит, что вы обманули ее доверие, и предсказывает мне, что меня вы обманете...

– Но, Джемма, – воскликнул Санин, – разве ты ей не сказала...

– Я ничего не сказала! Какое я имела право, не переговоривши с вами?

Санин всплеснул руками.

– Джемма, я надеюсь, что теперь по крайней мере ты во всем ей сознаешься, ты приведешь меня к ней... Я хочу доказать твоей матушке, что я не обманщик!

Грудь Санина так и вздымалась от прилива великодушных и пламенных чувств!

Джемма глянула на него во все глаза.

– Вы точно хотите идти теперь к маме со мною? к маме, которая уверяет, что... что всё это между нами невозможно – и никогда сбыться не может?

Было одно слово, которое Джемма не решалась выговорить... Оно жгло ей губы; но тем охотнее произнес его Санин.

– Вступить с тобою в брак, Джемма, быть твоим мужем – я выше блаженства не знаю!

Ни любви своей, ни своему великодушию, ни решимости своей он уже не знал никаких пределов.

Услышав эти слова, Джемма, которая остановилась было на мгновенье, пошла еще скорее... Она как будто хотела убежать от этого слишком великого и нежданного счастья!

Но вдруг у ней ноги подкосились. Из-за угла переулка, в нескольких шагах от нее, в новой шляпе и новой бекеше, прямой, как стрела, завитый, как пудель, появился г-н Клюбер. Он увидал Джемму, увидал Санина – и, как-то внутренно фыркнув и перегнув назад свой гибкий стан, щегольски пошел им навстречу. Санина покоробило; но, взглянув на клюберовское лицо, которому владелец его, насколько в нем хватало уменья, тщился придать выражение презрительного изумления и даже соболезнования, – взглянув на это румяное, пошлое лицо, он внезапно почувствовал прилив гнева – и шагнул вперед.

Джемма схватила его руку и, с спокойной решительностью подав ему свою, посмотрела прямо в лицо своему бывшему жениху... Тот прищурился, съежился, вильнул в сторону и, пробормотав сквозь зубы: «Обычный конец песенки!» (Das alte Ende vom Liede!) – удалился той же щегольской, слегка подпрыгивающей походкой.

– Что он сказал, негодяй? – спросил Санин и хотел было броситься вслед за Клюбером; но Джемма его удержала и пошла с ним дальше, уже не принимая руки, продетой в его руку.

Кондитерская Розелли показалась впереди. Джемма еще раз остановилась.

– Dimitri, monsieur Dimitri, – сказала она, – мы еще не вошли туда, мы еще не видели мамы... Если вы хотите еще подумать, если... вы еще свободны, Димитрий.

В ответ ей Санин крепко-крепко притиснул ее руку к своей груди и повлек ее вперед.

– Мама, – сказала Джемма, входя с Саниным в комнату, где сидела фрау Леноре, – я привела настоящего!

154

XXIX

Если бы Джемма объявила, что привела с собою холеру или самую смерть, фрау Леноре, должно полагать, не могла бы с бо́льшим отчаянием принять это известие. Она немедленно села в угол, лицом к стене, – и залилась слезами, почти заголосила, ни дать ни взять русская крестьянка над гробом мужа или сына. На первых порах Джемма до того смутилась, что даже не подошла к матери – и остановилась, как статуя, посреди комнаты; а Санин совсем потерялся – хоть самому удариться в слезы! Целый час продолжался этот безутешный плач, целый час! Панталеоне почел за лучшее запереть наружную дверь кондитерской, как бы кто чужой не вошел – благо, пора стояла ранняя. Старик сам чувствовал недоумение – и во всяком случае не одобрял поспешности, с которой поступили Джемма и Санин, а, впрочем, осуждать их не решался и готов был оказать им покровительство – в случае нужды: уж очень не любил он Клюбера! Эмиль считал себя посредником между своим другом и сестрой – и чуть не гордился тем, что как это всё превосходно удалось! Он никак не в состоянии был понять, чего фрау Леноре так убивается, и в сердце своем он тут же решил, что женщины, даже самые лучшие, страдают отсутствием сообразительной способности! Санину приходилось хуже всех. Фрау Леноре поднимала вопль и отмахивалась руками, как только он приближался к ней, – и напрасно он попытался, стоя в отдалении, несколько раз громко воскликнуть: «Прошу руки вашей дочери!» Фрау Леноре особенно досадовала на себя за то, что «как могла она быть до того слепою – и ничего не видеть!» «Был бы мой Джиован'Баттиста жив, – твердила она сквозь слезы, – ничего бы этого не случилось!» – «Господи, что же это такое? – думал Санин, – ведь это глупо наконец!» Ни сам он не смел взглянуть на Джемму, ни она не решалась поднять на него глаза. Она ограничивалась тем, что терпеливо ухаживала за матерью, которая сначала и ее отталкивала...

Наконец, мало-помалу буря утихла. Фрау Леноре перестала плакать, дозволила Джемме вывести ее из угла, куда она забилась, усадить ее в кресло возле окна и дать ей напиться воды с флёр-д'оранжем; дозволила Санину – не приблизиться... о нет! – но по крайней мере остаться в комнате (прежде она всё требовала, чтобы он удалился) и не перебивала его, когда он говорил. Санин немедленно воспользовался наступившим штилем – и выказал красноречие изумительное: едва ли бы сумел он с таким жаром и с такой убедительностью изложить свои намерения и свои чувства перед самой Джеммой. Эти чувства были самые искренние, эти намерения – самые чистые, как у Альмавивы в «Севильском цирюльнике». Он не скрывал ни от фрау Леноры, ни от самого себя невыгодной стороны этих намерений; но эти невыгоды были только кажущиеся! Правда: он чужестранец, с ним недавно познакомились, не знают ничего положительного ни об его личности, ни об его средствах; но он готов привести все нужные доказательства того, что он человек порядочный и не бедный; он сошлется на самые несомненные свидетельства своих соотчичей! Он надеется, что Джемма будет счастлива с ним и что он сумеет усладить ей разлуку с родными!.. Упоминовение разлуки – одно это слово «разлука» – чуть было не испортило всего дела... Фрау Леноре так и затрепетала вся и заметалась... Санин поспешил заметить, что разлука будет только временная – и что, наконец, быть может, ее не будет вовсе!

Красноречие Санина не пропало даром. Фрау Леноре начала взглядывать на него, хотя всё еще с горестью и упреком, но уже не с прежним отвращением и гневом; потом она позволила ему подойти и даже сесть возле нее (Джемма сидела по другую сторону); потом она стала упрекать его – не одними взорами, но словами, что уже означало некоторое смягчение ее сердца; она стала жаловаться, и жалобы ее становились всё тише и мягче; они чередовались вопросами, обращенными то к дочери, то к Санину; потом она позволила ему взять ее за руку и не тотчас отняла ее... потом она заплакала опять – но уже совсем другими слезами... потом она грустно улыбнулась и пожалела об отсутствии Джиован'Баттиста, но уже в другом смысле, чем прежде... Прошло еще мгновенье – и оба преступника, Санин и Джемма, уже лежали на коленях у ног ее, и она клала им поочередно свои руки на головы; прошло другое мгновенье – и они уже обнимали и целовали ее, и Эмиль, с сияющим от восторга лицом, вбежал в комнату и тоже бросился к тесно сплоченной группе.

Панталеоне глянул в комнату, ухмыльнулся и нахмурился одно и то же время – и, отправившись в кондитерскую, отпер наружную дверь.

XXX

Переход от отчаяния к грусти, а от нее к «тихой резиньяции» совершился довольно скоро в фрау Леноре; но и эта тихая резиньяция не замедлила превратиться в тайное довольство, которое, однако, всячески скрывалось и сдерживалось ради приличия. Санин с первого дня знакомства пришелся по нутру фрау Леноре; свыкшись с мыслию, что он будет ее зятем, она уже не находила в ней ничего особенно неприятного, хотя и считала долгом сохранять на лице своем несколько обиженное...

скорей озабоченное выражение. К тому же всё, что произошло в последние дни, было так необычайно... Одно к одному! Как женщина практическая и как мать, фрау Леноре почла также своим долгом подвергнуть Санина разнообразным вопросам, и Санин, который, отправляясь утром на свидание с Джеммой, и в помыслах не имел, что он женится на ней, – правда, он ни о чем тогда не думал, а только отдавался влечению своей страсти, – Санин с полной готовностью и, можно сказать, с азартом вошел в свою роль, роль жениха, и на все расспросы отвечал обстоятельно, подробно, охотно. Удостоверившись, что он настоящий, природный дворянин, и даже несколько удивившись тому, что он не князь, фрау Леноре приняла серьезный вид и – «предупредила его заранее», что будет с ним совершенно бесцеремонно откровенна, потому что к этому принуждает ее священная обязанность матери! – на что Санин отвечал, что он от нее иного не ожидал, и сам ее убедительно просит не щадить его!

Тогда фрау Леноре заметила ему, что г-н Клюбер (произнесши это имя, она слегка вздохнула и сжала губы и запнулась) – г-н Клюбер, бывший Джеммин жених, уже теперь обладает восемью тысячами гульденов дохода – и с каждым годом эта сумма будет быстро увеличиваться, – а его, г-на Санина, каков доход?

– Восемь тысяч гульденов, – повторил протяжно Санин. – Это на наши деньги – около пятнадцати тысяч рублей ассигнациями... Мой доход гораздо меньше. У меня есть небольшое имение в Тульской губернии... При хорошо устроенном хозяйстве оно может дать – и даже непременно должно дать тысяч пять или шесть... Да если я поступлю на службу – я легко могу получить тысячи две жалованья.

– На службу в России? – воскликнула фрау Леноре. – Я, стало быть, должна расстаться с Джеммой!

– Можно будет определиться по дипломатической части, – подхватил Санин, – у меня есть некоторые связи... Тогда служба происходит за границей. А то вот еще что можно будет сделать – и это гораздо лучше всего: продать имение и употребить вырученный капитал на какое-нибудь выгодное предприятие, например, на усовершенствование вашей кондитерской.

Санин и чувствовал, что говорит нечто несообразное, но им овладела непонятная отвага! Он глянет на Джемму, которая с тех пор, как начался «практический» разговор, то и дело вставала, ходила по комнате, садилась опять, – глянет он на нее – и нет для него препятствий, и готов он устроить всё, сейчас, самым лучшим образом, лишь бы она не тревожилась!

– Г-н Клюбер тоже хотел дать мне небольшую сумму на поправку кондитерской, – промолвила, после небольшого колебания, фрау Леноре.

– Матушка! ради бога! матушка! – воскликнула Джемма по-итальянски.

– Об этих вещах надо говорить заблаговременно, дочь моя, – отвечала ей фрау Леноре на том же языке

Она снова обратилась к Санину и стала его расспрашивать о том, какие законы существуют в России насчет браков и нет ли препятствий для вступления в супружество с католичками, – как в Пруссии? (В то время, в сороковом году, вся Германия еще помнила ссору прусского правительства с кельнским архиепископом из-за смешанных браков.) Когда же фрау Леноре услыхала, что, выйдя замуж за русского дворянина, ее дочь сама станет дворянкой, – она выказала некоторое удовольствие.

– Но ведь вы должны сперва отправиться в Россию?

– Зачем?

– А как же? Получить позволение от вашего государя?

Санин объяснил ей, что это вовсе не нужно... но что, быть может, ему точно придется перед свадьбой съездить на самое короткое время в Россию (он сказал эти слова – и сердце в нем болезненно сжалось, глядевшая на него Джемма поняла, что оно сжалось, и покраснела и задумалась) – и что он постарается воспользоваться своим пребыванием на родине, чтобы продать имение... во всяком случае, он вывезет оттуда нужные деньги.

– Я бы также попросила вас привезти мне оттуда астраханские хорошие мерлушки на мантилью, – проговорила фрау Леноре. – Они там, по слухам, удивительно хороши и удивительно дешевы!

– Непременно, с величайшим удовольствием привезу и вам, и Джемме! – воскликнул Санин.

– А мне вышитую серебром сафьянную шапочку, – вмешался Эмиль, выставив голову из соседней комнаты.

– Хорошо, привезу и тебе... и Панталеоне туфли.

– Ну к чему это? к чему? – заметила фрау Леноре. – Мы говорим теперь о серьезных вещах. Но вот еще что, – прибавила практическая дама. – Вы говорите: продать имение. Но как же вы это сделаете? Вы, стало быть, и крестьян тоже продадите?

Санина точно что в бок кольнуло. Он вспомнил, что, разговаривая с г-жой Розелли и ее дочерью о крепостном праве, которое, по его словам, возбуждало в нем глубокое негодование, он неоднократно заверял их, что никогда и ни за что своих крестьян продавать не станет, ибо считает подобную продажу безнравственным делом.

– Я постараюсь продать мое имение человеку, которого я буду знать с хорошей стороны, – произнес он не без запинки, – или, быть может, сами крестьяне захотят откупиться.

– Это лучше всего, – согласилась и фрау Леноре. – А то продавать живых людей...

– Barbari![59]1 – проворчал Панталеоне, который, вслед за Эмилем, показался было у дверей, тряхнул тупеем и скрылся.

«Скверно!» – подумал про себя Санин – и украдкой поглядел на Джемму. Она, казалось, не слышала его последних слов. «Ну ничего!» – подумал он опять.

Таким манером продолжался практический разговор почти вплоть до самого обеда. Фрау Леноре совсем укротилась под конец – и называла уже Санина Дмитрием, ласково грозила ему пальцем и обещала отомстить за его коварство. Много и подробно расспрашивала она об его родне, потому что – «это тоже очень важно»; потребовала также, чтобы он описал ей церемонию брака, как он совершается по обряду русской церкви, – и заранее восхищалась Джеммой в белом платье, с золотой короной на голове.

– Ведь она у меня красива, как королева, – промолвила она с материнской гордостью, – да и королев таких на свете нет!

– Другой Джеммы на свете нет! – подхватил Санин.

– Да; оттого-то она и – Джемма! (Известно, что на итальянском языке Джемма значит: драгоценный камень.)

Джемма бросилась целовать свою мать... Казалось, только теперь она вздохнула свободно – и удручавшая ее тяжесть спала с ее души.

А Санин вдруг почувствовал себя до того счастливым, такою детскою веселостью наполнилось его сердце при мысли, что вот сбылись же, сбылись те грезы, которым он недавно предавался в тех же самых комнатах; всё существо его до того взыграло, что он немедленно отправился в кондитерскую; он пожелал непременно, во что бы то ни стало, поторговать за прилавком, как несколько дней тому назад... «Я, мол, имею полное теперь на это право! Я ведь теперь домашний человек!»

И он действительно стал за прилавок и действительно поторговал, то есть продал двум зашедшим девочкам фунт конфект, вместо которого он им отпустил целых два, взявши с них только полцены.

За обедом он официально, как жених, сидел рядом с Джеммой. Фрау Леноре продолжала свои практические соображения. Эмиль то и дело смеялся и приставал к Санину, чтобы тот его взял с собой в Россию. Было решено, что Санин уедет через две недели. Один Панталеоне являл несколько угрюмый вид, так что даже фрау Леноре ему попеняла: «А еще секундантом был!» – Панталеоне взглянул исподлобья.

---

[59] Варвары! (итал.).

Джемма молчала почти всё время, но никогда ее лицо не было прекраснее и светлее. После обеда она отозвала Санина на минуту в сад и, остановившись около той самой скамейки, где она третьего дня отбирала вишни, сказала ему:

– Димитрий, не сердись на меня; но я еще раз хочу напомнить тебе, что ты не должен почитать себя связанным...

Он не дал ей договорить...

Джемма отклонила свое лицо.

– А насчет того, что мама упомянула – помнишь? – о различии нашей веры, то вот!..

Она схватила гранатовый крестик, висевший у ней на шее на тонком шнурке, сильно дернула и оборвала шнурок – и подала ему крестик.

– Если я твоя, так и вера твоя – моя вера!

Глаза Санина были еще влажны, когда он вместе с Джеммой вернулся в дом.

К вечеру всё пришло в обычную колею. Даже в тресетте поиграли.

XXXI

Санин проснулся очень рано на следующий день. Он находился на высшей степени человеческого благополучия; но не это мешало ему спать; вопрос, жизненный, роковой вопрос: каким образом он продаст свое имение как можно скорее и как можно выгоднее – тревожил его покой. В голове его скрещивались различнейшие планы, но ничего пока еще не выяснилось. Он вышел из дому, чтобы проветриться, освежиться. С готовым проектом – не иначе – хотел он предстать перед Джеммой.

Что это за фигура, достаточно грузная и толстоногая, впрочем, прилично одетая, идет перед ним, слегка переваливаясь и ковыляя? Где видел он этот затылок, поросший белобрысыми вихрами, эту голову, как бы насаженную прямо на плечи, эту мягкую, жирную спину, эти пухлые отвислые руки? Неужели это – Полозов, его старинный пансионский товарищ, которого он уже вот пять лет, как потерял из виду? Санин обогнал шедшую перед ним фигуру, обернулся... Широкое желтоватое лицо, маленькие свиные глазки с белыми ресницами и бровями, короткий, плоский нос, крупные, словно склеенные губы, круглый, безволосый подбородок – и это выражение всего лица, кислое, ленивое и недоверчивое – да точно: это он, это Ипполит Полозов!

«Уж не опять ли моя звезда действует?» – мелькнуло в мыслях Санина.

— Полозов! Ипполит Сидорыч! Это ты?

Фигура остановилась, подняла свои крохотные глаза, подождала немного – и, расклеив, наконец, свои губы, проговорила сиповатой фистулой:

— Дмитрий Санин?

— Он самый и есть! — воскликнул Санин и пожал одну из рук Полозова; облеченные в тесные лайковые перчатки серо-пепельного цвета, они по-прежнему безжизненно висели вдоль его выпуклых ляжек. – Давно ли ты здесь? Откуда приехал? Где остановился?

— Я приехал вчера из Висбадена, — отвечал, не спеша, Полозов, – за покупками для жены и сегодня же возвращаюсь в Висбаден.

— Ах, да! Ведь ты женат – и, говорят, на такой красавице!

Полозов повел в сторону глазами.

— Да, говорят.

Санин засмеялся.

— Я вижу, ты всё такой же... флегматик, каким ты был в пансионе.

— На что я буду меняться?

— И говорят, – прибавил Санин с особым ударением на слово «говорят», – что твоя жена очень богата.

— Говорят и это.

— А тебе самому, Ипполит Сидорыч, разве это неизвестно?

— Я, брат, Дмитрий... Павлович? – да, Павлович! в женины дела не мешаюсь.

— Не мешаешься? Ни в какие дела?

Полозов опять повел глазами.

— Ни в какие, брат. Она – сама по себе... ну и я – сам по себе.

— Куда же ты теперь идешь? – спросил Санин.

— Теперь я никуда не иду; стою на улице и с тобой беседую; а вот как мы с тобой покончим, отправлюсь к себе в гостиницу и буду завтракать.

— Меня в товарищи – хочешь?

— То есть это ты насчет завтрака?

— Да.

— Сделай одолжение, есть вдвоем гораздо веселее. Ты ведь не говорун?

— Не думаю.

— Ну и ладно.

Полозов двинулся вперед, Санин отправился с ним рядом. И думалось Санину – губы Полозова опять склеились, он сопел и переваливался молча, – думалось Санину: каким образом удалось этому чурбану подцепить красивую и богатую жену? Сам он ни богат, ни знатен, ни умен; в пансионе слыл за вялого и тупого мальчика, за соню и обжору – и прозвище носил «слюняя». Чудеса!

«Но если жена его очень богата – сказывают, она дочь какого-то откупщика, – то не купит ли она мое имение? Хотя он и говорит, что ни в какие женины дела не входит, но ведь этому веры дать нельзя! Притом же и цену я назначу сходную, выгодную цену! Отчего не попытаться? Быть может, это всё моя звезда действует... Решено! попытаюсь!»

Полозов привел Санина в одну из лучших гостиниц Франкфурта, в которой занимал уже, конечно, лучший номер. На столах и стульях громоздились картоны, ящики, свертки... «Всё, брат, покупки для Марьи Николаевны!» (так звали жену Ипполита Сидорыча). Полозов опустился в кресло, простонал: «Эка жара!» – и развязал галетух. Потом позвонил обер-кельнера и тщательно заказал ему обильнейший завтрак. «А в час чтобы карета была готова! Слышите, ровно в час!»

Обер-кельнер подобострастно наклонился и рабски исчез.

Полозов расстегнул жилет. По одному тому, как он приподнимал брови, отдувался и морщил нос, можно было видеть, что говорить будет для него большою тягостью и что он не без некоторой тревоги ожидал, заставит ли его Санин ворочать языком, или сам возьмет на себя труд вести беседу?

Санин понял настроение своего приятеля и потому не стал обременять его вопросами; ограничился лишь самым необходимым; узнал, что он два года состоял на службе (в уланах! то-то, чай, хорош был в коротком-то мундирчике!), три года тому назад женился – и вот уже второй год находится за границей с женой, «которая теперь от чего-то лечится в Висбадене», – а там отправляется в Париж. С своей стороны, Санин также мало распространялся о своей прошедшей жизни, о своих планах; он прямо приступил к главному – то есть заговорил о своем намерении продать имение.

Полозов слушал его молча, лишь изредка взглядывая на дверь, откуда должен был явиться завтрак. Завтрак явился наконец. Обер-кельнер, в сопровождении двух других слуг, принес несколько блюд под серебряными колпаками.

– Это в Тульской губернии имение? – промолвил

Полозов, садясь за стол и затыкая салфетку за ворот рубашки.

– В Тульской.

– Ефремовского уезда... Знаю.

– Ты мою Алексеевку знаешь? – спросил Санин, тоже садясь за стол.

– Знаю, как же. – Полозов запихал себе в рот кусок яичницы с трюфелями. – У Марьи Николаевны – жены моей – по соседству есть имение... Откупорьте эту бутылку, кельнер! Земля порядочная – только мужики у тебя лес вырубили. Ты зачем же продаешь?

– Деньги нужны, брат. Я бы дешево продал. Вот бы тебе купить... Кстати.

Полозов проглотил стакан вина, утерся салфеткой и опять принялся жевать – медленно и шумно.

– Н-да, – проговорил он наконец... – Я имений не покупаю: капиталов нет. Пододвинь-ка масло. Разве вот жена купит. Ты с ней поговори. Коли дорого не запросишь – она этим не брезгает... Экие, однако, эти немцы – ослы! Не умеют рыбу сварить. Чего, кажется, проще? А еще толкуют: фатерланд, мол, объединить следует. Кельнер, примите эту мерзость!

– Неужели же твоя жена сама распоряжается... по хозяйству? – спросил Санин.

– Сама. Вот котлеты – хороши. Рекомендую. Я сказал тебе, Дмитрий Павлович, что ни в какие женины дела я не вхожу, и теперь тебе то же повторяю.

Полозов продолжал чавкать.

– Гм... Но как я с ней переговорить могу, Ипполит Сидорыч?

– А очень просто, Дмитрий Павлович. Отправляйся в Висбаден. Отсюда недалече. Кельнер, нет ли у вас английской горчицы? Нет? Скоты! Только времени не теряй. Мы послезавтра уезжаем. Позволь, я тебе налью рюмку: с букетом вино – не кислятина.

Лицо Полозова оживилось и покраснело; оно и оживлялось только тогда, когда он ел... или пил.

– Право же... я не знаю, как это сделать? – пробормотал Санин.

– Да что тебе так вдруг приспичило?

– То-то и есть, что приспичило, брат.

– И большая сумма нужна?

– Большая. Я... как бы это тебе сказать? я затеял... жениться.

Полозов поставил на стол рюмку, которую поднес было к губам.

– Жениться! – промолвил он хриплым, от изумленья хриплым, голосом и сложил свои пухлые руки на желудке. – Так скоропостижно?

– Да... скоро.

– Невеста – в России, разумеется?

– Нет, не в России.

– Где же?

– Здесь, во Франкфурте.

– И кто она?

– Немка; то есть нет – итальянка. Здешняя жительница.

– С капиталом?

– Без капитала.

– Стало быть, любовь уж очень сильная?

– Какой ты смешной! Да, сильная.

– И для этого тебе деньги нужны?

– Ну да... да, да.

163

Полозов проглотил вино, выполоскал себе рот и руки вымыл, старательно вытер их о салфетку, достал и закурил сигару. Санин молча глядел на него.

– Одно средство, – промычал наконец Полозов, закидывая назад голову и выпуская дым тонкой струйкой. – Ступай к жене. Она, коли захочет, всю беду твою руками разведет.

– Да как я ее увижу, жену твою? Ты говоришь, вы послезавтра уезжаете?

Полозов закрыл глаза.

– Знаешь, что я тебе скажу, – проговорил он наконец, вертя губами сигару и вздыхая. – Ступай-ка домой, снарядись попроворнее да приходи сюда. В час я выезжаю, карета у меня просторная – я тебя с собой возьму. Этак всего лучше. А теперь я посплю. Я, брат, как поем, непременно поспать должен. Натура требует – и я не противлюсь. И ты не мешай мне.

Санин подумал, подумал – и внезапно поднял голову: он решился!

– Ну хорошо, согласен – и благодарю тебя. В половине первого я здесь – и мы отправимся вместе в Висбаден. Я надеюсь, жена твоя не рассердится...

Но Полозов уже сопел. Пролепетал: Не мешай! – поболтал ногами и заснул, как младенец.

Санин еще раз окинул взором его грузную фигуру, его голову, шею, его высоко поднятый, круглый, как яблоко, подбородок – и, выйдя из гостиницы, проворными шагами направился к кондитерской Розелли. Надо было предварить Джемму.

XXXII

Он застал ее в кондитерской комнате, вместе с матерью. Фрау Леноре, перегнувши спину, измеряла небольшим складным футом промежуток между окнами. Увидя Санина, она выпрямилась и весело приветствовала его, не без маленького замешательства, однако.

– У меня, с ваших вчерашних слов, – начала она, – всё в голове вертятся мысли, как бы нам улучшить наш магазин. Вот тут, я полагаю, два шкапчика с зеркальными полочками поставить. Теперь, знаете, это в моде. И потом еще...

– Прекрасно, прекрасно, – перебил ее Санин, – это всё надо будет сообразить... Но подите-ка сюда, я вам что сообщу.

Он взял фрау Леноре и Джемму под руки и повел их в другую комнату. Фрау Леноре встревожилась и мерку из рук выронила. Джемма

164

встревожилась было тоже, но глянула попристальнее на Санина и успокоилась. Лицо его, правда, озабоченное, выражало в то же время оживленную бодрость и решимость.

Он попросил обеих женщин сесть, а сам стал перед ними – и, размахивая руками да ероша волосы, сообщил им всё: встречу с Полозовым, предполагаемую поездку в Висбаден, возможность продажи имения.

– Вообразите мое счастье, – воскликнул он наконец, – дело приняло такой оборот, что мне даже, быть может, незачем будет ехать в Россию! И свадьбу мы можем сыграть гораздо скорее, чем я предполагал!

– Когда вы должны ехать? – спросила Джемма.

– Сегодня же – через час; мой приятель нанял карету – он меня довезет.

– Вы нам напишете?

– Немедленно! как только переговорю с этой дамой – так тотчас и напишу.

– Эта дама, вы говорите, очень богата? – спросила практическая фрау Леноре.

– Чрезвычайно! ее отец был миллионером – и всё ей оставил.

– Всё – ей одной? Ну, это ваше счастье. Только смотрите не продешевите вашего имения! Будьте благоразумны и тверды. Не увлекайтесь! Я понимаю ваше желание быть как можно скорее мужем Джеммы... но осторожность прежде всего! Не забудьте: чем вы дороже продадите имение, тем больше останется вам обоим – и вашим детям.

Джемма отвернулась, и Санин опять замахал руками.

– В моей осторожности вы можете быть уверены, фрау Леноре! Да я и торговаться не стану. Скажу ей настоящую цену: даст – хорошо; не даст – бог с ней!

– Вы с ней знакомы... с этой дамой? – спросила Джемма.

– Я ее никогда в лицо не видал.

– И когда же вы вернетесь?

– Если ничем не кончится наше дело – послезавтра; если же оно пойдет на лад – может быть, придется пробыть лишний день или два. Во всяком случае – минуты не промешкаю. Ведь я душу свою оставляю здесь! Однако я с вами заговорился, а мне нужно перед отъездом еще домой сбегать... Дайте мне руку на счастье, фрау Леноре,– у нас в России всегда так делается.

– Правую или левую?

– Левую – ближе к сердцу. Явлюсь послезавтра – со щитом или на щите! Мне что-то говорит: я вернусь победителем. Прощайте, мои добрые, мои милые...

Он обнял и поцеловал фрау Леноре, а Джемму попросил пойти с ним в ее комнату – на минутку, так как ему нужно сообщить ей что-то очень важное. Ему просто хотелось проститься с ней наедине. Фрау Леноре это поняла – и не полюбопытствовала узнать, какая это была такая важная вещь...

Санин никогда еще не бывал в комнате Джеммы. Всё обаяние любви, весь ее огонь, и восторг, и сладкий ужас – так и вспыхнули в нем, так и ворвались в его душу, как только он переступил заветный порог... Он кинул вокруг умиленный взор, пал к ногам милой девушки и прижал лицо свое к ее стану...

– Ты мой? – шепнула она, – ты вернешься скоро?

– Я твой... я вернусь, – твердил он задыхаясь.

– Я буду ждать тебя, мой милый!

Несколько мгновений спустя Санин уже бежал по улице к себе на квартиру. Он и не заметил того, что вслед за ним из двери кондитерской, весь растрепанный, выскочил Панталеоне – и что-то кричал ему, и потрясал, и как будто грозил высоко поднятой рукою.

Ровно в три четверти первого Санин отъявился к Полозову. У ворот его гостиницы уже стояла карета, запряженная четырьмя лошадьми. Увидав Санина, Полозов только промолвил: «А! решился?» – и, надев шляпу, шинель и калоши, заткнув себе хлопчатой бумагой уши, хотя дело было летом, вышел на крыльцо. Кельнеры, по его указанию, расположили во внутренности кареты все многочисленные его покупки, обложили место его сиденья шелковыми подушечками, сумочками, узелками, поставили в ноги короб с провизией и привязали к козлам чемодан. Полозов расплатился щедрой рукой – и, хотя сзади, но почтительно поддерживаемый услужливым привратником, полез, кряхтя, в карету, уселся, обмял хорошенько всё вокруг себя, выбрал и закурил сигару – и тогда только кивнул пальцем Санину: полезай, мол, и ты! Санин поместился с ним рядом. Полозов приказал через привратника почтальону ехать исправно – если желает получить на водку; подножки загремели, дверцы хлопнули, карета покатилась.

XXXIII

От Франкфурта до Висбадена теперь по железной дороге менее часа езды; в то время экстра-почта поспевала часа в три. Лошадей меняли раз пять. Полозов не то дремал, не то так покачивался, держа сигару в зубах, и говорил очень мало; в окошко не выглянул ни разу: живописными видами

166

он не интересовался и даже объявил, что «природа – смерть его!» Санин тоже молчал и тоже не любовался видами: ему было не до того. Он весь отдался размышлениям, воспоминаниям. На станциях Полозов аккуратно расплачивался, замечал время по часам и награждал почтальонов – мало или много, смотря по их усердию. На полдороге он достал из короба с съестными припасами два апельсина и, выбрав лучший, предложил Санину другой. Санин пристально поглядел на своего спутника – и вдруг рассмеялся.

– Чему ты? – спросил тот, старательно отдирая своими короткими белыми ногтями кожу с апельсина.

– Чему? – повторил Санин. – Да нашему с тобой путешествию.

– А что? – переспросил Полозов, пропуская в рот один из тех продольных ломтиков, на которые распадается мясо апельсина.

– Очень оно уже странно. Вчера я, признаться, так же мало думал о тебе, как о китайском императоре, а сегодня я еду с тобой продавать мое имение твоей жене, о которой тоже не имею малейшего понятия.

– Всяко бывает, – отвечал Полозов. – Ты только поживи подольше – всего насмотришься. Например, можешь ты себе представить меня подъезжающим на ординарцы? А я подъезжал; а великий князь Михаил Павлович скомандовал: «Рысью, рысью этого толстого корнета! Прибавь рыси!»

Санин почесал у себя за ухом.

– Скажи мне, пожалуйста, Ипполит Сидорыч, какова твоя жена? Нрав у ней каков? Мне ведь это нужно знать.

– Ему хорошо командовать: «рысью!» – с внезапной запальчивостью подхватил Полозов, – а мне-то... мне-то каково? Я и подумал: возьмите вы себе ваши чины да эполеты – ну их с богом! Да... ты о жене спрашивал? Что – жена? Человек, как все. Пальца ей в рот не клади – она этого не любит. Главное, говори побольше... чтобы посмеяться было над чем. Про любовь свою расскажи, что ли... да позабавней, знаешь.

– Как позабавней?

– Да так же. Ведь ты мне сказывал, что влюблен, жениться хочешь. Ну вот, ты это и опиши.

Санин обиделся.

– Что же в этом ты находишь смешного?

Полозов только глазами повел. Сок от апельсина тек по его подбородку.

– Это твоя жена тебя во Франкфурт за покупками посылала? – спросил Санин спустя немного времени.

– Она самая.

– Какие же это покупки?

– Известно: игрушки.

– Игрушки? разве у тебя есть дети?

Полозов даже посторонился от Санина.

– Вона! С какой стати у меня будут дети? Женские колифишэ[60]... Уборы. По части туалета.

– Ты разве в этом толк знаешь?

– Знаю.

– Как же ты мне говорил, что ни во что женино не входишь?

– В другое не вхожу. А это... ничего. От скуки – можно. Да и жена вкусу моему верит. Я ж и торговаться лих.

Полозов начинал говорить отрывисто; он уже устал.

– И очень жена твоя богата?

– Богата-то богата. Только больше для себя.

– Однако, кажется, и ты пожаловаться не можешь?

– На то я муж. Еще бы мне не пользоваться! И полезный же я ей человек! Ей со мной – лафа! Я – удобный!

Полозов утер лицо фуляром и тяжело фукнул: «Пощади, дескать; не заставляй еще произносить слова. Видишь, как оно мне трудно».

Санин оставил его в покое – и снова погрузился в размышления.

Гостиница в Висбадене, перед которой остановилась карета, уже прямо смахивала на дворец. Колокольчики немедленно зазвонили в ее недрах, поднялась суетня и беготня; благообразные люди в черных фраках запрыгали у главного входа; залитый золотом швейцар с размаху отворил дверцы кареты.

Как некий триумфатор высадился Полозов и начал подниматься по устланной коврами и благовонной лестнице. К нему подлетел человек, тоже отлично одетый, но с русским лицом – его камердинер. Полозов заметил ему, что впредь будет всегда брать его с собою, ибо, накануне, во Франкфурте, его, Полозова, оставили на ночь без теплой воды! Камердинер изобразил ужас на лице – и, проворно наклонясь, снял с барина калоши.

– Марья Николаевна дома? – спросил Полозов.

– Дома-с. Изволят одеваться. У графини Ласунской изволят обедать.

– А! у этой!.. Стой! Там вещи в карете, всё вынь сам и внеси. А ты, Дмитрий Павлович, – прибавил

Полозов, – возьми себе комнату да через три четверти часа и приходи. Пообедаем вместе.

Полозов поплыл дальше, а Санин спросил себе номер попроще – и, приведя туалет свой в порядок да отдохнув немножко, отправился в громадный апартамент, занимаемый его светлостью (Durchlaucht) князем фон Полозо́ф.

---

[60] безделушки (франц.: colifichet).

Он застал этого «князя» восседающим на роскошнейшем бархатном кресле посреди великолепнейшего салона. Флегматический приятель Санина успел уже ванну взять и облачиться в богатейший атласный шлафрок; на голову он надел малиновую феску. Санин приблизился к нему и некоторое время рассматривал его. Полозов сидел неподвижно, как идол; даже лица в его сторону не повернул, даже бровью не повел, звука не издал. Зрелище было поистине величественное! Полюбовавшись им минуты с две, Санин хотел было заговорить, нарушить эту священную тишину – как вдруг дверь из соседней комнаты растворилась и на пороге появилась молодая, красивая дама в белом шелковом платье, с черными кружевами, в бриллиантах на руках и на шее – сама Марья Николаевна Полозова. Ее густые русые волосы падали с обеих сторон головы – заплетенными, но не подобранными косами.

XXXIV

– Ах, извините! – проговорила она с полусмущенной, полунасмешливой улыбкой, мгновенно прихватив рукою конец одной косы и вперив на Санина свои большие серые светлые глаза. – Я не думала, что вы уже пришли.

– Санин, Дмитрий Павлович, приятель мой с детства, – промолвил Полозов, по-прежнему не оборачиваясь к нему и не вставая, но указывая на него пальцем.

– Да... знаю... Ты мне уже сказывал. Очень рада познакомиться. Но я хотела было попросить тебя, Ипполит Сидорыч... Моя горничная сегодня какая-то бестолковая...

– Волосы тебе убрать?

– Да, да, пожалуйста. Извините, – повторила Марья Николаевна с прежней улыбкой, кивнула головою Санину и, быстро повернувшись, скрылась за дверью, оставив за собою мимолетное, но стройное впечатление прелестной шеи, удивительных плеч, удивительного стана.

Полозов встал и, тяжело переваливаясь, ушел в ту же дверь.

Санин ни одной секунды не сомневался в том, что присутствие его в салоне «князя Полозова» было как нельзя лучше известно самой хозяйке; весь форс состоял в том, чтобы показать свои волосы, которые были точно хороши. Санин внутренно даже порадовался этой выходке г-жи Полозовой: коли, мол, захотели меня поразить, блеснуть передо мною – может быть, как знать? и насчет цены на имение окажут податливость. Его душа до того была наполнена Джеммой, что все другие женщины уже не имели для него никакого значения: он едва замечал их; и на этот раз он ограничился только тем, что подумал: «Да, правду говорили мне: эта барыня хоть куда!»

А будь он не в таком исключительном душевном состоянии, он бы, вероятно, иначе выразился: Мария Николаевна Полозова, урожденная Колышкина, была очень замечательная особа. И не то, чтобы она была отъявленная красавица: в ней даже довольно явственно сказывались следы ее плебейского происхождения. Лоб у ней был низкий, нос несколько мясистый и вздернутый; ни тонкостью кожи, ни изяществом рук и ног она похвалиться не могла – но что всё это значило? Не перед «святыней красоты», говоря словами Пушкина, остановился бы всякий, кто бы встретился с нею, но перед обаянием мощного, не то русского, не то цыганского, цветущего женского тела... и не невольно остановился бы он!

Но образ Джеммы охранял Санина, как та тройная броня, о которой поют стихотворцы.

Минут десять спустя Марья Николаевна появилась опять в сопровождении своего супруга. Она подошла к Санину... а походка у ней была такая, что иные чудаки в те, увы! уже далекие времена – от одной этой походки с ума сходили. «Эта женщина, когда идет к тебе, точно всё счастье твоей жизни тебе навстречу несет», – говаривал один из них. Она подошла к Санину – и, протянув ему руку, промолвила своим ласковым и как бы сдержанным голосом по-русски: «Вы меня дождетесь, не правда? Я вернусь скоро».

Санин наклонился почтительно, а Марья Николаевна уже исчезала за портьерой выходной двери – и, исчезая, опять повернула голову назад через плечо, и опять улыбнулась, и опять оставила за собою прежнее, стройное впечатление.

Когда она улыбалась – не одна и не две, а целых три ямочки обозначались на каждой щеке, и ее глаза улыбались больше, чем губы, чем ее алые, длинные, вкусные губы, с двумя крошечными родинками на левой их стороне.

Полозов ввалился в комнату и опять поместился на кресле. Безмолвствовал он по-прежнему; но странная усмешка от времени до времени пучила его бесцветные и уже сморщенные щеки.

Он был старообразен, хотя всего тремя годами старше Санина.

Обед, которым он попотчевал своего гостя, конечно, удовлетворил бы самого взыскательного гастронома, но Санину он показался бесконечным, несносным! Полозов ел медленно, «с чувством, с толком, с расстановкой», внимательно наклоняясь над тарелкой, нюхая чуть не каждый кусок; сперва пополощет себе рот вином, потом уже проглотит и губами пошлепает... А за жарким он вдруг разговорился – но о чем? О мериносах, которых намеревался выписать целое стадо, да так подробно, с такой нежностью, употребляя всё уменьшительные имена. Выпив чашку горячего, как кипяток, кофе (он несколько раз, слезливо-раздраженным голосом, напомнил кельнеру, что накануне ему подали кофе – холодный, холодный, как лед!) и прикусив гаванскую сигару своими желтыми кривыми зубами, он по обычаю своему задремал, к великой радости Санина, который начал ходить взад и вперед, неслышными шагами, по мягкому ковру, и мечтал о том, как он будет жить с Джеммой и с каким известием вернется к ней. Однако Полозов проснулся, по собственному замечанию, раньше обыкновенного, – он поспал всего полтора часика и, выпив стакан зельтерской воды со льдом да проглотив ложек с восемь варенья, русского варенья, которое принес ему камердинер в темно-зеленой, настоящей «киевской» банке и без которого он, по его словам, жить не мог, – он уставился припухшими глазами на Санина и спросил его, не хочет ли он поиграть с ним в дурачки. Санин охотно согласился; он боялся, как бы Полозов опять не заговорил о барашках, да о ярочках, да о курдючках с жирком. Хозяин и гость, оба перешли в гостиную, кельнер принес карты – и началась игра, разумеется, не на деньги.

За этим невинным занятием застала их Марья Николаевна, вернувшись от графини Ласунской.

Она громко рассмеялась, как только вошла в комнату и увидала карты и раскрытый ломберный стол. Санин вскочил с места, но она воскликнула:

– Сидите играйте. Я сейчас переоденусь и к вам вернусь, – и опять исчезла, прошумев платьем и сдергивая перчатки на ходу.

Она точно вернулась очень скоро. Свое нарядное платье она заменила широкой шелковой блузой лилового цвета с открытыми висячими рукавами; толстый крученый шнурок перехватывал ее талью. Она подсела к мужу и, дождавшись, что он остался в дураках, сказала ему: «Ну, пышка, довольно! (при слове «пышка» Санин с изумлением глянул на нее, а она весело улыбнулась, отвечая взглядом на его взгляд и выказывая все свои ямочки на щеках) – довольно; я вижу, ты спать хочешь; целуй ручку и отправляйся; а мы с г-м Саниным побеседуем вдвоем».

– Спать я не хочу, – промолвил Полозов, грузно поднимаясь с кресла, – а отправиться отправлюсь и ручку поцелую. – Она подставила ему свою ладонь, не переставая улыбаться и глядеть на Санина.

Полозов тоже глянул на него и ушел не простившись.

– Ну, рассказывайте, рассказывайте, – с живостью проговорила Марья Николаевна, разом ставя оба обнаженные локтя на стол и нетерпеливо постукивая ногтями одной руки о ногти другой. – Правда, вы, говорят, женитесь?

Сказав эти слова, Марья Николаевна даже голову немножко набок нагнула, чтобы пристальнее и пронзительнее заглянуть Санину в глаза.

171

XXXV

Развязное обхождение г-жи Полозовой, вероятно, на первых порах смутило бы Санина – хотя он новичком не был и уже потерся между людьми, – если бы в самой этой развязности и фамилиарности он опять-таки не увидел хорошего предзнаменования для своего предприятия. «Будем потакать капризам этой богатой барыни», – решил он про себя – и так же непринужденно, как она его спрашивала, ответил ей:

– Да, я женюсь.

– На ком? На иностранке?

– Да.

– Вы недавно с ней познакомились? Во Франкфурте?

– Точно так.

– И кто она такая? Можно узнать?

– Можно. Она дочь кондитера.

Марья Николаевна широко раскрыла глаза и подняла брови.

– Да ведь это прелесть, – проговорила она медлительным голосом, – это чудо! Я уже полагала, что таких молодых людей, как вы, на свете больше не встречается. Дочь кондитера!

– Вас это, я вижу, удивляет, – заметил не без достоинства Санин, – но, во-первых, у меня вовсе нет тех предрассудков...

– Во-первых, это меня нисколько не удивляет, – перебила Марья Николаевна, – предрассудков и у меня нет. Я сама дочь мужика. А? что, взяли? Меня удивляет и радует то, что вот человек не боится любить. Ведь вы ее любите?

– Да.

– Она очень хороша собою?

Санина слегка покоробило от этого последнего вопроса... Однако отступать уже не приходилось.

– Вы знаете, Марья Николаевна, – начал он, – всякому человеку лицо его возлюбленной кажется лучше всех других; но моя невеста – действительно красавица.

– В самом деле? В каком роде? итальянском? античном?

– Да; у ней очень правильные черты.

– С вами нет ее портрета?

– Нет. (В то время о фотографиях еще помину не было. Дагерротипы едва стали распространяться.)

– Как ее зовут?

– Ее имя – Джемма.

– А ваше – как?

– Димитрий.

– По отчеству?

– Павлович.

– Знаете что, – проговорила Марья Николаевна всё тем же медлительным голосом, – вы мне очень нравитесь,

Дмитрий Павлович. Вы, должно быть, хороший человек. Дайте-ка мне вашу руку. Будемте приятелями.

Она крепко пожала его руку своими красивыми, белыми, сильными пальцами. Ее рука была немногим меньше его руки – но гораздо теплей и глаже, и мягче, и жизненней.

– Только знаете, что мне приходит в голову?

– Что?

– Вы не рассердитесь? Нет? Она, вы говорите, ваша невеста. Но разве... разве это непременно было нужно?

Санин нахмурился.

– Я вас не понимаю, Марья Николаевна.

Марья Николаевна засмеялась тихохонько и, встряхнув головою, откинула назад падавшие ей на щеки волосы.

– Решительно – он прелесть, – промолвила она не то задумчиво, не то рассеянно. – Рыцарь! Подите верьте после этого людям, которые утверждают, что идеалисты все перевелись!

Марья Николаевна всё время говорила по-русски удивительно чистым, прямо московским языком – народного, не дворянского пошиба.

– Вы, наверное, дома воспитывались, в старозаветном, богобоязненном семействе? – спросила она. – Вы какой губернии?

– Тульской.

– Ну, так мы однокорытники. Мой отец... Ведь вам известно, кто был мой отец?

– Да, известно.

– Он в Туле родился... Туляк был. Ну, хорошо... (Это «хорошо» Марья Николаевна уже с намерением выговорила совсем по-мещанскому – вот так: хершо́о.) Ну давайте же теперь за дело примемся.

– То есть... как же это так за дело приняться? Что вам угодно этим сказать?

Марья Николаевна прищурилась.

– Да вы зачем сюда приехали? (Когда она щурила глаза, выражение их становилось очень ласковым и немного насмешливым; когда же она раскрывала их во всю величину – в их светлом, почти холодном блеске проступало что-то недоброе... что-то угрожающее. Особенную красоту придавали ее глазам ее брови, густые, немного надвинутые, настоящие соболиные.) Вы хотите, чтобы я у вас купила имение? Вам нужны деньги для вашего бракосочетания? Не так ли?

– Да, нужны.

– И много вам их требуется?

– На первый случай я бы удовольствовался несколькими тысячами франков. Вашему супругу мое имение известно. Вы можете посоветоваться с ним, – а я бы взял цену недорогую.

Марья Николаевна повела головою направо и налево.

– Во-первых, – начала она с расстановкой, ударяя концами пальцев по обшлагу санинского сюртука, – я не имею привычки советоваться с мужем, разве вот насчет туалета – он на это у меня молодец; а во-вторых, зачем вы говорите, что вы цену назначите недорогую? Я не хочу воспользоваться тем, что вы теперь очень влюблены и готовы на всякие жертвы... Я никаких жертв от вас не приму. Как? Вместо того чтобы поощрять в вас... ну, как бы это сказать получше?.. благородные чувства, что ли? я вас стану обдирать как липку? Это не в моих привычках. Когда случится, я людей не щажу – только не таким манером.

Санин никак не мог понять, что она – смеется ли над ним, или говорит серьезно? а только думал про себя: «О, да с тобой держи ухо востро!»

Слуга вошел с русским самоваром, чайным прибором, сливками, сухарями и т. п. на большом подносе, расставил всю эту благодать на столе между Саниным и г-жою Полозовой – и удалился.

Она налила ему чашку чаю.

– Вы не брезгаете? – спросила она, накладывая ему сахар в чашку пальцами... а щипчики лежали тут же.

– Помилуйте!.. От такой прекрасной руки...

Он не закончил фразы и чуть не поперхнулся глотком чаю, а она внимательно и ясно глядела на него.

– Я потому упомянул о недорогой цене моего имения, – продолжал он, – что так как вы теперь находитесь за границей, то я не могу предполагать у вас много свободных денег и наконец я сам чувствую, что продажа... или покупка имения при подобных условиях есть нечто ненормальное, и я должен взять это в соображение.

Санин путался и сбивался, а Марья Николаевна тихонько отклонилась на спинку кресла, скрестила руки и глядела на него тем же внимательным и ясным взглядом. Он наконец умолк.

– Ничего, говорите, говорите, – промолвила она, как бы приходя ему на помощь, – я вас слушаю – мне приятно вас слушать; говорите.

Санин принялся описывать свое имение, сколько в нем десятин, и где оно находится, и каковы в нем хозяйственные угодья, и какие можно извлечь из него выгоды... упомянул даже о живописном местоположении усадьбы; а Марья Николаевна всё глядела да глядела на него – всё светлее и пристальнее, и губы ее чуть-чуть двигались, без улыбки: она покусывала их. Ему стало неловко наконец; он замолчал вторично.

– Дмитрий Павлович, – начала Марья Николаевна – и задумалась... – Дмитрий Павлович, – повторила она... – Знаете что: я уверена, что покупка вашего имения – очень выгодная для меня афера и что мы сойдемся; но вы должны мне дать... два дня – да, два дня сроку. Ведь вы в состоянии на два дня расстаться с вашей невестой? Дольше я вас не продержу, против вашей воли – даю вам честное слово. Но если вам нужны теперь же пять, шесть тысяч франков, я с великим удовольствием готова предложить вам их взаймы – а там мы сочтемся.

Санин поднялся.

– Я должен благодарить вас, Марья Николаевна, за вашу радушную и любезную готовность услужить человеку, почти совсем вам незнакомому... Но если уже вам непременно так угодно, то я предпочту дождаться вашего решения насчет моего имения – останусь здесь два дня.

– Да; мне так угодно, Дмитрий Павлович. А вам будет очень тяжело? Очень? Скажите.

– Я люблю свою невесту, Марья Николаевна, и разлука с ней мне не легка.

– Ах, вы золотой человек! – со вздохом промолвила Марья Николаевна. – Обещаюсь не слишком томить вас. Вы уходите?

– Уже поздно, – заметил Санин.

– А вам надо отдохнуть от дороги – и от игры в дурачки с моим мужем. Скажите – вы Ипполиту Сидорычу, моему мужу, большой приятель?

– Мы воспитывались в одном пансионе.

– И он уже тогда был такой?

– Какой «такой»? – спросил Санин.

Марья Николаевна вдруг засмеялась, засмеялась до красноты всего лица, поднесла платок к губам, встала с кресла и, покачиваясь, как усталая, подошла к Санину и протянула ему руку.

Он раскланялся и направился к двери.

– Извольте завтра пораньше явиться – слышите? – крикнула она ему вслед.

Он глянул назад, уходя из комнаты, и увидел, что она опять опустилась в кресло и закинула обе руки за голову. Широкие рукава блузы скатились почти до самых плеч – и нельзя было не сознаться, что поза этих рук, что вся эта фигура была обаятельно прекрасна.

XXXVI

Далеко за полночь горела лампа в комнате Санина. Он сидел за столом и писал «своей Джемме». Рассказал ей всё; описал ей Полозовых, мужа и жену – впрочем, больше распространялся насчет собственных чувств – и кончил тем, что назначил ей свидание через три дня!!! (с тремя восклицательными знаками). Утром рано он отнес это письмо на почту и пошел прогуляться по саду Кургауза, где уже играла музыка. Народу было еще мало; он постоял перед беседкой, в которой помещался оркестр, прослушал попурри из «Роберта-Дьявола» и, напившись кофе, отправился в боковую, уединенную аллею, присел на лавочку – и задумался.

Ручка зонтика проворно – и довольно крепко – постучала по его плечу. Он встрепенулся... Перед ним, в легком, серо-зеленом бярежевом платье, в белой тюлевой шляпке, в шведских перчатках, свежая и розовая, как летнее утро, но с не исчезнувшей еще негой безмятежного сна в движениях и во взорах, стояла Марья Николаевна.

– Здравствуйте, – промолвила она. – Я сегодня посылала за вами, да вы уже ушли. Я только что отпила свой второй стакан – меня, вы знаете, заставляют здесь воду пить, бог ведает зачем... уж я ли не здорова? И вот я должна гулять целый час. Хотите вы быть моим спутником? А там мы кофе напьемся.

– Я уже пил, – промолвил Санин, вставая, – но я очень рад гулять с вами.

– Ну так дайте же мне вашу руку... Не бойтесь: вашей невесты здесь нет – она вас не увидит.

Санин принужденно улыбнулся. Он испытывал ощущение неприятное всякий раз, когда Марья Николаевна упоминала о Джемме. Однако он поспешно и послушно наклонился... Рука Марьи Николаевны медленно и мягко опустилась на его руку, и скользнула по ней, и как бы прильнула к ней.

– Пойдемте – вот сюда, – сказала она ему, закинув раскрытый зонтик за плечо. – Я в здешнем парке как дома: поведу вас по хорошим местам. И знаете что (она часто употребляла эти два слова): мы с вами не будем говорить теперь об этой покупке; мы о ней после завтрака хорошенько потолкуем; а вы должны мне теперь рассказать о себе... чтобы я знала, с кем я имею дело. А после, если хотите, я вам о себе порасскажу. Согласны?

– Но, Марья Николаевна, что может быть для вас интересного...

– Постойте, постойте. Вы не так меня поняли. Я с вами не кокетничать хочу. – Марья Николаевна пожала плечами. – У него невеста, как древняя статуя, а я буду с ним кокетничать?! Но у вас товар – а я купец. Я и хочу знать, каков у вас товар. Ну-ка, показывайте – каков он? Я хочу знать не только, что я покупаю, но и у кого я покупаю. Это было правило моего батюшки. Ну, начинайте... Ну, хоть не с детства – ну вот – давно ли вы за границей? И где вы были до сих пор? Только идите тише – нам некуда спешить.

– Я сюда прибыл из Италии, где я пробыл несколько месяцев.

– А у вас, видно, особое влечение ко всему итальянскому? Странно, что вы не там нашли свой предмет. Вы любите художества? Картины? или больше – музыку?

– Я люблю искусство... Я всё прекрасное люблю.

– И музыку?

– И музыку тоже.

– А я ее совсем не люблю. Нравятся мне одни русские песни – и то в деревне, и то весной – с пляской, знаете... Красные кумачи, поднизи, на выгоне молоденькая травка, дымком попахивает... чудесно! Но не обо мне речь. Говорите же, рассказывайте.

Марья Николаевна сама шла, а сама то и дело взглядывала на Санина. Она была высокого роста – ее лицо приходилось почти в уровень с его лицом.

Он принялся рассказывать – сначала неохотно, неумело, а потом разговорился, разболтался даже. Марья Николаевна очень умно слушала; да к тому же она сама казалась до того откровенной, что невольно и других вызывала на откровенность. Она обладала тем великим даром «обиходности» – le terrible don de la familiarité, о котором упоминает кардинал Ретц. Санин говорил о своих путешествиях, о житье в Петербурге, о своей молодости... Будь Марья Николаевна светской дамой, с утонченными манерами – он никогда бы так не распустился; но она сама называла себя добрым малым, не терпящим никаких церемоний; она именно так отрекомендовала себя Санину. И в то же время этот «добрый малый» шел рядом с ним кошачьей походкой, слегка прислоняясь к нему, и заглядывал ему в лицо; и шел он в образе молодого женского существа, от которого так и веяло тем разбирающим и томящим, тихим и жгучим соблазном, каким способны донимать нашего брата – грешного, слабого мужчину, одни – и то некоторые и то не чистые, а с надлежащей помесью – славянские натуры!

Прогулка Санина с Марьей Николаевной, беседа Санина с Марьей Николаевной продолжалась час с лишком. И ни разу они не останавливались – всё шли да шли по бесконечным аллеям парка, то поднимаясь в гору и на ходу любуясь видом, то спускаясь в долину и укрываясь в непроницаемую тень – и всё рука с рукой. Временами Санину даже досадно становилось: он с Джеммой, с своей милой Джеммой никогда так долго не гулял... а тут эта барыня завладела им – и баста!

– Не устали ли вы? – спрашивал он ее не однажды.

– Я никогда не устаю, – отвечала она.

Изредка им попадались гуляющие; почти все ей кланялись – иные почтительно, другие даже подобострастно. Одному из них, весьма красивому, щегольски одетому брюнету она крикнула издали, с самым лучшим парижским акцентом: «Comte, vous savez, il ne faut pas venir me voir – ni aujourd'hui, ni demain»[61]. Тот снял молча шляпу и отвесил низкий поклон.

– Кто это? – спросил Санин, по дурной привычке «любопытствовать», свойственной всем русским.

– Это? Один французик – их здесь много вертится... За мной ухаживает – тоже. Однако пора кофе пить. Пойдемте домой; вы, чай, успели проголодаться. Мой благоверный, должно быть, теперь глаза продрал.

«Благоверный! Глаза продрал!!» – повторил про себя Санин... «И говорит так отлично по-французски... Что за чудачка!»

Марья Николаевна не ошиблась. Когда она вместе с Саниным вернулась в гостиницу – «благоверный», или «пышка», сидел уже, с неизменной феской на голове, перед накрытым столом.

– А я тебя прождался! – воскликнул он, скорчив кислую мину. – Хотел уже кофе без тебя пить.

– Ничего, ничего, – весело возразила Марья Николаевна. – Ты сердился? Это тебе здорово: а то ты совсем застынешь. Я вот гостя привела. Звони скорее! Давайте пить кофе, кофе – самый лучший кофе – в саксонских чашках, на белоснежной скатерти!

Она скинула шляпу, перчатки – и захлопала в ладоши.

Полозов глянул на нее исподлобья.

– Что это вы сегодня так расскакались, Марья Николаевна? – проговорил он вполголоса.

– А не ваше дело, Ипполит Сидорыч! Звони! Дмитрий Павлович, садитесь – и пейте кофе во второй раз! Ах, как весело приказывать! Другого удовольствия на свете нет!

– Когда слушаются, – проворчал опять супруг.

– Именно, когда слушаются! Оттого-то мне и весело. Особенно с тобою. Не правда ли, пышка? А вот и кофе.

На громадном подносе, с которым появился кельнер, находилась также и театральная афишка. Марья Николаевна тотчас ухватилась за нее.

– Драма! – произнесла она с негодованием, – немецкая драма. Всё равно: лучше, чем немецкая комедия. Велите мне взять ложу – бенуар –

---

[61] «Знаете, граф, ни сегодня, ни завтра ко мне нельзя приходить» (франц.).

или нет... лучше Fremden-Loge[62], – обратилась она к кельнеру. – Слышите ли: непременно Fremden-Loge!

– Но если Fremden-Loge уже взята его превосходительством, директором города (seine Excellenz der Herr Stadt-Director), – осмелился доложить кельнер.

– Дайте его превосходительству десять талеров, – а чтоб ложа у меня была! Слышите!

Кельнер покорно и печально наклонил голову.

– Дмитрий Павлович, вы поедете со мной в театр? немецкие актеры ужасны, но вы поедете... Да? Да! Какой вы любезный! Пышка, а ты не пойдешь?

– Как прикажешь, – проговорил Полозов в чашку, которую поднес ко рту.

– Знаешь что: останься. Ты в театре всё спишь – да и по-немецки ты понимаешь плохо. Ты лучше вот что сделай: напиши ответ управляющему – помнишь, насчет нашей мельницы... насчет крестьянского помо́лу. Скажи ему, что я не хочу, не хочу и не хочу! Вот тебе и занятие на целый вечер.

– Слушаю, – ответил Полозов.

– Ну, вот и прекрасно. Ты у меня умница. А теперь, господа, благо мы заговорили об управляющем, будемте толковать о главном нашем деле. Вот как только кельнер уберет со стола, вы нам всё расскажете, Дмитрий Павлович, о своем имении – как, что, за какую цену продаете, сколько хотите задатку вперед, – словом, всё! («Наконец-то, – подумал Санин, – слава богу!») Вы уж мне кое-что сообщили, сад свой, помнится, чудесно описали, да «пышки» при этом не было... Пусть он послушает – всё что-нибудь пробуркнет! Мне очень приятно думать, что я могу помочь вам жениться, да я же обещала вам, что после завтрака займусь вами; а я всегда держу свои обещания; не правда ли, Ипполит Сидорыч?

Полозов потер себе лицо ладонью.

– Что правда, то правда, вы никого не обманываете.

– Никогда! И никогда никого не обману. Ну, Дмитрий Павлович, излагайте дело, как мы выражаемся в сенате.

XXXVII

Санин принялся «излагать дело», то есть опять, во второй раз,

---

[62] ложу для иностранцев (нем.).

описывать свое имение, но уже не касаясь красот природы и от времени до времени ссылаясь на Полозова, для подтверждения приводимых «фактов и цифр». Но Полозов только хмыкал и головой покачивал — одобрительно ли, или неодобрительно — этого, кажется, сам чёрт бы не разобрал. Впрочем, Марья Николаевна и не нуждалась в его участии. Она выказывала такие коммерческие и административные способности, что оставалось только изумляться! Вся подноготная хозяйства была ей отлично известна; она обо всем аккуратно расспрашивала, во всё входила; каждое ее слово попадало в цель, ставило точку прямо на i. Санин не ожидал подобного экзамена: он не приготовился. И продолжался этот экзамен целых полтора часа. Санин испытывал все ощущения подсудимого, сидящего на узенькой скамеечке перед строгим и проницательным судьею. «Да это допрос!» — тоскливо шептал он про себя. Марья Николаевна всё время посмеивалась, словно шутила, но от этого Санину не было легче; а когда в течение «допроса» оказалось, что он не совсем ясно понимал значение слов: «передел» и «запашка» — так его даже пот прошиб.

— Ну, хорошо! — решила наконец Марья Николаевна. — Ваше имение я теперь знаю... не хуже вас. Какую же цену вы положите за душу? (В то время цены имениям, как известно, определялись по душам.)

— Да... я полагаю... меньше пятисот рублей взять нельзя, — с трудом проговорил Санин. (О, Панталеоне, Панталеоне, где ты? Вот бы когда тебе пришлось снова воскликнуть: Barbari!)

Марья Николаевна взвела глаза к небу, как бы соображая.

— Что ж? — промолвила она наконец. — Эта цена мне кажется безобидной. Но я выговорила себе два дня сроку — и вы должны подождать до завтра. Я полагаю, что мы сойдемся, и тогда вы скажете, сколько вам потребуется задатку. А теперь basta così![63] — подхватила она, заметив, что Санин хотел что-то возразить. — Довольно мы занимались презренным металлом... à demain les affaires![64] Знаете что: я теперь отпускаю вас (она глянула на эмалевые часики, заткнутые у ней за поясом)... до трех часов... Надо ж дать вам отдохнуть. Ступайте поиграйте в рулетку.

— Я никогда в азартные игры не играю, — заметил Санин.

— В самом деле? Да вы совершенство. Впрочем, и я не играю. Глупо бросать деньги на ветер — наверняка. Но подите в игорную залу, посмотрите на физиономии. Попадаются презабавные. Старуха есть там одна, с фероньеркой и с усами — чудо! Наш князь там один — тоже хорош.

---

[63] довольно! (итал.).
[64] дела на завтра! (франц.).

Фигура величественная, нос как у орла, а поставит талер – и крестится украдкой под жилеткой. Читайте журналы, гуляйте, – словом, делайте что хотите... А в три часа я вас ожидаю... de pied ferme[65]. Надо будет пораньше пообедать. Театр у этих смешных немцев начинается в половине седьмого. – Она протянула руку. – Sans rancune, n'est-ce pas?[66]

– Помилуйте, Марья Николаевна, за что я буду на вас досадовать?

– А за то, что я вас мучила. Погодите, я вас еще не так, – прибавила она, прищурив глаза, и все ее ямочки разом выступили на заалевшихся щеках. – До свидания!

Санин поклонился и вышел. Веселый смех раздался вслед за ним – и в зеркале, мимо которого он проходил в это мгновенье, отразилась следующая сцена: Марья Николаевна надвинула своему супругу его феску на глаза, а он бессильно барахтался обеими руками.

XXXVIII

О, как глубоко и радостно вздохнулось Санину, как только он очутился у себя в комнате! Точно: Марья Николаевна правду сказала – ему следовало отдохнуть, отдохнуть от всех этих новых знакомств, столкновений, разговоров, от этого чада, который забрался ему в голову, в душу – от этого негаданного, непрошенного сближения с женщиной, столь чуждой ему! И когда же всё это совершается? Чуть не на другой день после того, как он узнал, что Джемма его любит, как он стал ее женихом! Да ведь это святотатство! Тысячу раз просил он мысленно прощенья у своей чистой, непорочной голубицы, хотя он собственно ни в чем обвинить себя не мог; тысячу раз целовал данный ею крестик. Не имей он надежды скоро и благополучно окончить дело, за которым приехал в Висбаден, опрометью бросился бы он оттуда назад – в милый Франкфурт, в тот дорогой, теперь уже родственный ему дом, к ней, к возлюбленным ее ногам... Но делать нечего! Надо испить фиал до дна, надо одеться, идти обедать – а оттуда в театр... Хоть бы завтра она его поскорей отпустила!

Еще одно его смущало, его сердило: он с любовью, с умилением, с благодарным восторгом думал о Джемме, о жизни с нею вдвоем, о счастии, которое его ожидало в будущем, – и между тем эта странная женщина, эта госпожа Полозова неотступно носилась... нет! не носилась –

---

[65] непременно (франц.).

[66] Забудем старые обиды, не правда ли? (франц.).

торчала... так именно, с особым злорадством выразился Санин – торчала перед его глазами, – и не мог он отделаться от ее образа, не мог не слышать ее голоса, не вспоминать ее речей, не мог не ощущать даже того особенного запаха, тонкого, свежего и пронзительного, как запах желтых лилий, которым веяло от ее одежд. Эта барыня явно дурачит его, и так и сяк к нему подъезжает... Зачем это? что ей надо? Неужели же это одна прихоть избалованной, богатой и едва ли не безнравственной женщины? И этот муж?! Что это за существо? Какие его отношения к ней? И к чему лезут эти вопросы в голову ему, Санину, которому собственно нет никакого дела ни до г-на Полозова, ни до его супруги? Почему не может он прогнать этот неотвязный образ даже тогда, когда обращается всей душою к другому, светлому и ясному, как божий день? Как смеют – сквозь те, почти божественные черты – сквозить эти? И они не только сквозят – они ухмыляются дерзостно. Эти серые хищные глаза, эти ямочки на щеках, эти змеевидные косы – да неужели же это всё словно прилипло к нему, и он стряхнуть, отбросить прочь всё это не в силах, не может?

Вздор! вздор! Завтра же это всё исчезнет без следа... Но отпустит ли она его завтра?

Да... Все эти вопросы он себе ставил, а стало время пододвигаться к трем часам – и надел он черный фрак да, погулявши немного по парку, отправился к Полозовым.

Он застал у них в гостиной секретаря посольства из немцев, длинного-длинного, белокурого, с лошадиным профилем и пробором сзади (тогда это было еще внове) и... о чудо! кого еще? Фон Дöнгофа, того самого офицера, с которым дрался несколько дней тому назад! Он никак не ожидал встретить его именно тут – и невольно смутился, однако раскланялся с ним.

– Вы знакомы? – спросила Марья Николаевна, от которой не ускользнуло смущение Санина.

– Да... я имел уже честь, – промолвил Дöнгоф и, наклонившись слегка в сторону Марьи Николаевны, прибавил вполголоса, с улыбкой: – Тот самый... Ваш соотечественник... русский...

– Не может быть! – воскликнула она также вполголоса, погрозила ему пальцем и тотчас же стала прощаться – и с ним и с длинным секретарем, который, по всем признакам, был смертельно в нее влюблен, ибо даже рот раскрывал всякий раз, когда на нее взглядывал. Дöнгоф удалился немедленно, с любезной покорностью, как друг дома, который с полуслова понимает, чего от него требуют; секретарь заартачился было, но Марья Николаевна выпроводила его без всяких церемоний.

– Ступайте к вашей владетельной особе, – сказала она ему (тогда в Висбадене проживала некая принчипесса ди Монако, изумительно смахивавшая на плохую лоретку), – что вам сидеть у такой плебейки, как я?

– Помилуйте, сударыня, – уверял злополучный секретарь, – все принчипессы в мире...

Но Марья Николаевна была безжалостна – и секретарь ушел вместе со своим пробором.

Марья Николаевна в тот день принарядилась очень к своему «авантажу», как говаривали наши бабушки. На ней было шёлковое розовое платье глясэ, с рукавами à la Fontanges, и по крупному бриллианту в каждом ухе. Глаза ее блистали не хуже тех бриллиантов: она казалась в духе и в ударе.

Она усадила Санина возле себя и начала говорить ему о Париже, куда собиралась ехать через несколько дней, о том, что немцы ей надоели, что они глупы, когда умничают, и некстати умны, когда глупят; да вдруг, как говорится, в упор – à brule pourpoint – спросила его, правда ли, что он вот с этим самым офицером, который сейчас тут сидел, на днях дрался из-за одной дамы?

– Вам это почему известно? – пробормотал изумленный Санин.

– Слухом земля полнится, Дмитрий Павлович; но, впрочем, я знаю, что вы были правы, тысячу раз правы – и вели себя как рыцарь. Скажите – эта дама была ваша невеста?

Санин слегка наморщил брови...

– Ну, не буду, не буду, – поспешно проговорила Марья Николаевна. – Вам это неприятно, простите меня, не буду! не сердитесь! – Полозов появился из соседней комнаты с листом газеты в руках. – Что ты? или обед готов?

– Обед сейчас подают, а ты посмотри-ка, что я в «Северной пчеле» вычитал... Князь Громобой умер.

Марья Николаевна подняла голову.

– А! царство ему небесное! Он мне каждый год, – обратилась она к Санину, – в феврале, ко дню моего рождения, все комнаты убирал камелиями. Но для этого еще не стоит жить в Петербурге зимой. Что, ему, пожалуй, за семьдесят лет было? – спросила она мужа.

– Было. Похороны его в газете описывают. Весь двор присутствовал. Вот и стихи князя Коврижкина по этому случаю.

– Ну и чудесно.

– Хочешь, прочту? Князь его называет мужем совета.

– Нет, не хочу. Какой он был муж совета! Он просто был муж Татьяны Юрьевны. Пойдемте обедать. Живой живое думает. Дмитрий Павлович, вашу руку.

Обед был, по-вчерашнему, удивительный и прошел весьма

оживленно. Марья Николаевна умела рассказывать... редкий дар в женщине, да еще в русской! Она не стеснялась в выражениях; особенно доставалось от нее соотечественницам. Санину не раз пришлось расхохотаться от иного бойкого и меткого словца. Пуще всего Марья Николаевна не терпела ханжества, фразы и лжи... Она находила ее почти повсюду. Она словно щеголяла и хвасталась той низменной средою, в которой началась ее жизнь; сообщала довольно странные анекдоты о своих родных из времени своего детства; называла себя лапотницей, не хуже Натальи Кирилловны Нарышкиной. Санину стало очевидным, что она испытала на своем веку гораздо больше, чем многое множество ее сверстниц.

А Полозов кушал обдуманно, пил внимательно и только изредка вскидывал то на жену, то на Санина свои белесоватые, с виду слепые, в сущности очень зрячие глаза.

— Какой ты у меня умница! — воскликнула Марья Николаевна, обратившись к нему, — как ты все мои комиссии во Франкфурте исполнил! Поцеловала бы я тебя в лобик, да ты у меня за этим не гоняешься.

— Не гоняюсь, — отвечал Полозов и взрезал ананас серебряным ножом.

Марья Николаевна посмотрела на него и постучала пальцами по столу.

— Так идет наше пари? — промолвила она значительно.

— Идет.

— Ладно. Ты проиграешь.

Полозов выставил подбородок вперед.

— Ну, на этот раз, как ты на себя ни надейся, Марья Николаевна, а я полагаю, что проиграешь-то ты.

— О чем пари? Можно узнать? — спросил Санин.

— Нет... нельзя теперь, — ответила Марья Николаевна — и засмеялась.

Пробило семь часов. Кельнер доложил, что карета готова. Полозов проводил жену и тотчас же поплелся назад к своему креслу.

— Смотри же! Не забудь письма к управляющему! — крикнула ему Марья Николаевна из передней.

— Напишу, не беспокойся. Я человек аккуратный.

XXXIX

В 1840 году театр в Висбадене был и по наружности плох, а труппа его, по фразистой и мизерной посредственности, по старательной и пошлой рутине, ни на волос не возвышалась над тем уровнем, который до

184

сих пор можно считать нормальным для всех германских театров и совершенство которого в последнее время представляла труппа в Карлсруэ, под «знаменитым» управлением г-на Девриента. Позади ложи, взятой для «ее светлости г-жи фон Полозо́в» (бог ведает, как умудрился кельнер ее достать – не подкупил же он штадт-директора в самом деле!) – позади этой ложи находилась небольшая комнатка, обставленная диванчиками; прежде чем войти в нее, Марья Николаевна попросила Санина поднять ширмочки, отделявшие ложу от театра.

– Я не хочу, чтобы меня видели, – сказала она, – а то ведь сейчас полезут.

Она и его посадила возле себя, спиною к зале, так, чтобы ложа казалась пустою.

Оркестр проиграл увертюру из «Свадьбы Фигаро»... Занавес поднялся: пьеса началась.

То было одно из многочисленных доморощенных произведений, в которых начитанные, но бездарные авторы отборным, но мертвенным языком, прилежно, но неуклюже проводили какую-нибудь «глубокую» или «животрепещущую» идею, представляли так называемый трагический конфликт и наводили скуку... азиатскую, как бывает азиатская холера. Марья Николаевна терпеливо выслушала половину акта, но когда первый любовник, узнав об измене своей возлюбленной (одет он был в коричневый сюртук с «буфами» и плисовым воротником, полосатый жилет с перламутровыми пуговицами, зеленые панталоны со штрипками из лакированной кожи и белые замшевые перчатки), когда этот любовник, уперев оба кулака в грудь и оттопырив локти вперед, под острым углом, завыл уже прямо по-собачьи – Марья Николаевна не выдержала.

– Последний французский актер в последнем провинциальном городишке естественнее и лучше играет, чем первая немецкая знаменитость, – с негодованием воскликнула она и пересела в заднюю комнатку. – Подите сюда, – сказала она Санину, постукивая рукою возле себя по дивану. – Будемте болтать.

Санин повиновался.

Марья Николаевна глянула на него.

– А вы, я вижу, шелковый! Вашей жене будет с вами легко. Этот шут, – продолжала она, указывая концом веера на завывавшего актера (он исполнял роль домашнего учителя), – напомнил мне мою молодость: я тоже была влюблена в учителя. Это была моя первая... нет, моя вторая пассия. В первый раз я влюбилась в служку Донского монастыря. Мне было двенадцать лет. Я видала его только по воскресеньям. Он носил бархатный подрясник, душился оделаваном, пробираясь в толпе с кадилом, говорил дамам по-французски: «пардон, экскюзе́» – и никогда не поднимал глаз, а ресницы у него были вот какие! – Марья Николаевна отделила ногтем большого пальца целую половину своего мизинца и показала Санину. – Учителя моего звали – monsieur Gaston! Надо вам сказать, что он был ужасно ученый и престрогий человек, из швейцарцев – и с таким энергическим лицом! Бакенбарды черные, как смоль, греческий профиль – и губы как из железа вылитые! Я его боялась! Я во всей моей жизни только одного этого человека и боялась. Он был гувернером моего брата, который потом умер... утонул. Одна цыганка и мне предсказала насильственную смерть, но это вздор. Я этому не верю. Представьте вы себе Ипполита Сидорыча с кинжалом?!.

– Можно умереть и не от кинжала, – заметил Санин.

– Всё это вздор! Вы суеверны? Я – нисколько. А чему быть, того не миновать. Monsieur Gaston жил у нас в доме, над моей головой. Бывало, я проснусь ночью и слышу его шаги – он очень поздно ложился – и сердце замирает от благоговения... или от другого чувства. Мой отец сам едва разумел грамоте, но воспитание нам дал хорошее. Знаете ли, что я по-латыни понимаю?

– Вы? по-латыни?

– Да – я. Меня monsieur Gaston выучил. Я с ним «Энеиду» прочла. Скучная вещь, но есть места хорошие. Помните, когда Дидона с Энеем в лесу...

– Да, да, помню, – торопливо промолвил Санин. Сам он давным-давно всю свою латынь забыл и об «Энеиде» понятие имел слабое.

Марья Николаевна глянула на него, по своей привычке, несколько вбок и из-под низу.

– Вы не думайте, однако, что я очень учена. Ах, боже мой, нет – я не учена, и никаких талантов у меня нет. Писать едва умею... право; читать громко не могу; ни на фортепьяно, ни рисовать, ни шить – ничего! Вот я какая – вся тут!

Она расставила руки.

– Я вам всё это рассказываю, – продолжала она, – во-первых, для того, чтобы не слушать этих дураков (она указала на сцену, где в это мгновение вместо актера подвывала актриса, тоже выставив локти вперед), а во-вторых, для того, что я перед вами в долгу: вы вчера мне про себя рассказывали.

– Вам угодно было спросить меня, – заметил Санин.

Марья Николаевна внезапно повернулась к нему.

– А вам не угодно знать, что собственно я за женщина? Впрочем, я не удивляюсь, – прибавила она, снова прислонясь к подушкам дивана. – Человек собирается жениться, да еще по любви, да после дуэли... Где ему помышлять о чем-нибудь другом?

186

Марья Николаевна задумалась и начала кусать ручку веера своими крупными, но ровными и, как молоко, белыми зубами.

А Санину казалось, что ему в голову опять стал подниматься тот чад, от которого он не мог отделаться вот уже второй день.

Разговор между им и Марьей Николаевной происходил вполголоса, почти шёпотом – и это еще более его раздражало и волновало его...

Когда же это всё кончится?

Слабые люди никогда сами не кончают – всё ждут конца.

На сцене кто-то чихал; чиханье это было введено автором в свою пьесу, как «комический момент» или «элемент»; другого комического элемента в ней уже, конечно, не было; и зрители удовлетворялись этим моментом, смеялись.

Этот смех также раздражал Санина.

Были минуты, когда он решительно не знал: что он – злится или радуется, скучает или веселится? О, если б Джемма его видела!

– Право, это странно, – заговорила вдруг Марья Николаевна. – Человек объявляет вам, и таким спокойным голосом: «Я, мол, намерен жениться»; а никто вам не скажет спокойно: «Я намерен в воду броситься». И между тем – какая разница? Странно, право.

Досада взяла Санина.

– Разница большая, Марья Николаевна! Иному броситься в воду вовсе не страшно: он плавать умеет; а сверх того... что касается до странности браков... уж коли на то пошло...

Он вдруг умолк и прикусил язык.

Марья Николаевна ударила себя веером по ладони.

– Договаривайте, Дмитрий Павлович, договаривайте – я знаю, что вы хотели сказать. «Уж коли на то пошло, милостивая государыня, Марья Николаевна Полозова, – хотели вы сказать, – страннее вашего брака ничего нельзя себе представить... ведь я вашего супруга знаю хорошо, с детства!» Вот что вы хотели сказать, вы, умеющий плавать!

– Позвольте, – начал было Санин...

– Разве это не правда? Разве не правда? – настойчиво произнесла Марья Николаевна. – Ну, посмотрите мне в лицо и скажите, что я неправду сказала!

Санин не знал, куда деть свои глаза.

– Ну, извольте: правда, коли вы уж этого непременно требуете, – проговорил он наконец.

Марья Николаевна покачала головою.

– Так... так. – Ну – и спрашивали вы себя, вы, умеющий плавать, какая может быть причина такого странного... поступка со стороны женщины, которая не бедна... и не глупа... и не дурна? Вас это не интересует, может быть; но всё равно. Я вам скажу причину не теперь, а вот как только кончится антракт. Я всё беспокоюсь, как бы кто-нибудь не зашел...

Не успела Марья Николаевна выговорить это последнее слово, как наружная дверь действительно растворилась наполовину – и в ложу всунулась голова красная, маслянисто-потная, еще молодая, но уже беззубая, с плоскими длинными волосами, отвислым носом, огромными ушами, как у летучей мыши, с золотыми очками на любопытных и тупых глазенках, и с pince-nez на очках. Голова осмотрелась, увидала Марью Николаевну, дрянно осклабилась, закивала... Жилистая шея вытянулась вслед за нею...

Марья Николаевна замахала на нее платком.

– Меня дома нет! Ich bin nicht zu Hause, Herr P...! Ich bin nicht zu Hause... Кшшш, кшшш!

Голова изумилась, принужденно засмеялась, проговорила, словно всхлипывая, в подражание Листу, у ног которого когда-то пресмыкалась: Sehr gut! sehr gut![67] – и исчезла.

– Это что за субъект? – спросил Санин.

– Это? Критик висбаденский. «Литтерат» или лон-лакей[68], как угодно. Он нанят здешним откупщиком и потому обязан всё хвалить и всем восторгаться, а сам весь налит гаденькой желчью, которую даже выпускать не смеет. Я боюсь: он сплетник ужасный; сейчас побежит рассказывать, что я в театре. Ну, всё равно.

Оркестр проиграл вальс, занавес взвился опять... Поднялось опять на сцене кривлянье да хныканье.

– Ну-с, – начала Марья Николаевна, снова опускаясь на диван, – так как вы попались и должны сидеть со мною, вместо того чтобы наслаждаться близостью вашей невесты... не вращайте глазами и не гневайтесь – я вас понимаю и уже обещала вам, что отпущу вас на все четыре стороны, – а теперь слушайте мою исповедь. Хотите знать, что я больше всего люблю?

– Свободу, – подсказал Санин.

Марья Николаевна положила руку на его руку.

– Да, Дмитрий Павлович, – промолвила она, и голос ее прозвучал чем-то особенным, какой-то несомненной искренностью и важностью, – свободу, больше всего и прежде всего. И не думайте, чтоб я этим хвасталась – в этом нет ничего похвального, – только оно так, и всегда было и будет так для меня, до самой смерти моей. Я в детстве, должно

---

[67] Очень хорошо! очень хорошо! (нем.)

[68] наемный лакей (нем.: Lohn-Lakai).

быть, уж очень много насмотрелась рабства и натерпелась от него. Ну, и monsieur Gaston, мой учитель, глаза мне открыл. Теперь вы, может быть, понимаете, почему я вышла за Ипполита Сидорыча; с ним я свободна, совершенно свободна, как воздух, как ветер... И это я знала перед свадьбой, я знала, что с ним я буду вольный казак!

Марья Николаевна помолчала и бросила веер в сторону.

– Скажу вам еще одно: я не прочь размышлять... оно весело, да и на то ум нам дан; но о последствиях того, что я сама делаю, я никогда не размышляю, и когда придется, не жалею себя – ни на эстолько: не стоит. У меня есть поговорка: «Cela ne tire pas à conséquence»[69] – не знаю, как это сказать по-русски. Да и точно: что tire à conséquence? Ведь от меня отчета не потребуют здесь, на сей земле; а там (она подняла палец кверху) – ну, там пусть распоряжаются, как знают. Когда меня будут там судить, то я не я буду! Вы слушаете меня? Вам не скучно?

Санин сидел наклонившись. Он поднял голову.

– Мне вовсе не скучно, Марья Николаевна, и слушаю я вас с любопытством. Только я... признаюсь... я спрашиваю себя, зачем вы это всё говорите мне?

Марья Николаевна слегка подвинулась на диване.

– Вы себя спрашиваете... Вы такой недогадливый? Или такой скромный?

Санин поднял голову еще выше.

– Я вам всё это говорю, – продолжала Марья Николаевна спокойным тоном, который, однако, не совсем соответствовал выражению ее лица, – потому что вы мне очень нравитесь; да, не удивляйтесь, я не шучу; потому, что после встречи с вами мне было бы неприятно думать, что вы сохраните обо мне воспоминание нехорошее... или даже не нехорошее, это мне всё равно, а неверное. Оттого-то я и залучила вас сюда, и остаюсь с вами наедине, и говорю с вами так откровенно... Да, да, откровенно. Я не лгу. И заметьте, Дмитрий Павлович, я знаю, что вы влюблены в другую, что вы собираетесь жениться на ней... Отдайте же справедливость моему бескорыстию! А впрочем, вот вам случай сказать в свою очередь: «Cela ne tire pas à conséquence!»

Она засмеялась, но смех ее внезапно оборвался – и она осталась неподвижной, как будто ее собственные слова ее самое поразили, а в глазах ее, в обычное время столь веселых и смелых, мелькнуло что-то похожее на робость, похожее даже на грусть.

«Змея! ах, она змея! – думал между тем Санин, – но какая красивая змея!»

---

[69] Это не влечет за собою никаких последствий! (франц.).

– Дайте мне мою лорнетку, – проговорила вдруг Марья Николаевна. – Мне хочется посмотреть: неужели эта jeune première в самом деле так дурна собою? Право, можно подумать, что ее определило правительство с нравственной целью, чтобы молодые люди не слишком увлекались.

Санин подал ей лорнетку, а она, принимая ее от него, быстро, но чуть слышно, охватила обеими руками его руку.

– Не извольте серьезничать, – шепнула она с улыбкой. – Знаете что: на меня цепей наложить нельзя, но ведь и я не накладываю цепей. Я люблю свободу и не признаю обязанностей – не для себя одной. А теперь посторонитесь немножко и давайте послушаемте пьесу.

Марья Николаевна навела лорнетку на сцену – и Санин принялся глядеть туда же, сидя с нею рядом, в полутьме ложи, и вдыхая, невольно вдыхая теплоту и благовоние ее роскошного тела и столь же невольно переворачивая в голове своей всё, что она ему сказала в течение вечера – особенно в течение последних минут.

XL

Пьеса длилась еще час с лишком, но Марья Николаевна и Санин скоро перестали смотреть на сцену. У них снова завязался разговор, и пробирался он, разговор этот, по той же дорожке, как и прежде; только на этот раз Санин меньше молчал. Внутренно он и на себя сердился и на Марью Николаевну; он старался доказать ей всю неосновательность ее «теории», как будто ее занимали теории! Он стал с ней спорить, чему она втайне очень порадовалась: коли спорит, значит уступает или уступит. На прикормку пошел, подается, дичиться перестал! Она возражала, смеялась, соглашалась, задумывалась, нападала... а между тем его лицо и ее лицо сближались, его глаза уже не отворачивались от ее глаз... Эти глаза словно блуждали, словно кружили по его чертам, и он улыбался ей в ответ – учтиво, но улыбался. Ей на руку было уже и то, что он пускался в отвлеченности, рассуждал о честности взаимных отношений, о долге, о святости любви и брака... Известное дело: эти отвлеченности очень и очень годятся как начало... как исходная точка...

Люди, хорошо знавшие Марью Николаевну, уверяли, что когда во всем ее сильном и крепком существе внезапно проступало нечто нежное и скромное, что-то почти девически стыдливое – хотя, подумаешь, откуда оно бралось?.. – тогда... да, тогда дело принимало оборот опасный.

Оно, по-видимому, принимало этот оборот и для Санина...

190

Презрение он бы почувствовал к себе, если б ему удалось хотя на миг сосредоточиться; но он не успевал ни сосредоточиться, ни презирать себя.

А она не теряла времени. И всё это происходило оттого, что он был очень недурен собою! Поневоле придется сказать: «Как знать, где найдешь, где потеряешь?»

Пьеса кончилась. Марья Николаевна попросила Санина накинуть на нее шаль и не шевелилась, пока он окутывал мягкой тканью ее поистине царственные плечи. Потом она взяла его под руку, вышла в коридор – и чуть не вскрикнула: у самой двери ложи, как некое привидение, торчал Дёнгоф; а из-за его спины выглядывала паскудная фигура висбаденского критика. Маслянистое лицо «литтерата» так и сияло злорадством.

– Не прикажете ли, сударыня, я вам отыщу вашу карету? – обратился к Марье Николаевне молодой офицер с трепетом худо сдержанного бешенства в голосе.

– Нет, благодарствуйте, – ответила она, – мой лакей ее найдет. – Останьтесь! – прибавила она повелительным шёпотом – и быстро удалилась, увлекая за собою Санина.

– Ступайте к чёрту! Что вы ко мне пристали? – гаркнул вдруг Дёнгоф на литтерата. Надо было ему на ком-нибудь сорвать свое сердце!

– Sehr gut! sehr gut! – пробормотал литтерат и стушевался.

Лакей Марьи Николаевны, ожидавший ее в сенях, в мгновение ока отыскал ее карету – она проворно села в нее, за нею вскочил Санин. Дверцы захлопнулись – и Марья Николаевна разразилась смехом.

– Чему вы смеетесь? – полюбопытствовал Санин.

– Ах, извините меня, пожалуйста... но мне пришло в голову, что если Дёнгоф с вами опять будет стреляться... из-за меня... Не чудеса ли это?

– А вы с ним очень коротко знакомы? – спросил Санин.

– С ним? С этим мальчиком? Он у меня на побегушках. Вы не беспокойтесь!

– Да я и не беспокоюсь вовсе.

Марья Николаевна вздохнула.

– Ах, я знаю, что вы не беспокоитесь. Но слушайте – знаете что: вы такой милый, вы не должны отказать мне в одной последней просьбе. Не забудьте: через три дня я уезжаю в Париж, а вы возвращаетесь во Франкфурт... Когда мы встретимся?

– Какая это просьба?

– Вы верхом, конечно, умеете ездить?

– Умею.

– Ну вот что. Завтра поутру я вас возьму с собою – и мы поедем вместе за город. У нас будут отличные лошади. Потом мы вернемся, дело покончим – и аминь! Не удивляйтесь, не говорите мне, что это каприз, что я сумасшедшая – всё это может быть, – но скажите только: я согласен!

Марья Николаевна обернула к нему свое лицо. В карете было темно, но глаза ее сверкнули в самой этой темноте.

– Извольте, я согласен, – промолвил Санин со вздохом.

– Ах! Вы вздохнули! – передразнила его Марья Николаевна. – Вот что значит: взялся за гуж – не говори, что не дюж. Но нет, нет... Вы – прелесть, вы хороший – а обещание я свое сдержу. Вот вам моя рука, без перчатки, правая, деловая. Возьмите ее и верьте ее пожатию. Что я за женщина, я не знаю; но человек я честный – и дела иметь со мною можно.

Санин, сам хорошенько не отдавая себе отчета в том, что делает, поднес эту руку к своим губам. Марья Николаевна тихонько ее приняла и вдруг умолкла – и молчала, пока карета не остановилась.

Она стала выходить... Что это? показалось ли Санину, или он точно почувствовал на щеке своей какое-то быстрое и жгучее прикосновение?

«До завтра!» – шепнула Марья Николаевна ему на лестнице, вся освещенная четырьмя свечами канделябра, ухваченного при ее появлении золотообрезным привратником. Она держала глаза опущенными. – «До завтра!»

Вернувшись к себе в комнату, Санин нашел на столе письмо от Джеммы. Он мгновенно... испугался – и тотчас же обрадовался, чтобы поскорей замаскировать перед самим собою свой испуг. Оно состояло из нескольких строк. Она радовалась благополучному «началу дела», советовала ему быть терпеливым и прибавляла, что все в доме здоровы и заранее радуются его возвращению. Санин нашел это письмо довольно сухим – однако взял перо, бумагу... и всё бросил. «Что писать!? Завтра сам вернусь... пора, пора!»

Он немедленно лег в постель и постарался как можно скорее заснуть. Оставшись на ногах и бодрствуя, он наверное стал бы думать о Джемме – а ему было почему-то... стыдно думать о ней. Совесть шевелилась в нем. Но он успокоивал себя тем, что завтра всё будет навсегда кончено и он навсегда расстанется с этой взбалмошной барыней – и забудет всю эту чепуху!..

Слабые люди, говоря с самими собою, охотно употребляют энергические выражения.

Et puis... cela ne tire pas à conséquence!

XLI

Вот что думал Санин, ложась спать; но что он подумал на следующий день, когда Марья Николаевна нетерпеливо постучала коралловой ручкой хлыстика в его дверь, когда он увидел ее на пороге своей комнаты – с шлейфом темно-синей амазонки на руке, с маленькой мужской шляпой на крупно заплетенных кудрях, с откинутым на плечо вуалем, с вызывающей улыбкой на губах, в глазах, на всем лице, – что он подумал тогда – об этом молчит история.

– Ну? готовы? – прозвучал веселый голос.

Санин застегнул сюртук и молча взял шляпу. Марья Николаевна бросила на него светлый взгляд, кивнула головою и быстро побежала вниз по лестнице. И он побежал вслед за нею.

Лошади стояли уже на улице перед крыльцом. Их было три: золотисто-рыжая чистокровная кобыла с сухой, оскалистой мордой, черными глазами навыкате, с оленьими ногами, немного поджарая, но красивая и горячая как огонь – для Марьи Николаевны; могучий, широкий, несколько тяжелый конь, вороной, без отмет – для Санина; третья лошадь назначалась груму. Марья Николаевна ловко вскочила на свою кобылу... Та затопала ногами и завертелась, отделяя хвост и поджимая круп, но Марья Николаевна (отличная наездница!) удержала ее на месте: нужно было проститься с Полозовым, который, в неизменной своей феске и в шлафроке нараспашку, появился на балконе и махал оттуда батистовым платочком, нисколько, впрочем, не улыбаясь, а скорее хмурясь. Взобрался и Санин на своего коня; Марья Николаевна отсалютовала г-ну Полозову хлыстиком, потом ударила им свою лошадь по выгнутой и плоской шее: та взвилась на дыбы, прыгнула вперед и пошла щепотким, укрощенным шагом, вздрагивая всеми жилками, собираясь на мундштуке, кусая воздух и порывисто фыркая. Санин, ехал сзади и глядел на Марью Николаевну; самоуверенно, ловко и стройно покачивался ее тонкий и гибкий стан, тесно и вольно охваченный корсетом. Она обернула голову назад и подозвала его одними глазами. Он поравнялся с нею.

– Ну, вот видите, как хорошо, – сказала она. – Я вам говорю напоследях, перед разлукой: вы прелесть – и раскаиваться не будете.

Выговорив эти последние слова, она несколько раз повела головою сверху вниз, как бы желая подтвердить их и дать ему почувствовать их значение.

Она казалась до того счастливой, что Санин просто удивлялся; у нее на лице появилось даже то степенное выражение, какое бывает у детей, когда они очень... очень довольны.

Шагом доехали они до недалекой заставы, а там пустились крупной рысью по шоссе. Погода была славная, прямо летняя; ветер струился им навстречу и приятно шумел и свистал в их ушах. Им было хорошо: сознание молодой, здоровой жизни, свободного, стремительного движения вперед охватывало их обоих; оно росло с каждым мигом.

Марья Николаевна осадила свою лошадь и опять поехала шагом; Санин последовал ее примеру.

– Вот, – начала она с глубоким, блаженным вздохом, – вот для этого только и стоит жить. Удалось тебе сделать, чего тебе хотелось, что казалось невозможным, – ну и пользуйся, душа, по самый край! – Она провела рукой себе по горлу поперек. – И каким добрым человек тогда себя чувствует! Вот теперь я... какая добрая! Кажется, весь свет бы обняла. То есть нет, не весь свет!.. Вот этого я бы не обняла. – Она указала хлыстиком на пробиравшегося сторонкой нищенски одетого старика. – Но осчастливить его я готова. Нате, возьмите, – крикнула она громко по-немецки и бросила к его ногам кошелек.

Увесистый мешочек (тогда еще портмоне в помину не было) стукнул о́ дорогу. Прохожий изумился, остановился, а Марья Николаевна захохотала и пустила лошадь вскачь.

– Вам так весело верхом ездить? – спросил Санин, догнав ее.

Марья Николаевна опять разом осадила свою лошадь: она иначе ее не останавливала.

– Я хотела только уехать от благодарности. Кто меня благодарит – удовольствие мое портит. Ведь я не для него это сделала, а для себя. Как же он смеет меня благодарить? Я не расслышала, о чем вы меня спрашивали.

– Я спрашивал... я хотел знать, отчего вы сегодня так веселы?

– Знаете что, – промолвила Марья Николаевна: она либо опять не расслышала Санина, либо не почла за нужное отвечать на его вопрос. – Мне ужасно надоел этот грум, который торчит за нами и который, должно быть, только и думает о том, когда, мол, господа домой поедут? Как бы от него отделаться? – Она проворно достала из кармана записную книжечку. – Послать его с письмом в город? Нет... не годится. А! вот как! Это что такое впереди? Трактир?

Санин глянул, куда она указывала.

– Да, кажется, трактир.

– Ну и прекрасно. Я прикажу ему остаться в этом трактире – и пить пиво, пока мы вернемся.

– Да что он подумает?

– А нам что за дело! Да он и думать не будет; будет пить пиво – и только. Ну, Санин (она в первый раз назвала его по одной фамилии), – вперед, рысью!

Поравнявшись с трактиром, Марья Николаевна подозвала грума и сообщила ему, что она от него требовала. Грум, человек английского происхождения и английского темперамента, молча поднес руку к козырьку своей фуражки, соскочил с лошади и взял ее под уздцы.

— Ну, теперь мы — вольные птицы! — воскликнула Марья Николаевна. — Куда нам ехать — на север, на юг, на восток, на запад? Смотрите — я как венгерский король на коронации (она указала концом хлыста на все четыре стороны света). Все наше! Нет, знаете что: видите, какие там славные горы — и какой лес! Поедемте туда, в горы, в горы!

In die Berge, wo die Freiheit thront![70]

Она свернула с шоссе и поскакала по узкой, неторной дорожке, которая действительно как будто направлялась к горам. Санин поскакал за нею.

XLII

Дорожка эта скоро превратилась в тропинку и наконец совсем исчезла, пересеченная канавой. Санин посоветовал вернуться, но Марья Николаевна сказала: «Нет! я хочу в горы! Поедем прямо, как летают птицы» — и заставила свою лошадь перескочить канаву. Санин тоже перескочил. За канавой начинался луг, сперва сухой, потом влажный, потом уже совсем болотистый: вода просачивалась везде, стояла лужицами. Марья Николаевна пускала лошадь нарочно по этим лужицам, хохотала и твердила: «Давайте школьничать!»

— Вы знаете, — спросила она Санина, — что значит: охотиться по брызга́м?

— Знаю, — отвечал Санин.

— У меня дядя был псовый охотник, — продолжала она. — Я с ним езживала — весною. Чудо! Вот и мы теперь с вами — по брызга́м. А только я вижу: вы русский человек, а хотите жениться на итальянке. Ну да это — ваша печаль. Это что? Опять канава? Гоп!

Лошадь перескочила — но шляпа упала с головы Марьи Николаевны, и кудри ее рассыпались по плечам. Санин хотел было слезть с коня и поднять шляпу, но она крикнула ему: «Не трогайте, я сама достану», нагнулась низко с седла, зацепила ручкой хлыста за вуаль и точно: достала шляпу, надела ее на голову, но волос не подобрала и опять помчалась, даже гикнула. Санин мчался с нею рядом, рядом с нею и перепрыгивал

---

[70] В горы, где царит свобода! (нем.).

рвы, ограды, ручейки, проваливался и выкарабкивался, несся под гору, несся в гору и всё глядел ей в лицо. Что за лицо! Всё оно словно раскрыто: раскрыты глаза, алчные, светлые, дикие; губы, ноздри раскрыты тоже и дышат жадно; глядит она прямо, в упор перед собою, и, кажется, всем, что она видит, землею, небом, солнцем и самым воздухом хочет завладеть эта душа, и об одном только она и жалеет: опасностей мало – все бы их одолела! «Санин! – кричит она, – ведь это как в Бюргеровой „Леноре"! Только вы не мертвый – а? Не мертвый?.. Я живая!» Разыгрались удалые силы. Это уж не амазонка пускает коня в галоп – это скачет молодой женский кентавр, полузверь и полубог, и изумляется степенный и благовоспитанный край, попираемый ее буйным разгулом!

Марья Николаевна остановила наконец свою вспененную забрызганную лошадь: она шаталась под нею, а у могучего, но тяжкого санинского жеребца прерывалось дыхание.

– Что? любо? – спросила Марья Николаевна каким-то чудным шёпотом.

– Любо! – восторженно отозвался Санин. И в нем кровь разгорелась.

– Постойте, то ли еще будет! – Она протянула руку. Перчатка на ней была разорвана.

– Я сказала, что приведу вас к лесу, к горам... Вот они, горы! – Точно: покрытые высоким лесом, зачинались горы шагах в двухстах от того места, куда вылетели лихие всадники. – Смотрите: вот и дорога. Оправимтесь – и вперед. Только шагом. Надо дать лошадям вздохнуть.

Они поехали. Одним сильным взмахом руки Марья Николаевна отбросила назад свои волосы. Посмотрела потом на свои перчатки – и сняла их.

– Руки будут кожей пахнуть, – сказала она, – да ведь это вам ничего? А?..

Марья Николаевна улыбалась, и Санин улыбался тоже. Эта бешеная скачка их как будто окончательно сблизила и подружила.

– Сколько вам лет? – спросила она вдруг.

– Двадцать два.

– Не может быть! Мне двадцать два тоже. Годы хорошие. Сложи их вместе, и то до старости далеко. Однако жарко. Что, я раскраснелась?

– Как маков цвет!

Марья Николаевна утерла лицо платком.

– Только бы до лесу добраться, а там будет прохладно. Этакой старый лес – точно старый друг. Есть у вас друзья?

Санин подумал немного.

– Есть... только мало. Настоящих нет.

– А у меня есть, настоящие – только не старые. Вот тоже друг – лошадь. Как она тебя бережно несет!

196

Ах, да здесь отлично! Неужто я послезавтра в Париж еду?

– Да... неужто? – подхватил Санин.

– А вы во Франкфурт?

– Я непременно во Франкфурт.

– Ну, что ж – с богом! Зато сегодняшний день наш... наш... наш!

Лошади добрались до опушки и вошли в нее. Тень леса накрыла их широко и мягко, и со всех сторон.

– О, да тут рай! – воскликнула Марья Николаевна. – Глубже, дальше в эту тень, Санин!

Лошади тихо двигались «глубже в тень», слегка покачиваясь и похрапывая. Дорожка, по которой они выступали, внезапно повернула в сторону и вдалась в довольно тесное ущелье. Запах вереска, папоротника, смолы сосновой, промозглой, прошлогодней листвы так и сперся в нем – густо и дремотно. Из расселин бурых крупных камней било крепкой свежестью. По обеим сторонам дорожки высились круглые бугры, поросшие зеленым мохом.

– Стойте! – воскликнула Марья Николаевна. – Я хочу присесть и отдохнуть на этом бархате. Помогите мне сойти.

Санин соскочил с коня и подбежал к ней. Она оперлась об его плечи, мгновенно спрыгнула на землю и села на одном из моховых бугров. Он стал перед нею, держа в руках поводья обеих лошадей.

Она подняла на него глаза...

– Санин, вы умеете забывать?

Санину вспомнилось вчерашнее... в карете.

– Что это – вопрос... или упрек?

– Я отроду никого и ни в чем не упрекала. А в присуху вы верите?

– Как?

– В присуху – знаете, о чем у нас в песнях поется. В простонародных русских песнях?

– А! Вы вот о чем говорите... – протянул Санин.

– Да, об этом. Я верю... и вы поверите.

– Присуха... колдовство... – повторил Санин. – Всё на свете возможно. Прежде я не верил, а теперь верю. Я себя не узнаю.

Марья Николаевна подумала – и оглянулась.

– А мне сдается, место это мне как будто знакомое. Посмотрите-ка, Санин, за тем широким дубом – стоит деревянный красный крест? аль нет?

Санин сделал несколько шагов в сторону.

– Стоит.

Марья Николаевна ухмыльнулась.

– А, хорошо! Я знаю, где мы. Пока еще не потерялись. Это что стучит? Дровосек?

Санин поглядел в чащу.

— Да... там какой-то человек сухие сучья рубит.

— Надо волосы в порядок привести, — проговорила Марья Николаевна. — А то увидит — осудит. — Она сняла шляпу и начала заплетать свои длинные косы — молча и важно. Санин стоял перед нею... Ее стройные члены явственно рисовались под темными складками сукна, с кое-где приставшими волокнами моха.

Одна из лошадей внезапно встряхнулась за спиною Санина; он сам затрепетал невольно, с ног до головы. Всё в нем было перепутано — нервы натянулись как струны. Недаром он сказал, что сам себя не узнает... Он действительно был околдован. Всё существо его было полно одним... одним помыслом, одним желаньем. Марья Николаевна бросила на него проницательный взгляд.

— Ну, вот теперь всё как следует, — промолвила она, надевая шляпу. — Вы не садитесь? Вот тут! Нет, погодите... не садитесь. Что это такое?

По верхушкам деревьев, по воздуху лесному, прокатилось глухое сотрясение.

— Неужели это гром?

— Кажется, точно гром, — ответил Санин.

— Ах, да это праздник! просто праздник! Только этого недоставало! — Глухой гул раздался вторично, поднялся — и упал раскатом. — Браво! Bis! Помните, я вам говорила вчера об «Энеиде»? Ведь их тоже в лесу застала гроза. Однако надо убраться. — Она быстро поднялась на ноги. — Подведите мне лошадь... Подставьте мне руку. Вот так. Я не тяжела.

Она птицей взвилась на седло. Санин тоже сел на коня.

— Вы — домой? — спросил он неверным голосом.

— Домой?? — отвечала она с расстановкой и подобрала поводья. — Ступайте за мной, — приказала она почти грубо.

Она выехала на дорогу и, минуя красный крест, опустилась в лощину, добралась до перекрестка, повернула направо, опять в гору... Она, очевидно, знала, куда держала путь — и шел этот путь всё в глубь да в глубь леса. Она ничего не говорила, не оглядывалась; она повелительно двигалась вперед — и он послушно и покорно следовал за нею, без искры воли в замиравшем сердце. Дождик начал накрапывать. Она ускорила ход своей лошади — и он не отставал от нее. Наконец, сквозь темную зелень еловых кустов, из-под навеса серой скалы, глянула на него убогая караулка, с низкой дверью в плетеной стене... Марья Николаевна заставила лошадь продраться сквозь кусты, спрыгнула с нее — и, очутившись вдруг у входа караулки, обернулась к Санину и шепнула: Эней?

Четыре часа спустя Марья Николаевна и Санин, в сопровождении дремавшего на седле грума, возвратились в Висбаден, в гостиницу. Г-н Полозов встретил свою супругу, держа в руках письмо к управляющему. Вглядевшись в нее попристальнее, он, однако, выразил на лице своем некоторое неудовольствие – и даже пробормотал:

– Неужто проиграл пари?

Марья Николаевна только плечами пожала.

А в тот же день, два часа спустя, Санин в своей комнате стоял перед нею, как потерянный, как погибший...

– Куда же ты едешь? – спрашивала она его. – В Париж – или во Франкфурт?

– Я еду туда, где будешь ты, – и буду с тобой, пока ты меня не прогонишь, – отвечал он с отчаянием и припал к рукам своей властительницы. Она высвободила их, положила их ему на голову и всеми десятью пальцами схватила его волосы. Она медленно перебирала и крутила эти безответные волосы, сама вся выпрямилась, на губах змеилось торжество – а глаза, широкие и светлые до белизны, выражали одну безжалостную тупость и сытость победы. У ястреба, который когтит пойманную птицу, такие бывают глаза.

XLIII

Вот что припомнил Дмитрий Санин, когда в тишине кабинета, разбирая свои старые бумаги, он нашел между ними гранатовый крестик. Рассказанные нами события ясно и последовательно возникали перед его мысленным взором... Но, дойдя до той минуты, когда он с таким унизительным молением обратился к г-же Полозовой, когда он отдался ей под ноги, когда началось его рабство, – он отвернулся от вызванных им образов, он не захотел более вспоминать. И не то, чтобы память изменила ему – о нет! он знал, он слишком хорошо знал, что последовало за той минутой, но стыд душил его – даже и теперь, столько лет спустя; он страшился того чувства неодолимого презрения к самому себе, которое, он в этом не мог сомневаться, непременно нахлынет на него и затопит, как волною, все другие ощущения, как только он не велит памяти своей замолчать. Но как он ни отворачивался от возникавших воспоминаний, вполне заглушить он их не мог. Он вспомнил дрянное, слезливое, лживое, жалкое письмо, посланное им Джемме, письмо, оставшееся без ответа... Явиться к ней, вернуться к ней – после такого обмана, такой измены – нет! нет! на столько совести и честности осталось еще в нем. К тому же он всякое доверие потерял к себе, всякое уважение: он уже ни за что не смел ручаться. Санин вспомнил также, как он потом – о, позор! – отправил полозовского лакея за своими вещами во Франкфурт, как он трусил, как он думал лишь об одном: поскорей уехать в Париж, в Париж; как он, по приказанию Марьи Николаевны, подлаживался и подделывался к Ипполиту Сидорычу – и любезничал с Дöнгофом, на пальце которого он заметил точно такое же железное кольцо, какое дала ему Марья Николаевна!!! Потом пошли воспоминания еще хуже, еще позорнее... Кельнер подает ему визитную карточку – и стоит на ней имя Панталеоне Чиппатола, придворного певца е. к. в. герцога Моденского! Он прячется от старика, но не может избегнуть встречи с ним в коридоре – и встает перед ним раздраженное лицо под взвившимся кверху седым хохлом; горят, как уголья, старческие глаза – и слышатся грозные восклицания и проклятия: Maledizione![71], слышатся даже страшные слова: Codardo! Infame traditore![72] Санин жмурит глаза, встряхивает головою, отворачивается вновь и вновь – и все-таки видит себя сидящим в дорожном дормезе на узком переднем месте... На задних, покойных местах сидят Марья Николаевна и Ипполит Сидорыч – четверня лошадей несется дружной рысью по мостовой Висбадена – в Париж! в Париж! Ипполит Сидорыч кушает грушу, которую он, Санин, ему очистил, а Марья Николаевна глядит на него и усмехается тою, ему, закрепощенному человеку, уже знакомой усмешкой – усмешкой собственника, владыки...

Но боже мой! Вон там, на углу улицы, недалеко от выезда из города, не Панталеоне ли стоит опять – и кто с ним? Неужели Эмилио? Да, это он, тот восторженный, преданный мальчик! Давно ли его юное сердце благоговело перед своим героем, идеалом, а теперь его бледное красивое – до того красивое лицо, что Марья Николаевна его заметила и высунулась в окошко кареты – это благородное лицо пышет злобой и презрением; глаза, столь похожие на те глаза! – впиваются в Санина, и губы сжимаются... и раскрываются вдруг для обиды...

А Панталеоне протягивает руку и указывает на Санина – кому? – стоящему возле Тарталье, и Тарталья лает на Санина – и самый лай честного пса звучит невыносимым оскорблением... Безобразно!

А там – житье в Париже и все унижения, все гадкие муки раба, которому не позволяется ни ревновать, ни жаловаться и которого бросают наконец, как изношенную одежду...

Потом – возвращение на родину, отравленная, опустошенная жизнь, мелкая возня, мелкие хлопоты, раскаяние горькое и бесплодное и столь же бесплодное и горькое забвение – наказание не явное, но ежеминутное

---

[71] Проклятье! (итал.).

[72] Трус! Гнусный изменник! (итал.).

и постоянное, как незначительная, но неизлечимая боль, уплата по копейке долга, которого и сосчитать нельзя...

Чаша переполнилась – довольно!

Каким образом уцелел крестик, данный Санину Джеммой, почему не возвратил он его, как случилось, что до того дня он ни разу на него не натыкался? Долго, долго сидел он в раздумье и – уже наученный опытом, через столько лет – всё не в силах был понять, как мог он покинуть Джемму, столь нежно и страстно им любимую, для женщины, которую он и не любил вовсе?.. На следующий день он удивил всех своих приятелей и знакомых: он объявил им, что уезжает за границу.

Недоумение распространилось в обществе. Санин покидал Петербург, среди белой зимы, только что нанявши и обмеблировавши отличную квартиру, даже абонировавшись на представления итальянской оперы, в которой участвовала сама г-жа Патти – сама, сама, сама г-жа Патти! Приятели и знакомые недоумевали; но людям вообще не свойственно долго заниматься чужими делами, и когда Санин отправился за границу – его на станцию железной дороги приехал провожать один француз портной, и то в надежде получить недоплаченный счетец – «pour un saute-en-barque en velours noir, tout à fait chic»[73]

XLIV

Санин сказал своим друзьям, что уезжает за границу, но не сказал, куда именно; читатели легко догадаются»; что он покатил прямо во Франкфурт. Благодаря повсеместно распространенным железным дорогам он на четвертый день после выезда из Петербурга был уже там. Он не посещал его с самого 1840 года. Гостиница «Белого лебедя» стояла на прежнем месте и процветала, хотя уже не считалась первоклассной; Цейль, главная улица Франкфурта, мало изменилась, но не только от дома г-жи Розелли – от самой улицы, где находилась ее кондитерская, – не осталось ни следа. Санин бродил как ошалелый по местам, когда-то столь знакомым, и ничего не узнавал: прежние постройки исчезли; их заменили новые улицы, уставленные громадными сплошными домами, изящными виллами; даже публичный сад, где происходило его последнее объяснение с Джеммой, разросся и переменился до того, что Санин себя спрашивал – полно, тот ли это сад? Что было ему делать? Как и где наводить справки? Тридцать лет прошло с тех пор... Легкое ли дело! К

---

[73]«за матросскую куртку из черного бархата, самую модную» (франц.).

кому он ни обращался – никто даже имени Розелли не слыхивал; хозяин гостиницы советовал ему справиться в публичной библиотеке: там он, дескать, найдет все старые газеты, но какую он из этого извлечет пользу – хозяин сам объяснить не умел. Санин, с отчаянья, осведомился о г-не Клюбере. Это имя было хорошо известно хозяину – но и тут вышла неудача. Изящный комми, прогремев и возвысившись до звания капиталиста, проторговался, обанкрутился и умер в тюрьме... Это известие не причинило, впрочем, Санину ни малейшего огорчения. Он начинал уже находить свое путешествие несколько необдуманным... Но вот однажды, перелистывая франкфуртский адрес-календарь, он наткнулся на имя фон Дöнгофа, майора в отставке (Major a. D.). Он немедленно взял карету и поехал к нему – хотя почему этот Дöнгоф должен был непременно быть тем Дöнгофом и почему даже тот Дöнгоф мог сообщить ему какие-либо сведения о семействе Розелли? Всё равно: утопающий за соломинку хватается.

Санин застал отставного майора фон Дöнгофа дома – и в принявшем его поседелом господине немедленно узнал своего бывшего противника. И тот его узнал, и даже обрадовался его появлению: оно напомнило ему молодость и молодые проказы. Санин услыхал от него, что семейство Розелли давным-давно переселилось в Америку, в Нью-Йорк; что Джемма вышла замуж за негоцианта; что, впрочем, у него, Дöнгофа, есть знакомый, тоже негоциант, которому, вероятно, известен адрес ее мужа, так как у него много дел с Америкой. Санин упросил Дöнгофа сходить к этому знакомому, и – о радость! – Дöнгоф принес ему адрес Джеммина мужа, г-на Иеремии Слокома – M-r J. Slocum, New York, Broadway, № 501. – Только адрес этот относился к 1863 году.

– Будем надеяться, – воскликнул Дöнгоф, – что наша бывшая франкфуртская красавица еще жива и не покинула Нью-Йорка! Кстати, прибавил он, понизив голос, – а что та русская дама, что, помните, гостила тогда в Висбадене – г-жа фон Бо... фон Бозолоф – еще жива?

– Нет, – отвечал Санин, – она давно умерла.

Дöнгоф поднял глаза, но, заметив, что Санин отвернулся и нахмурился, не прибавил ни слова – и удалился.

В тот же день Санин послал письмо к г-же Джемме Слоком в Нью-Йорк. В этом письме он говорил ей, что пишет к ней из Франкфурта, куда приехал единственно для того, чтобы отыскать ее следы; что он очень хорошо сознает, до какой степени он лишен малейшего права на то, чтобы она ему отозвалась; что он ничем не заслужил ее прощения – и надеется только на то, что она, среди счастливой обстановки, в которой находится, давно позабыла о самом его существовании. Он прибавлял, что решился напомнить ей о себе вследствие случайного обстоятельства, которое слишком живо возбудило в нем образы прошедшего; рассказал ей свою жизнь, одинокую, бессемейную, безрадостную; заклинал ее понять причины, побудившие его обратиться к ней, не дать ему унести в могилу горестное сознание своей вины – давно выстраданной, но не прощенной – и порадовать его хотя самой краткой весточкой о том, как ей живется в этом новом мире, куда она удалилась. «Написав мне хоть одно слово, – так кончал Санин свое письмо, – вы сделаете доброе дело, достойное вашей прекрасной души, – и я буду благодарить вас до последнего моего дыхания. Я остановился здесь, в гостинице Белого лебедя (эти слова он подчеркнул) и буду ждать – ждать до весны – вашего ответа».

Он отправил это письмо и принялся ждать. Целых шесть недель прожил он в гостинице, почти не выходя из комнаты и решительно никого не видя. Никто не мог написать к нему ни из России, ни откуда; и это было ему по сердцу; приди на его имя письмо – он уже знает, что оно то, которого он ждет. Он читал с утра до вечера – и не журналы, а серьезные книги, исторические сочинения. Эти продолжительные чтения, это безмолвие, это улиткообразное, скрытое житье – всё это пришлось как раз под лад его душевного строя: уж за это за одно спасибо Джемме! Но, жива ли она? Ответит ли она?

Наконец пришло письмо – с американской почтовой маркой – из Нью-Йорка на его имя. Почерк адреса на обертке был английский... Он не узнал его, и сердце в нем сжалось. Не разом решился он надломить пакет. Он глянул на подпись: Джемма! Слезы так и брызнули из его глаз: одно то, что она подписалась своим именем, без фамилии – служило ему залогом примирения, прощения! Он развернул тонкий лист синей почтовой бумаги – фотография выскользнула оттуда. Он поспешно ее поднял – и так и обомлел: Джемма, живая Джемма, молодая, какою он ее знал тридцать лет тому назад! Те же глаза, те же губы, тот же тип всего лица! На оборотной стороне фотографии стояло: «Дочь моя, Марианна». Всё письмо было очень ласково и просто. Джемма благодарила Санина за то, что он не усумнился обратиться к ней, что он имел к ней доверие; не скрывала от него и того, что она точно после его бегства пережила тяжелые мгновенья, но тут же прибавляла, что все-таки считает – и всегда считала – свою встречу с ним за счастье, так как эта встреча помешала ей сделаться женою г-на Клюбера и таким образом, хотя косвенно, но была причиной ее брака с теперешним ее мужем, с которым она живет вот уже двадцать восьмой год совершенно счастливо, в довольстве и изобилии: дом их известен всему Нью-Йорку. Джемма извещала Санина, что у ней пять человек детей – четыре сына и одна восемнадцатилетняя дочь, невеста, фотографию которой она ему посылает, так как она, по общему суждению, весьма похожа на свою мать. Печальные вести Джемма приберегла к концу письма. Фрау Леноре скончалась в Нью-Йорке, куда

203

она последовала за дочерью и зятем, – однако успела порадоваться счастью своих детей, понянчить внучат; Панталеоне тоже собирался в Америку, но умер перед самым отъездом из Франкфурта. «А Эмилио, наш милый, несравненный Эмилио – погиб славной смертью за свободу родины, в Сицилии, куда он отправился в числе тех „Тысячи“, которыми предводительствовал великий Гарибальди; мы все горячо оплакали кончину нашего бесценного брата, но, и проливая слезы, мы гордились им – и вечно будем им гордиться и свято чтить его память! Его высокая, бескорыстная душа была достойна мученического венца!» Потом Джемма изъявляла свое сожаление о том, что жизнь Санина, по-видимому, так дурно сложилась, желала ему прежде всего успокоения и душевной тишины и говорила, что была бы рада свидеться с ним – хотя и сознает, как мало вероятно подобное свиданье...

Не беремся описывать чувства, испытанные Саниным при чтении этого письма. Подобным чувствам нет удовлетворительного выражения: они глубже и сильнее – и неопределеннее всякого слова. Музыка одна могла бы их передать.

Санин отвечал тотчас – и в подарок невесте послал «Марианне Слоком от неизвестного друга» гранатовый крестик, обделанный в великолепное жемчужное ожерелье. Подарок этот, хотя весьма ценный, не разорил его: в течение тридцати лет, протекших со времени его первого пребывания во Франкфурте, он успел нажить значительное состояние. В первых числах мая он вернулся в Петербург – но едва ли надолго. Слышно, что он продает все свои имения и собирается в Америку.

СПИСОК